无所不知

你更想知道的501个趣味冷知识

[英] 威廉·哈特斯顿 / 著
周 皓 陈召义 束静冉 / 译

The Things Nobody Knows

501 Mysteries of Life, the Universe and Everything

浙江人民出版社

图书在版编目（CIP）数据

无所不知．你更想知道的501个趣味冷知识 / (英)威廉·哈特斯顿著；周皓，陈召义，束静冉译．—杭州：浙江人民出版社，2022.6

ISBN 978-7-213-10506-7

Ⅰ．①无… Ⅱ．①威… ②周… ③陈… ④束… Ⅲ．①科学知识－普及读物 Ⅳ．① Z228

中国版本图书馆CIP数据核字（2022）第030876号

无所不知：你更想知道的501个趣味冷知识

［英］威廉·哈特斯顿 著 周 皓 陈召义 束静冉 译

出版发行：浙江人民出版社（杭州市体育场路347号 邮编 310006）
市场部电话：（0571）85061682 85176516
责任编辑：陈 源
营销编辑：陈雯怡 赵 娜 陈芊如
责任校对：戴文英
责任印务：刘彭年
封面设计：北京红杉林文化发展有限公司
电脑制版：北京弘文励志文化传播有限公司
印 刷：杭州丰源印刷有限公司
开 本：710毫米×1000毫米 1/16 印 张：26
字 数：334千字 插 页：1
版 次：2022年6月第1版 印 次：2022年6月第1次印刷
书 号：ISBN 978-7-213-10506-7
定 价：78.00元

如发现印装质量问题，影响阅读，请与市场部联系调换。

“我们生来都是无知的，但想要保持愚蠢就得非常努力了。”

——本杰明·富兰克林

目录

引言

人类篇

学科篇

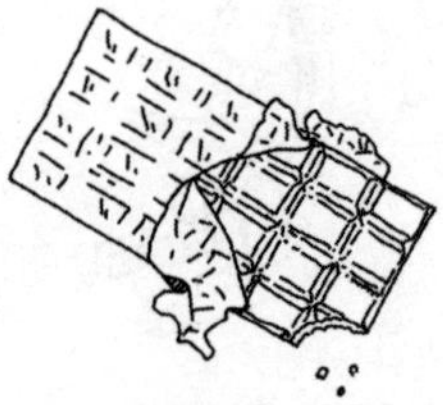

物质篇

历史地理篇

文娱篇

生物篇

太空篇

生理篇

行为篇

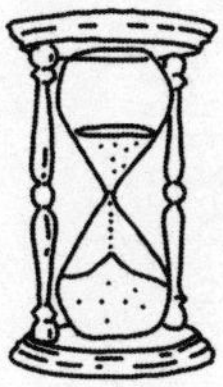

大千世界篇

引　言

“知之为知之，不知为不知，是知也。”

——孔子

我一直觉得，听专家讲他们不知道的事比听他们讲知道的事更具启发性。只有当我们开始窥探人类知识的边界时，事情才真正变得有趣起来。

据估计，全球的学术期刊，每年都会刊登150万篇论文，每一篇都将我们的知识边界向外推进了一点。同样重要的是，它们也为我们展现了通往未知的道路，为下一步的探索指明了方向。本书的501个冷知识，大部分都像论文作者说的那样，属于“有待探索”的领域。虽然这可能只是他们索要更多研究经费的一种方式，但也不失为一种通向未知领域的明亮路标。

当我在编写《无所不知：你想知道的501个趣味冷知识》时，一些读者显然对我没给出这501个问题的答案感到失望。但其实他们既没抓住要点，显然也没有仔细阅读标题：如果我或者其他人能够给出答案，那这些问题就不会出现在书中了。这些冷知识并不是多数人不知道的冷知识，而是没有人知道的冷知识。

所以，我在这里列出另外501个未解之谜。我希望你们能发现，对它们每一个问题的探讨都是有启发性的、也是有趣的，甚至是引人发笑的。

人类篇

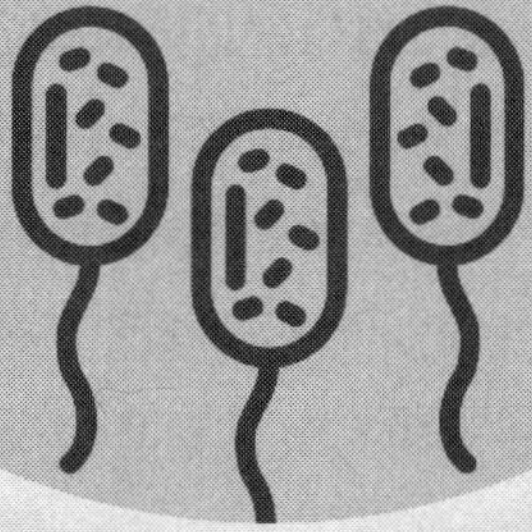

伊　索

1．伊索这个人是虚构出来的吗？

《伊索寓言》这本故事集的出现可以追溯到公元前 6 世纪左右，但伊索本人究竟是虚构人物还是真实人物，至今依旧是一个悬而未决的问题。希罗多德和亚里士多德都曾写到伊索是萨摩斯的奴隶。普鲁塔克也曾写过伊索在德尔斐执行一次外交任务时惹恼了当地人，最后被扔下悬崖摔死。而后在公元 1 世纪左右，一本名为《伊索罗曼史》（*The Aesop Romance*）的作品出现了，该书将伊索的生平糅合起来，并对其加以润色。

但是，人们对这些故事的真实性抱有极大的怀疑，而且其时间线有时会自相矛盾。1965 年，伊索研究者本·埃德温·佩里表示，许多关于伊索的故事“只能当作虚构文学来看”。因此，伊索是否真实存在，至今仍未有定论。

阿提拉

2．阿提拉是怎么死的？

匈奴人是 1 世纪至 5 世纪生活在东欧和中亚的游牧民族。人们一直对其知之甚少，直到 5 世纪，匈奴人在阿提拉的领导下对罗马帝国造成了意想不到的威胁。阿提拉的征战从波斯蔓延到君士坦丁堡，再到罗马的高卢和意大利，但最后以失败告终。阿提拉于 453 年去世，享年约 47 岁，但至今死因不明。

当时唯一的记录来自一位叫普利斯库斯的编年史家，据他描述，阿提拉在他的婚宴上流了很多鼻血，最后在醉酒中窒息而死。后来人们从更现代的医学角度对这个故事进行了分析，认为鼻血可能是由一种叫作“食管静脉曲张”的疾病引起的内出血症状，而这种病可能源于酗酒。但在 80 多年后，罗马编年史家马塞利努斯·科梅斯又表示阿提拉是被他的妻子刺死的。

1500 多年来，史学家只能从这两个版本中做选择，且大多数人更相信普利斯库斯的版本，尽管其他关于阿提拉生平的记载都显示他是一个口味简单、从不酗酒的人。科梅斯的说法通常被认为是在抹黑阿提拉。

然而，在 2005 年，美国语言学家迈克尔·A. 巴布科克在《阿提拉死亡之夜》（*The Night Atilla Died*）中又提出了一个新理论。在他看来，阿提拉在上位掌权和对外征战期间就已经大量树敌，因此很有可能遭到暗杀。事实上也有证据表明，在他死亡的一两年前曾有人对他行刺，但是没有成功。在对当时的政治状况进行艰苦重构后，巴布科克确信普利斯库斯的记录只是一个幌子，目的是掩盖 5 世纪 50 年代东罗马帝国统治者马尔奇安策划的暗杀阴谋。

根据传说，阿提拉死后，他的尸体被置于由金、银、铁打造的三重棺材里，葬在河床之下。为了不让人找到他的尸体，修墓的人在回来之后被全部处死。然而，在找到他的棺材之前，我们似乎没有希望进一步了解阿提拉是如何死亡的。

3. 匈奴人说什么语言？

在阿提拉的统治下，匈奴人征服了亚洲和欧洲的大部分地区，建立起一个庞大的帝国。但我们既不知道他们当时说的是哪种语言，也不知道他们的语言是否有书面文字，我们只能从他人的记载中获得一些蛛丝马迹。现在可供研究的只有一些陶器上的铭文，至于这些铭文是不是匈奴语也不好确定。现在被普遍承认是匈奴语的词只有三个：一种类似于蜂蜜酒的饮料（medos）；一种由大麦制成的饮料（kamos）；一个与丧宴有关的词（strava）。这些词汇，再加上各种匈奴人的名字，都引起了人们对匈奴语起源旷日持久的争论。但它是否与其他语言有关联，又与哪种语言有关联，目前尚无定论。

奥斯汀

4．简·奥斯汀究竟长什么样？

简·奥斯汀在世时的肖像画只有两幅，而且全都由她的姐姐卡桑德拉创作，其中一幅画的是她的背影。另一幅肖像画未能完成，创作于1817年，也就是简·奥斯汀去世的那年。画中的她脸色苍白，体态虚弱，她的家人曾表示这幅画并不像她本人。在她去世的50年后，她的侄子詹姆斯·爱德华·奥斯汀－利委托艺术家为她画了一幅更加讨喜的肖像画。

詹姆斯在自己1872年出版的《简·奥斯汀传》一书中，将自己的姑妈描绘得“极富魅力”。书中写道：

> 她身材颀长苗条，脚步轻盈而坚定，整个人健康且活泼。她的皮肤是靓丽的深褐色；她有圆润的脸颊，小巧匀称的嘴巴和鼻子，明亮的淡褐色眼睛，棕色头发自然地蜷曲在脸侧。

2014年，法医艺术家梅丽莎·德林受委托，根据上面的描述打造了简·奥斯汀的蜡像，并受到了奥斯汀支持者的一致赞赏。蜡像诚然要比卡桑德拉的画看着更鲜活，但它究竟是更像奥斯汀本人，还是更像一个理想化的产物，这我们就不得而知了。

5. 简·奥斯汀是怎么死的？

在生命的最后一年，简·奥斯汀的身体状态每况愈下。她描述自己的病为“胆汁症”和一种风湿病。病中的她行动困难，也无力工作。最终死于1817年7月18日，享年41岁。

多年来，她的死亡都被归结为一种肾上腺皮质功能减退症，现被称为“艾迪生病”。但近来也出现了许多别的诊断结果：有人认为可能是霍奇金淋巴瘤，这是一种影响白细胞的癌症；也有人觉得是牛结核病，现在这种病被认为与饮用未经巴氏消毒的牛奶有关；还有一种推测是“复发性斑疹伤寒”，这是一种会反复发作的斑疹伤寒，且她在儿时就曾患过此病。

当然，我相信应该不会有人真的想挖开简·奥斯汀的坟墓一探究竟。

阿兹特克人

6. 传说中阿兹特克人的发祥地阿兹特兰是真实存在的吗？

阿兹特兰是传说中阿兹特克人的发祥地，他们就是从这里出发移居至墨西哥的。据历史资料记载，阿兹特克人的祖先居住在一个叫作奇科莫斯托克的地方，那里有七个洞穴，每个洞穴都对应着一支后来抵达墨西哥山谷的纳瓦特尔部族。但阿兹特兰究竟是真实存在的，还是说只是个古老的神话，我们依旧不得而知。

有人说阿兹特兰位于墨西哥北部，也有人说它位于美国南部。虽说最近在美国犹他州发现了一幅像是阿兹特克神的洞穴壁画，但这只能表明早期的阿兹特克人曾来过美国犹他州。也有人称美洲土著乌特部落的语言和阿兹特克人的纳瓦特尔语有相似之处，但目前还是没有阿兹特兰存在的真实证据。

7. 阿兹特克人会用轮子运输东西吗？

虽然人们发现了几个阿兹特克人制造的带轮子的玩具，但却鲜有证据表明他们会用轮子运输东西。有人推测阿兹特克人在建金字塔时是用圆木来移动巨石的，但就连这一点我们其实也不是很确定。

有理论认为，早期的阿兹特克人是生活在山区或者湖心岛上的。如果是在山上，自己搬运确实要比用轮式交通工具来得简单；如果是在岛上，主要运输工作则会由船只来承担，所以轮式交通工具就显得不那么重要了。尽管如此，有时候把东西放到推车上推着走肯定会比自己搬着更容易。

卡洛儿

8. 为什么刘易斯·卡洛儿对戴姆斯先生如此慷慨？

《爱丽丝梦游仙境》的作者刘易斯·卡洛儿与“戴姆斯先生”的关系一直是个谜，一般认为他俩是在度假时认识的。戴姆斯有一个大家庭，卡洛儿曾记录过与戴姆斯夫人共进晚餐和带女儿们去剧院的经历。他为露丝·戴姆斯写了一首藏头诗，还帮戴姆斯的几个女儿找到了工作。

2006年，人们在牛津的一家银行发现了卡洛儿账户中的一些细节。账户记录显示，1883年至1885年期间，他曾给戴姆斯大量转账，而这期间他本人一直处于财务困难之中。卡洛儿不仅在各种场合送钱或借钱给戴姆斯（戴姆斯从未还款），甚至在戴姆斯的房东威胁要没收他的家具时付钱给了房东。

卡洛儿在自己的信函中表示不太喜欢戴姆斯，觉得他是个总在抱怨自己不幸的沉闷的人。他对戴姆斯家的任何一个人似乎也没有什么深厚的感情。但卡洛儿给戴姆斯的钱是他自己都负担不起的。这只能解释为他非常慷慨但缺乏经济头脑，或者他有事情要隐瞒，付给戴姆斯的钱是封口费。

卓别林

9. 查理·卓别林是何时何地出生的？

所有卓别林的传记似乎都认为他出生在1889年4月16日的伦敦，卓别林本人也确认过这一点，在2012年之前，这一切好像都不存在争议。然而，就在那一年，英国军情五处解密了一份新文件，给这位巨星的出身增添了相当多的不确定因素。

20世纪50年代，美国联邦调查局曾要求英国军情五处调查卓别林，因为他们怀疑卓别林同情共产主义。据说连埃德加·胡佛本人都曾私下谴责卓别林是“好莱坞最受欢迎的布尔什维克之一”。在美国联邦调查局看来这只是个例行调查，但当时英国军情五处找不到卓别林的出生记录，所以这一切最终成了一个谜。他们的结论是：“看来卓别林要么是不出生在英国，要么是本名和现在的名字不一样。”虽然有一种说法是，卓别林实际上是一个名叫伊斯雷尔·桑斯坦的法国人，但英国军情五处也没有找到相关的证据。但 1891 年的英国人口普查确实记录了两岁的查尔斯·卓别林和他的母亲及哥哥住在伦敦。

大约在英国军情五处文件解密的同时，又出现了另一条线索——他们在卓别林的办公室内一个上锁的抽屉里发现了一封信，信是一个叫杰克·希尔的英国人在 20 世纪 70 年代初写的，信中告诉卓别林，他出生在英国伯明翰附近斯梅斯维克的一个罗姆社区，“在一辆属于吉卜赛女王的大篷车里，她是我的阿姨”，而卓别林母亲的娘家姓也是希尔。

德古拉

10. 德古拉在特兰西瓦尼亚生活过吗？

布拉姆·斯托克小说中的吸血鬼德古拉经常与历史人物弗拉德·采佩什（又名“穿刺公”弗拉德）联系在一起。不过并没有证据表明斯托克知道弗拉德·采佩什这个人，更别说以他为原型塑造角色了。在早期手稿中，斯托克称德古拉为“瓦姆派尔伯爵”，但在得知“德古拉”在瓦拉几亚语中意为“魔鬼”后，斯托克便将其改为现在的名字。

不管斯托克选择这个名字是出于什么原因，也不管他是否知道弗拉德·采佩什的事情，“德古拉”都是弗拉德·采佩什的另一个名字。他的父亲弗拉德二世是瓦拉几亚的统治者，曾被匈牙利国王西吉斯蒙德授予龙骑士勋章，弗拉德二世因此有了一个新的姓氏：德拉库，在古罗马尼亚语中是“龙”的意思（但后来变成了“魔鬼”的意思，就像斯托克读到的那样）。他的儿子弗拉德·采佩什，即弗拉德三世，便被称为“龙之子”或“德拉库拉”。

小弗拉德出生的时候（一般认为是1431年），他的父亲肯定已经在特兰西瓦尼亚①的锡吉什瓦拉②拥有住所了，弗拉德三世也经常被认为是在那里出生的。但美国佛罗里达大学的中世纪历史和考古学教授弗洛林·库尔塔表示，这种说法是没有依据的。

弗拉德三世本人在特兰西瓦尼亚也没有任何住宅，而布朗城堡——罗马尼亚的现代旅游胜地，又被称为“德古拉的城堡”——与他毫无关系。根据库尔塔的说法，弗拉德三世很可能出生在特尔戈维什泰③，那里是瓦拉几亚公国的皇室所在地，而弗拉德二世正是瓦拉几亚的“都督”或统治者。

11. 弗拉德·采佩什被埋葬在哪里?

关于弗拉德·采佩什的事情有一件是真的，那就是他确实是个“穿刺公”。他最喜欢的处决敌人的方式就是把他们插在长木桩上，路边两万具被钉死的尸体的景象足以警告对方首领不要和他对抗。

长久以来，关于弗拉德·采佩什是如何死去，又是在哪里死去的，已经有了至少五种不同的说法，但直到最近，大家还普遍认为他是在1476年年底与土耳其军队的战斗中阵亡的。当时的一篇报道称，他被斩首后，头颅被送到了君士坦丁堡。

---

① 旧地区名，指罗马尼亚中西部地区。——译者注

② 锡吉什瓦拉，罗马尼亚中部城市。——译者注

③ 特尔戈维什泰位于罗马尼亚南部瓦拉几亚地区。——译者注

但在2014年，爱沙尼亚的研究人员在意大利那不勒斯发现了一块墓碑，上面有龙的雕刻，还有其他与弗拉德·采佩什有关的图像和符号。研究人员指出，他们发现墓碑的地方是圣玛利亚诺瓦广场的墓园，弗拉德的儿子和女儿也葬在这里。他们认为弗拉德并没有被土耳其人杀掉，而是被挟持以索要赎金，最后其女儿支付了这笔赎金。他们表示这种说法是有文献证据支持的，并且已经申请对墓园进行调查。

爱因斯坦

12．爱因斯坦的私生女怎么了？

1986年，即爱因斯坦去世30年后，人们发现了他与第一任妻子米列娃·马里克之间的信件，首次揭露了他们的女儿莉泽尔的存在。莉泽尔生于1902年，也就是爱因斯坦和马里克结婚的前一年。莉泽尔在两人1903年的信件中曾被数次提及，但后来再也没有提起过她。

一种说法是，她被人收养了，也有人认为她是被母亲的朋友抚养长大的，但没有证据表明她后来的下落，或者她是否知道自己就是爱因斯坦的女儿。在1999年出版的《爱因斯坦的女儿：寻找莉泽尔》一书中，小说家米歇尔·扎克海姆称莉泽尔在年轻的时候死于猩红热，但也有人认为她患有唐氏综合征，或者有可能是盲人。

13．爱因斯坦究竟有多少私生子？

在《爱因斯坦的女儿：寻找莉泽尔》一书中，米歇尔·扎克海姆提到爱因斯坦曾患过梅毒，并育有一名私生子，住在捷克首都布拉格，但还有一个私生子就完全是另外一回事了。

2011年，伊夫琳·爱因斯坦在纽约去世。据说她在婴儿时期被这位伟大的物理学家的儿子——汉斯·爱因斯坦收养。伊夫琳一直认为阿尔伯特·爱因斯坦就是她的父亲，而她是阿尔伯特·爱因斯坦与一名芭蕾舞演员的非婚生子。据她所述，爱因斯坦把她交给自己儿子抚养是为了避嫌。但她的声明并没有得到DNA证据的支持。

亨利八世

14. 亨利八世的哥哥亚瑟是因为什么病去世的?

英格兰国王亨利七世的长子亚瑟·都铎生于1486年，1501年成婚，但1502年就去世了。当时对致其死亡的疾病的描述是“空气中产生的有毒蒸气”，这可能是15世纪80年代导致上千人死亡的“汗热病”，但亚瑟死于1502年，自1492年起就再也没有过相关病例的报道。

他的妻子凯瑟琳也曾患过这种病，但后来康复了，并在7年后嫁给了亚瑟的弟弟，也就是后来的亨利八世。只是这段婚姻对她来说也并不美满。

15. 阿拉贡的凯瑟琳与亚瑟王子婚后同房了吗?

1501年11月14日，16岁的阿拉贡的凯瑟琳嫁给了15岁的英国王位继承人亚瑟王子。但那个晚上到底发生了什么，500多年来一直备受争论。

安东尼·威洛比爵士曾是威廉王子年轻时的“贴身侍从”，他后来作证说：“我让威廉王子准备好睡觉，其他人帮他换上睡衣，将他送到公主的卧室。他进去之后，经常会在里面待一整晚。”第二天早晨，王子从妻子的卧室出来，说：“威洛比，给我倒一杯麦酒吧，我昨晚可一直在西班牙征战呢。”然而26年后，这桩婚姻是否真的圆满，成了教会和英国政府关心的重大问题。

亚瑟在1502年去世，而凯瑟琳则改嫁给他的弟弟亨利八世。她与亨利育有6个孩子，但其中5个都夭折了，只剩下女儿玛丽。亨利在《利未记》中看到了一个解释：“人若娶了他兄弟的妻子，是不洁净的事，他揭开了他兄弟的裸体，他们必无子嗣。”于是亨利以违反圣经教义为由，要求解除这段婚姻。但凯瑟琳坚称她与亚瑟从未圆房，所以上一段婚姻已经自动解除了，现在她和亨利的婚姻在英国政府和教会的眼里都是完全合法的。然而，尽管亨利八世竭力想宣告他的婚姻无效，但从未表示凯瑟琳在新婚之夜已经不是处女。

16. 阿拉贡的凯瑟琳是被毒死的吗？

1536年，凯瑟琳在英国金伯尔顿城堡去世。当时谣言四起，说她是被国王的朋友或者安妮·博林毒死的。在其尸体下葬前，金伯尔顿的钱德勒报告说，她的其他器官都是正常的，但心脏上长了一个巨大而可怕的黑色物体。

西班牙大使欧斯塔塞·乔普斯听闻此事后写信给皇帝[①]，表示他怀疑在解剖时并没有大夫或外科医生在场。乔普斯还援引女王医生的话，称他毫不怀疑女王是被毒死的，因为她在喝了一杯威尔士啤酒后就开始身体不适。

① 指当时的神圣罗马帝国的皇帝。——译者注

不过，凯瑟琳心脏上的黑色增生也可能是癌症肿瘤的表现。那个时候人们还不知道癌症的存在，但想在500年后对此作出可靠的诊断也是不可能的了。

希特勒

17. 希特勒有几个睾丸？

令人惊奇的是，英国的战时歌曲《希特勒只有一个蛋蛋》（*Hitler has only got one ball*，采用《波基上校进行曲》的曲调演唱），多少是有事实依据的。医疗记录证实，在第一次世界大战期间，希特勒曾在索姆河战役中负伤。根据记录，当时的一名德国军医在战斗中救下了希特勒，看到他的腹股沟受伤，并失去了一个睾丸。

1970年，苏联对希特勒尸体的解剖结果显示“无论是在阴囊中，腹股沟管内的精索上，还是在小骨盆内，都找不到左侧睾丸”。但也有记录显示，希特勒的私人医生和另一位在他生前治疗过他的医生都表示他的睾丸没有问题。

18. 希特勒的黄金到哪儿去了？

2013年，人们在德国慕尼黑的一处公寓里发现了1500幅画作，据称价值近10亿英镑。据报道，这批藏品包括毕加索、马蒂斯和夏加尔的作品，它们都被科尼利厄斯·古利特藏匿了起来。古利特时年80岁，其父是一位深受纳粹信任的艺术品交易商，负责处理掠夺来的艺术品。

但这也只是纳粹掠夺来的一小部分。由于战败已经不可避免，所以人们认为这些战利品都被藏匿了起来。据了解，希特勒的私人钻石收藏和德国国家银行的全部黄金储备都不知所踪了。

19. 希特勒的祖父是谁?

阿道夫·希特勒的父亲是阿洛伊斯·希特勒，又名阿洛伊斯·施克尔格鲁勃。至于阿洛伊斯·施克尔格鲁勃的生父是谁，至今仍存在很大的疑问。在他受洗时，他父亲的姓名栏是空白的，神父将他记为私生子。阿洛伊斯5岁时，他的母亲嫁给了约翰·格奥尔格·希德拉。但在10岁时，他就被送到继父的哥哥约翰·内波穆克·希德拉那里生活，那个时候他依旧保留着施克尔格鲁勃的姓氏。到了39岁，他申请改为家族姓氏，该姓被记为“希特勒”（不过也很可能是记录者把“希德拉”这个姓听错了）。

阿洛伊斯的生父是谁一直是个谜。当阿洛伊斯申请改名时，他表示约翰·格奥尔格·希德拉就是他的亲生父亲。但有人认为他真正的父亲其实是约翰·内波穆克·希德拉，这就能解释为什么阿洛伊斯被送去和他一起生活。

还有一则流言是关于阿洛伊斯的母亲玛利亚·施克尔格鲁勃的。她是在奥地利格拉茨的一个犹太家庭工作时怀孕的，致其怀孕的主要怀疑对象是家产继承人利奥波德·弗兰肯伯格。但没有任何证据能支持该说法，它可能只是为了支持阿道夫·希特勒有1/4犹太人血统而编造的。

印加人

20. 印加人为什么要建造马丘比丘城?

15世纪中叶，印加人在秘鲁一座被湍急的河流环绕的山脊上，建造了宏伟的马丘比丘城。一个世纪后，它在西班牙征服时期被遗弃，直到 1911 年才重见天日。由于没有书面语言，印加人并没有记录他们建造此城的原因或用途。

一个早期理论认为，马丘比丘城是用于敬奉太阳的女修道院。现在看来，这种理论似乎不太可能，因为 2000 年对马丘比丘遗址的调查显示，城中男女的数量大致相当。

另一个理论认为它是皇室的寓所，但该观点的依据是一份 16 世纪的西班牙文件，其中提到了一个叫“比丘”的皇家住所，但我们知道西班牙人并未发现过马丘比丘这座城市。

还有两个理论认为，马丘比丘是一座具有宗教意义的城市，它要么是对创世神话的再现，要么就是为了纪念其所在地的壮观景色。马丘比丘城中有大约 500 座建筑，又被建在如此偏远的地方，肯定有某种特殊的意义和目的。但由于缺乏证据，我们很难说清建造它的意义和目的究竟是什么。

列奥纳多

21. 列奥纳多·达·芬奇的投石机在实际战斗中使用过吗？

15 世纪 80 年代，列奥纳多·达·芬奇至少绘制过两种投石机的详细设计草图。虽然当时火药已经被引入欧洲，但达·芬奇一直担心其安全性，认为它在大多数情况下不可靠，并且坚信军事战斗中依旧需要更多传统武器，比如投石机。他的设计之一是单臂投石机，可以使用棘轮系统将摆动臂移动到特定位置，从而投出威力巨大的弹丸。另一个设计是双臂投石机，它能利用齿轮将投掷臂拉回。这两种设计在以往的投石机基础上进行了改进。

我们知道达·芬奇曾向王公贵族们推广过他的想法，所以可以假设，后者会对任何可以加强战斗力或城堡防御的装置都抱有极大兴趣。然而，目前暂无证据表明这些投石机在达·芬奇在世时曾被制作过，更别提在战场上使用了。

后来的重建工作证实，当时要制作这种投石机十分困难且花销巨大。但如果有人能费心思做出来，几乎可以肯定它是有效的。

玛雅人

22. 是什么导致了玛雅文明的崩溃？

9世纪，玛雅帝国的版图横跨整个中美洲。他们的城市人口众多，并由强大的精英统治。寺庙和石雕证明了其文化的兴盛，甚至当时的长途贸易也十分繁荣。然而，在大约150年的时间里，一切都分崩离析了，城市变成了废墟，继而遭到废弃。那么这期间到底发生了什么？

有一种观点认为可能是地震、火山等自然灾害，或者是可怕的疾病造成的，尽管玛雅帝国崩溃的速度很快，但还不至于像恐龙那样突然灭绝。另一种观点认为是战争造成的：也许玛雅各城邦之间发生了战争，互相残杀。但这一观点很难解释在这些战争的胜利者身上又发生了什么。

可能是饥荒造成的，可能是气候变化造成的，可能是洪水造成的，也可能是干旱造成的……但几乎没有证据可以证明这些观点。

当然还有可能是上述任何几种因素或是全部因素结合起来共同导致了玛雅人的灭绝，但由于缺乏证据，总是会有一些我们至今尚未发现的因素。

拿破仑

23. 拿破仑头发里的砷成分是从何而来?

拿破仑·波拿巴享年 51 岁，去世 3 周前，他在遗嘱中写道："我过早地死去，是被英国寡头政府及其刺客暗杀的。"这一指控，再加上后来在拿破仑头发里发现的砷成分，使得人们更加怀疑这位法国皇帝是在圣赫勒拿岛上被逮捕者蓄意毒死的。1840 年，当人们挖掘出他的遗体，打算将其重新埋葬在巴黎时，遗体保存完好的状态支持了拿破仑死于砷中毒的观点：众所周知，砷对容易腐烂的微生物是有毒的。然而，在拿破仑的时代，砷进入人体系统的途径远不止蓄意下毒一种：

- 有一种含砷的糨糊通常用来贴墙纸。1980 年，人们在关押拿破仑的弗罗格穆尔囚禁住所的墙纸样本中发现了砷。
- 砷也是除草剂、捕蝇纸和灭鼠剂的一种常见成分。
- 砷通常用于治疗梅毒等疾病，而拿破仑就患过梅毒。
- 在 20 世纪 50 年代，砷还是各种药物和护肤霜的常见成分。

2008 年，意大利的一组科学家比较了拿破仑一生中不同时期的头发，发现自他童年在科西嘉岛起，到死于圣赫勒拿岛，头发中的砷含量几乎没有变化。科学家们在他的儿子拿破仑二世和妻子约瑟芬的头发中也发现了类似的高含砷量。他们的结论是，研究结果“毫无疑问地显示出一种慢性暴露，我们认为可以将其简单地归因于环境因素（遗憾的是很难确认是哪些因素），或是饮食及治疗习惯”。

莎士比亚

24. 为什么莎士比亚比他同时代的人更少使用“all”这个词？

2013年，一项针对威廉·莎士比亚、托马斯·米德尔顿、本·琼森和约翰·弗莱彻戏剧中单词出现频率的研究发现，莎士比亚使用“所有”（all）一词的频率明显低于他的同时代人，但他使用“意志”（will）作为名词的频率则高于其他人。

琼森最常使用“任何的”（any）这个词；弗莱彻喜欢使用“有”（have）这个词；而米德尔顿比其他作家更为偏爱“主人”（master）、“绅士”（gentleman）和“寡妇”（widow）这几个词。

米德尔顿的都市喜剧也许可以解释为什么他会大量使用这些词，但莎士比亚不爱使用“所有”（all）这个词的原因却很难解释。

25. 威廉·莎士比亚爱他的妻子吗？

我们对莎士比亚和安妮·哈瑟维的关系知之甚少。他们结婚时，他18岁，她26岁；6个月后，他们迎来了第一个孩子苏珊娜；她一直住在英国的斯特拉福德，而他去伦敦当了剧作家；他去世后，给她留下了自己“第二好的床”。在他们的余生中，无论是一起生活还是分居两地，其中的问题都远远多于答案。

大概是安妮的怀孕导致了这场仓促的婚姻，但是否正是因为太仓促了，所以宣布结婚通告时，登记员把她的名字弄错了？主教结婚登记册上的记录显示，与莎士比亚结婚的女子是安妮·惠特利。难道说这位女子才是莎士比亚得知哈瑟维怀孕之前，真正想娶的女人吗？还是说这只是登记员的失误？有人甚至认为安妮·哈瑟维是一个寡妇，她曾嫁给一个叫惠特利的男人。

莎士比亚在与安妮结婚7年后去了伦敦，此后安妮去看望过他吗？他又是多久回斯特拉福德看她一次？这是一种分离，还是只是必要的工作安排？

他遗嘱中提到的“第二好的床”只是单纯的遗产，还是其死后的无礼行为？按理说，妻子应该有权获得丈夫相当一部分的财产，所以床可能只是一种额外表达爱意的方式。但遗嘱中提到的大部分财产（肯定也包括最好的床），都归他女儿所有。

26.《卡登尼欧》有多少内容是莎士比亚写的？

1613年5月，莎士比亚的“国王剧团”在宫廷中演出了六部戏剧，其中一部名为《卡登尼欧史》（*The History of Cardenio*），改编自塞万提斯著作《堂吉诃德》的一个章节，该书于1612年第一次被翻译成英语。同年晚些时候，剧团又为萨伏依公爵的大使演出了这部戏，但当时其剧本似乎没有出版，现在所有的手稿都已经丢失了。

1653年，《卡登尼欧》注册出版，作者是威廉·莎士比亚和约翰·弗莱彻，这很合理，因为他们曾经合作过，尤其是在戏剧《亨利八世》中。如果这部戏的剧本流传了下来，学者们无疑还是会争论哪些部分是莎士比亚写的，哪些是弗莱彻写的。而现在给我们留下的只是一连串使问题更加复杂的线索。

1727年，剧作家兼莎士比亚编辑的刘易斯·西奥博尔德宣布，他找到了遗失的《卡登尼欧》的手稿，并对其进行改进，从而创作出了他自己的剧本《双重背叛》（*The Double Falsehood*）。西奥博尔德所声称发现的手稿据说留在了伦敦科文特花园皇家歌剧院，但该剧院在1808年遭到大火烧毁。也没有记录显示有其他人看过该手稿。

更让人困惑的是，一部1611年的戏剧《第二少女的悲剧》（*The Second Maiden's Tragedy*）也被认为与《卡登尼欧》有着密切的联系。这部戏剧只有手稿，且手稿上没有作者的名字，但它的主题也来自《堂吉诃德》，通常认为是托马斯·米德尔顿写的。然而在1994年，一位笔迹专家鉴定出手稿上是莎士比亚的笔迹。

我们现在看到的是西奥博尔德的一部剧本，据说是他根据弗莱彻和莎士比亚的手稿改编而来的，而该手稿本身可能又源于莎士比亚对米德尔顿一部剧本的手抄稿。人们已经进行了大量的计算机分析，试图确定这些作品中有哪些部分是由莎士比亚创作的，但还不清楚分析结果是否可信。

苏格拉底

27. 柏拉图对苏格拉底死亡的描述是真实的吗？

人们发现希腊哲学家苏格拉底犯有腐化雅典年轻人的思想和不相

信国家之神的罪行后，他被判喝毒芹汁的死刑。他的学生柏拉图，在其对话《斐多篇》中，感人地描述了苏格拉底喝下毒药并接受死亡的意愿，但是对于这个描述究竟是事实还是对真实事件的浪漫虚构一直存在争议。

柏拉图说，在苏格拉底服下毒药之后，一种麻木感自下而上慢慢地向他袭来，而这位哲学家却保持着平静和清醒，直到麻木感到达他的心脏，杀死了他。然而，此描述一直受到批评，因为毒芹根本不是这样发挥作用的。毒芹是一种神经毒素，它会攻击中枢神经系统，导致非常严重和可怕的结局。而另一方面，柏拉图的捍卫者辩称，毒芹的效果在古希腊是众所周知的，如果柏拉图说的不是事实，那就没有任何意义了。此外，“毒芹”（hemlock）这个词在当时可能指代多种药物。

医学界的专家普遍对柏拉图的说法持批评态度，而希腊语言方面的专家则为他辩护。我们可能永远也不会知道真相了。

维京人

28. 莱夫·埃里克松所发现的文兰到底在哪里?

维京人莱夫·埃里克松和红发埃里克对北美洲的发现和探索，在两本冰岛萨迦[①]中都有记载，即写于1200年左右的《格陵兰人萨迦》

① 北欧的传说主要包括家族和英雄传说，基本收集在一部名为《萨迦》的集子中。“萨迦”意为“话语”，实际是一种短故事。它是13世纪前后被冰岛和挪威人用文字记载的古代民间口传故事，包括神话和历史传奇。——译者注

（*Greenlanders' Saga*）和约50年后出现的《红发埃里克萨迦》（*Erik the Red's Saga*）。这两本萨迦都是冰岛人口传历史的一部分，该历史大约可以追溯到撰写它们的200年以前。

根据《格陵兰人萨迦》，北美洲是布亚尔尼·海尔约尔夫森最先发现的，985年或986年，他从冰岛前往格陵兰岛，船只却被吹离了航道。他并没有上岸，但莱夫·埃里克松决定追踪他的发现。埃里克松和35名船员一起，首先在一个他称为赫卢兰（Helluland，意为“平石地”）的地方登陆，然后去了马克兰（Markland，意为“森林地”），接着在一个无名小岛上登陆，最后，在1001年的秋天，他们到达了文兰（Vinland，意为“葡萄藤地”或“牧草地”）。

关于文兰的地理位置，所有萨迦里都是这样描述的：埃里克松顺着一条通往湖泊的河流到达了文兰，而该河流的河口在一个向北的大半岛的西侧。北美洲的许多地区都宣称他们是埃里克松发现的文兰的一部分。美国马萨诸塞州戴顿的一块岩石上有神秘的符号，可能是挪威人的雕刻；罗得岛州有一座塔，可能是挪威教堂的遗迹。科德角的洼地可能是埃里克松下船的地方，也有可能是纽芬兰岛东北角的兰塞奥兹牧草地上。20世纪60年代，人们在那里发现了挪威人定居的遗迹。但这些地区都没有更多证据表明自己是北美洲的真正发现者可能到访过的地方。

学科篇

炼金术

1．富尔坎耐利是谁？

20世纪20年代，一位自称富尔坎耐利（Fulcanelli）的法国人，在巴黎被誉为“最后的大炼金术士”。他的写作风格独特，通晓拉丁语、希腊语和数门现代语言，可以看出其曾受过良好的教育；他曾在作品中提及自己的妻子，由此能推测出他是一位已婚人士。但目前，还没有找到任何能证明其所受教育或者已婚的实际证据。他于1926年销声匿迹，此后曾有过数次被目击的传闻，使得他的真实身份更加扑朔迷离。

传闻富尔坎耐利在1937年曾找到间谍雅克·贝尔吉耶，警告他原子弹的危险性。他说，炼金术士在几百年前就知晓了这种风险。据说他还将铅转化成金子的秘密传授给了自己的学生欧仁·坎塞利特，且有记录称坎塞利特在巴黎北部的萨赛勒煤气厂演示了该方法，成功地将100克铅炼成了黄金。

坎塞利特还负责了富尔坎耐利的杰作《大教堂的奥秘》（*Le Mystère des cathédrales*）的出版，他的老师在留给他这部书后便消失了。也有人认为坎塞利特其实就是富尔坎耐利本尊，当然这就涉及一个巧妙的骗局了，即如何让本不存在的人消失。

坎塞利特坚称富尔坎耐利在第二次世界大战中幸存了下来，两人的最后一次会面是在1953年。当时富尔坎耐利应有80多岁了，但据说看上去却像50多岁。坎塞利特于1982年去世，如果你相信富尔坎耐利的传说，那么关于点金术和永葆青春的秘密也随着他一起逝去了。

解剖学

2．我们为什么会长阴毛？

在人类的进化过程中，我们已经褪去了大量的体毛。由于我们身体的热量大多是通过头部散失，所以留下头发保暖也是有道理的，但腋毛和阴毛的存在就要另做解释了。以下有几种理论：

- 阴毛对我们的生殖器官有相似的保暖或防护作用。该说法很难让人信服，因为这些毛发并没有很好地覆盖在能起上述作用的区域。
- 阴毛可以减少性行为中的摩擦。考虑到部分人在性生活上花费的时间，这个理论也缺乏说服力。
- 阴毛起到屏障作用，防止污垢和有害微生物进入阴道或阴茎。如果类比我们的眉毛、睫毛以及鼻孔和耳道里的毛发，这一解释似乎更加可信。但是，虽然阴毛对女性可能有此类作用，其对男性的保护作用却相当有限。事实上，考虑到阴道和阴茎开口所需的相对保护量，如今阴毛应该只存在于女性身上。
- 阴毛可以通过增强体味在择偶中发挥作用。有证据表明，生殖器附近腺体分泌物产生的气味可以帮助我们选择性伴侣，而该方式最有可能在进化上取得成功。这些顶泌汗腺[①]产生的液体只有在遇到皮肤表面的细菌时才会产生气味，而我们的阴毛可以将其完全吸收，从而增强气味。但在不断增长的除臭剂用量中，该理论

① 顶泌汗腺是主要分布在腋窝、乳晕、大阴唇、脐周和肛周区的一种汗腺，又称大汗腺。——译者注

和我们的阴毛能否幸存下来，依旧还是个未知数。

3．胼胝体是如何形成的？

我们大脑的左右两个半球被一层厚厚的神经纤维束连接着，这就是胼胝体，它提供了两个半球相互交流的途径。但是，并非所有拥有两个大脑半球的动物都有胼胝体。

事实上，所有胎盘类哺乳动物（即妊娠期间会发育出胎盘的哺乳动物）都有胼胝体，而非胎盘类哺乳动物（包括所有袋类哺乳动物）都没有胼胝体。

动物学家托马斯·亨利·赫胥黎曾在1863年写道："胎盘哺乳动物胼胝体的出现，是整个脊椎动物中大脑所表现出的最大也是最突然的改变。"如今150多年过去了，我们依旧不知道胼胝体是如何形成的，也未找到胎盘和胼胝体之间的关联。

如果中间没有连接物，那么将大脑分为两个半球就毫无意义了。而在非胎盘动物中，这一功能是由更原始的结构——神经连合来完成的。至于原始胼胝体是如何在神经连合已经存在的情况下产生的，也是一个谜题。

4．人的阑尾有用吗？

直到不久前，阑尾都被视作是某种退化器官，它也许曾在我们的进化中起过某些作用，但如今除了让我们患上阑尾炎以外，已经没有其他功能了。外科医生会在症状初显时切除阑尾，有时在其他胃部外科手术中也会作为预防措施将其切除。

但在过去的几年里，有观点开始认为阑尾还是有功能的。首先，它是有益细菌的储存库，可能有助于我们免疫系统中的白细胞发挥作用。而且，将人类的阑尾和其他动物对比后，结果表明这些器官比我们之前想象得更有用处。2013年的一项研究显示了阑尾迄今为止出人意料的演化程度，在漫长的历史中它曾进化过30次，并根据不同动物的食性在它们体内发挥着不同的功能。

虽然人类阑尾的具体功能尚不明了，但它可能终究还是有用的。

5．为什么人的左脸的表情比右脸更具表现力?

20世纪70年代以来，许多研究都证实了一个奇怪的结果：人的左脸的表情比右脸更丰富，也更加有趣且更具吸引力。

有人推测，这与人类大脑右半球参与更多的情感处理并且控制着左脸肌肉有关。但这与人形成左右偏好有何关联尚不明确，且镜面造成的左右反向也使得问题更加复杂。照镜子时，我们看镜子里的左脸就是别人看到的右脸，我们怎么才能发现左脸比右脸的表情更有表现力呢?

画家和其肖像人物的左右脸偏好问题也与此密切相关，我们将在后面对其进行讨论。

艺 术

6．维米尔画中戴珍珠耳环的少女是谁?

由于1999年特蕾西·雪佛兰的历史小说《戴珍珠耳环的少女》和2003年斯嘉丽·约翰逊主演的同名电影的走红，维米尔的这幅画已经成为闻名世界的艺术作品之一。但画中的女孩究竟是谁，至今仍无人知晓。

此画原名为《戴头巾的少女》（*Girl with a Turban*），据推测其创作于1665年至1657年间。有人猜测她可能是维米尔的大女儿玛利亚，当时玛利亚十一二岁。然而除了年龄相仿外，就再无其他实质性证据。

也有人觉得她可能是玛格达莱娜，她是维米尔的赞助人彼得·范鲁伊文的独生女。支持该观点的唯一证据是这幅画曾为范鲁伊文所有。不管怎样，如果这个女孩真的是玛利亚或玛格达莱娜，就会产生另一个问题：为什么维米尔要将她画在全黑的背景里？画中本可以加一些与人物或地点相关的标识的。

7. 委拉斯开兹的《宫娥》描绘了什么场景？

委拉斯开兹1656年的画作《宫娥》是世界艺术史上最神秘的作品之一。在画中，我们可以看到作者本人正面朝一块大画布工作，但由于是画布背面朝向观者，所以我们并不知道他在画什么。委拉斯开兹的背后有一面镜子，从中能清楚地看到西班牙国王腓力四世和王后玛丽安娜在镜中的形象。但镜子反映出的究竟是委拉斯开兹的画作，还是向我们展示国王和王后站在画面外，正观看委拉斯开兹画其他人的场景，目前尚不清楚。

图中的其他人物更为此画平添了神秘感。站在画面中央的是五岁的小公主玛格丽特·特雷莎，她身边的两位侍女便是标题中的宫娥。玛格丽特的右边有两个侏儒，其中一人正在用脚轻推一只大狗。在他们背后，王后的典衣御侍①正在同一名护卫交谈，这名护卫是画中唯一身份不明的人物。画面的最后方站着王后的内侍唐·何塞·涅托·贝拉斯克斯，他正在台阶上摆出姿势，一只脚站在比另一只更高的台阶上。我们并不知道他是要进屋还是要离开，也不知道这个贝拉斯克斯与画家有什么联系。

有人说，委拉斯开兹画的是国王夫妇的独生女玛格丽特，图中的其他角色是为了在孩子坐着被画的时候逗她开心。同时，从镜子里也能发现她的父母正在看着她。但是，我们还能发现画中有些角色透过画布直接看向了观者。有些人据此推测，整幅画描绘的其实是国王夫妇的视

① 典衣御侍是中世纪欧洲王宫中侍奉君王后妃的女子。——译者注

角，展现他们看到的委拉斯开兹为女儿作画的场面。事实上，从画中看向我们的人正是委拉斯开兹本人，让人不禁疑惑这究竟是谁在看向谁，这些元素使得这幅画更加神秘莫测。也许这幅画最大的不确定性，就是在与画中的作者对视时产生的。

几乎没有哪两位艺术评论家或史学家对这幅画的解释是一致的，不过他们都一致认为这是一幅杰作。

8．托马斯·庚斯博罗在画《风景中的奶牛研究》时用了脱脂牛奶吗？

18 世纪 70 年代，托马斯·庚斯博罗开始尝试非常规的创新技术，以此来提高在纸上作画的质量。据 1772 年英国皇家艺术学院的展览目录描述，他的作品是在“模仿油画”。1773 年，庚斯博罗本人在用粉笔作画时，透露了他“研究的秘诀”，描述了自己如何将画纸浸在脱脂牛奶中，以加强白粉笔在纸上的黏附性，从而建立起粉笔和颜色的层次。最后一步是在画面上刷清漆，用他自己的话说就是“用胶水把它涂满”。

庚斯博罗于1758年至1759年间创作的《风景中的奶牛研究》(*Study of a Cow in a Landscape*)被收藏在英国泰特美术馆，据该美术馆相关人员描述：这幅画上覆着一层已经褪色的固色剂。美术馆的介绍中还显示：庚斯博罗需要用“脱脂牛奶”来给粉笔画固色，但不知道他会不会用这个方式来处理铅笔画。

用脱脂牛奶给一幅奶牛的画固色，某种程度上来说还挺合适的，但庚斯博罗的选择不大可能会被这种事影响。

9．为何大多数肖像画人物的头都向右倾斜？

几项关于肖像画的研究发现，画中主人公的脸都有明显的倾斜。一项对过去 500 年来欧洲近 1500 幅肖像画的综合研究显示，约 60% 的肖像画人物都倾向于露出左脸。男性肖像画中有56%表现出这种倾向，女性则为68%。后续研究证实了这一发现，并将其延展至14世纪绘画和美式绘画中。在描绘耶稣受难的画作中，有90%的画作都展示了耶稣的左侧脸。最近的一项研究表明，自拍照片也是如此：人们更喜欢拍左脸。

有一种理论认为这与大脑两侧功能的不同有关。据说情绪是由右脑控制的，右脑也控制着左脸的肌肉。这与其他研究报告的结论是一致的，即我们的左半边脸被认为更敏感，一般来说更讨人喜欢。另一方面，其他研究表明，当我们看别人的脸时，我们会更多地关注他们的右边。这就奇怪了，如果我们认为左边脸更敏感且更令人愉悦，那为什么会更想看右边脸呢？

对于这种左右偏好的问题，最简单的解释就是大多数人都习惯用右手，但即使在左利手画家中，上述肖像画的研究结果也是成立的。主要的例外似乎都集中在自画像上，但由于自画像多是通过照镜子来画的，反而可能进一步验证了这个结论。

左右手通用的达·芬奇是少数几个没在肖像画中表现出左右偏好的画家之一，但值得注意的是，在他最著名的作品《蒙娜丽莎》中，蒙娜丽莎也是将左脸侧向画家的，维米尔的《戴珍珠耳环的女孩》也是如此。

天文学

10．宇宙中的群星是如何形成的？

在宇宙大爆炸之后，宇宙由辐射和亚原子粒子组成，由此形成了我们今天所知的恒星、星团和星系，但它们的形成过程一直备受争议：是这些小粒子聚集在一起，逐渐形成了越来越大的天体；还是说早期的宇宙由比现在更庞大的天体组成，它们后来又分裂出了星系？

一方面，宇宙万物都是由粒子间的力聚拢在一起的；另一方面，早期宇宙膨胀的能量又使得一切分崩离析。人们认为在宇宙大爆炸后的瞬间一定发生了什么，基于这一认知，天文学家引申出了暗物质和暗能量的概念。我们所能探测到的质量产生的引力远不足以凝聚天体，如果没有暗物质和暗能量，它们可能早已分崩离析了。

想要在这个问题上取得进展，最新的切入点在于对银河系一些新发现的矮星系的研究。这些星系出现在被认为没有暗能量的区域，可能为恒星的起源和形成提供线索。

11．为何航天探测器的速度会发生改变？

航天探测器在执行长期任务时，其路径通常会经过行星或卫星所在的区域，以便利用天体的引力场增加自身动量。在它们被再次弹射回太空前，引力会增加它们在天体区域中的飞行速度。

20 多年来，对此类飞行器的精确监测揭示了所谓的“飞行异常”现象，它会导致飞行器的速度发生意想不到的变化。1990 年和 1992 年，当“伽利略号”木星探测器飞越地球上空时，它的速度以 4 毫米每秒的微弱幅度持续增加，这完全出乎科学家的预料。1998 年，近地小行星探测器被测定出以 13 毫米每秒的速度运行，这超出了它应有的速度。1999 年的“卡西尼号”土星探测器（其速度比预期慢了 2 毫米每秒）及 2005 年的“信使号”水星探测器和“罗塞塔号”探测器也出现了类似异常。

虽然上述情况与预期速度的偏差都很小，但原因依旧无法解释。人们也提出了各种理论，包括太阳辐射、潮汐影响、磁场、暗物质和假设的引力磁场，但这些假设都没有得到有力的支持，因此速度变化的谜团仍未得到解决。

12. 参宿四为什么在缩小?

在过去的20年里，天文观测显示参宿四似乎在不断缩小。有报道称，它在1993年至2009年间体积减小了15%，具体原因不明。虽然没人能确定这些数据是否可信，但最近哈勃空间望远镜的测量结果证实了它确实比以前小。

参宿四是一颗位于猎户座的红超巨星，也是天空中最亮的一种恒星。它在600光年之外，亮度约为太阳的13.5万倍，直径约为太阳的700倍，据信，如今它的生命已接近尾声。不久之后——用天文术语来说，可能是在100万年内，也可能只要1000年，它将会爆炸成一颗巨大的超新星，像一轮满月一样明亮地挂在天空中。它的缩小也许是死亡过程的一部分，也可能是受以下因素影响：

- 红超巨星是一个被巨大的气体球包围的核，并不存在明确的表面。所以我们测量的可能只是参宿四的大气层部分，而不是恒星本身。
- 参宿四可以自转，但它并不是球形的，现在它可能刚好把面积较小的一面转向我们。
- 有证据表明，这类恒星的表观尺寸会发生波动，而在参宿四上已经发现过两次此类波动。我们可能是恰好观测到它的收缩期，在这之后它将恢复原来的大小。
- 这些可能只是参宿四各部分温差造成的错觉。自1054年以来，地球上还没有广泛观测过一颗成规模的超新星，参宿四的爆炸可能比那一次更亮。天文大事件的狂热粉丝如果知道参宿四的缩小是其面临死亡的前兆，一定会激动万分。但这到底是真是假，我们依旧不得而知。

13．如果伯利恒之星真的存在，它会是什么样的星星呢？

当希律王的时候，耶稣生在犹太的伯利恒。有几个博士从东方来到耶路撒冷，说："那生下来作犹太人之王的在哪里？我们在东方看见他的星，特来拜他。"

——《马太福音》（钦定版圣经）

这颗星星真的存在吗？还是说它只是马太的宗教浪漫传说？

基督的出生日期现在可以确定在公元前 4 年左右。不可能比这更晚，因为之后便是大希律去世的日子，而希律正是在基督诞生时被明确地认定为王。那么，当时的天空中究竟发生了什么呢？任何想对这伯利恒之星进行天文验证的人，都有着数量惊人的候选星可供选择。

候选星之中，最符合当时情况的一颗是在中国古代天文学家的记录中发现的，它是公元前 4 年诞生在阿奎拉星座的新星。新星在初现时可能会变得十分明亮，随即暗淡下去，所以这也许会吸引智者们的注意。然而，一颗小小的新星能否被视为将他们引来耶路撒冷的重要因素呢？这个可能性似乎不太大。

另一个更具视觉冲击力的候选星并不是恒星，而是彗星。公元前 5 年，一颗明亮的彗星出现在摩羯座中，同样也被中国古代的天文学家记录了下来。它现于天空南方，彗尾上翘，可以被看作一个指向南方的路标，而伯利恒之星恰好就在耶路撒冷的正南方，所以跟着这颗"星星"应该能把智者们带到目的地。然而这个理论也存在问题，即彗星往往与灾难等破坏性事件挂钩。

第三种观点否定了恒星和彗星的假设，并提出它可能是木星和土星的"三合现象"，这个时候太阳、地球和土木两星会在天空中紧密排列三次。两颗明亮的星星同时出现在天空中，想必会给相信占星术预兆的人留下深刻的印象。

最后，希腊天文学家乔治·鲍诺什在1979年发表的论文中指出，这颗“星星”实际上是天王星，东方三博士首次发现了它，比威廉·赫舍尔还要早约1800年。

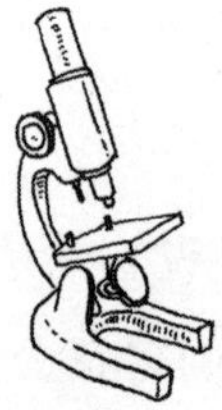

生物学

14. STAP细胞存在吗?

2014年，一场关于某种细胞是否存在的争论爆发了，而这种细胞也许能够实现生物学家的梦想。这种细胞被命名为“刺激触发采集多功能”细胞（Stimulus-Triggered Acquisition of Pluripotency，简称STAP细胞），与干细胞一样，它具有发展成生物体所需的任何类型细胞的潜质。根据其理论，只要给予合适的刺激，已发育的细胞就能变回某种干细胞，然后就能转化为生物体所需的任何细胞。

如果这真的能实现，STAP细胞将会为人体缺失部位的再生技术铺平道路，这也是为什么2014年1月《自然》杂志上一篇宣布日本开发STAP细胞的论文引起了如此巨大的反响。接下来的几个月里，人们将大量资源投入到STAP细胞的研究中，甚至设立了生产STAP细胞的工艺专利。

但很快事情就急转直下，首先是人们对原论文有了一些深刻的批评，而后的一些实验也未能重现这个发现，论文最终被撤回。此后，论文的一位作者引咎辞职，另一位则自杀身亡。

然而，这也只能证明这次制造 STAP 细胞的途径是错误的，并不能说该细胞真的不存在。

15. 为什么有些人更容易酒精或药物成瘾?

人类行为中，几乎没有哪个能像成瘾一样被如此深入地研究过，却仍然对其知之甚少。起初单纯寻求愉悦的行为，后来却发展为大脑奖赏机制病态失调，其程度之严重，以至于对毒品的渴望凌驾于正常的决策功能之上。即使成瘾者知道这对他是灾难性的，却还是无法放弃这个习惯。

我们知道，药物依赖与大脑中多巴胺和其他化学物质的释放有关，而这些物质会导致积极的情绪状态。我们也知道持续使用药物会导致大脑神经元之间的突触连接增加，从而增强对药物的感知需求，尽管我们尚不清楚其机制。我们知道有些人似乎比其他人更容易成瘾，但不知道其中的原因。我们知道，有的成瘾者似乎能够完全康复，而有的即使在戒断症状完全消失很久之后还是会复发。简而言之，我们对成瘾的生物学基础，以及为什么有人会成瘾，而另一些人不会成瘾，仍缺乏了解。

16. 我们的生物钟是如何计时的?

大多数人一辈子都生活在一个周期中。太阳东升西落，形成了有规律的一天 24 小时；我们的身体适应了这个时间表，作息时间也或多或少与它相匹配。当时差等因素严重干扰我们的作息时，身体就会做出反应。使我们与地球自转保持大体同步的便是生物钟，它是我们体内的计时装置。

生物钟（circadian clock，“circadian”一词源自拉丁文的“circa diem”，意为“大约一天”）代表的一天是一个非常精妙的近似值，因为人体生物钟每天工作 24.5 小时。但为什么会比真正的一天多出 0.5 小时，目前我们还不清楚，而老鼠的生物钟则是一天 23.5 小时。这大概可以解释为何人类喜欢熬夜，而老鼠更愿意早睡。

实际上，我们的生物钟在每天早上醒来时都会重置。但其运行并不依托明暗的循环，即使我们生活在完全黑暗的环境中，或者处于与普通日长明显不同的人工光照下，生物钟24.5小时的周期也不会发生改变。

虽然我们现在找到了控制生物钟的基因，但我们仍不知道生物钟本身是如何控制时间的，也不知道体内细胞是如何共同遵守该时间的。

17. 构成人体的蛋白质有多少种?

如果说人类基因组是构建人体的蓝图，那么蛋白质就是其构建模块。在它们之间的桥梁是氨基酸，大约有20种。蛋白质是一串不同长度的氨基酸。由于氨基酸可以按照任意顺序串在一起，且已知最长的蛋白质包含接近27000个氨基酸，所以潜在蛋白质的数量是巨大的。

2014年，美国和德国的两个研究团队独立制作了人类蛋白质组图谱的草稿——蛋白质相当于基因组。美国研究团队在已预计编码的19629个基因中发现了17294个，除此之外还有193种新蛋白质，它们来自基因组中未被认定是蛋白质编码的区域，因此19629这个数字也并非上限。德国研究团队报告了类似的结果，他们发现了约400种未预测到的蛋白质。该研究团队表示“潜在的蛋白质编码基因可能有20000个”。

通过对大量人类基因组进行研究，现已发现了约100万种不同的蛋白质，而所有陆生生物的蛋白质种类估计超过1000万种。不过最新的研究结果表明，基因计算也可能会有误差，这些数字不过是一种推测。

18. 朊病毒是如何复制的?

朊病毒于1982年被首次发现，它与别的生物结构大不相同。朊病毒主要由蛋白质构成，其表现与病毒类似，但本身没有生命，也不含DNA和RNA，因此不能独立复制更多的同类。但它独特的复制方式会导致脑组织退化和死亡。我们所知的羊瘙痒症、疯牛病和人类的克雅氏病，都是由朊病毒引起的。

朊病毒分两种：一种是正常无害的细胞朊病毒蛋白，另一种是传染性朊病毒（其英文名 prion 来自 Proteinaceous Infection 的开头和结尾字母）。普通的朊病毒蛋白能够保护细胞，尤其是神经系统中的细胞，而传染性朊病毒能重新变成传染性的形式。朊病毒致病力如此强的原因之一，就是身体无法识别它们的异常，所以无法产生免疫反应。

研究其复制能力时面临的最大难点，就是弄清楚异常的朊病毒如何聚集正常朊病毒蛋白，并使其转化为异常的形式的。

19. 青春期是由什么引起的？

从某种程度上说，我们知道是什么触发了男孩和女孩的青春期。大脑的下丘脑会分泌激素 GnRH（促性腺激素释放激素），刺激脑垂体释放促黄体生成素和促卵泡激素，从而促使女性生殖器官分泌雌激素，男性分泌睾酮，使身体显示出青春期迹象。

这些迹象一般最早出现在 8 岁至 14 岁的女孩和 9 岁至 15 岁的男孩身上。如果女孩小于 8 岁或男孩小于 9 岁时出现，就会被认为是“性早熟”，这也表明我们对真正触发青春期的原因还有待了解。在大约 50% 的男孩和 10% 的女孩性早熟案例中，可以找到诱发早熟的生理或遗传因素，但其余 50% 的男孩和 90% 的女孩却找不到原因。这种情况被称为“特发性性早熟”，“特发性”在这里指的就是我们完全找不到诱发原因。

20. 某些铠甲动物在无氧环境下如何生存？

直到 21 世纪，人类所知的多细胞生命都需要氧气才能生存。即使是在太平洋几千米深处发现的被称为巨型管虫的软体动物，也是生活在深海热泉[①]中，并从中获取溶解氧。2000 年，意大利的一个研究小组开

① 深海热泉是指海底深处的喷泉，原理和火山喷泉类似，喷出来的热水就像烟囱一样。——译者注

始在地中海深处的泥土样本中寻找生命的迹象。

研究人员本以为只能找到细菌和病毒，但是意外地发现了多细胞生物的迹象，而且其中一些还活着。这些奇怪的有壳生物被命名为铠甲动物（其英文名“Loricifera”源自两个拉丁词，意为“带武装的”）。它们体长不到1毫米，生活在海洋砂砾间的缝隙里，现在已被确认为第一种生活在完全无氧环境中的多细胞生物。除了外壳，它们还有头、口和消化系统，人们认为它们是靠一种叫作“氢化酶体”的原始无氧微生物细胞生存的。

我们以后是否会在无氧的深海中发现类似铠甲动物的其他生物？它们是否会存在于其他没有氧气的星球上呢？这些都是值得探究的问题。

计算机

21. 未来的计算机能理解人类的自然会话吗？

几十年来，科幻电影中都有人类与机器人或飞船上的计算机对话的场景。语音合成器和语音识别系统的发展使得这样的场景越来越有可能实现，而且比较僵硬的对话版本其实已经实现了。但在计算机能够理解自然会话之前，还有很多很大的问题需要克服。

最基本的问题在于，计算机的会话要依靠逻辑，而人类并非如此。当我们在使用语言时，并不是全靠字典和语法的。语言中充满了模糊性和非逻辑性，有效的语言交际依赖于说话人和听话人所拥有的共同文化背景。如果你问人类“你知道时间吗？”，可能就会得到“四点半”的答复，而计算机更可能会回答说它还有多少时间可以支配，并问你需要多少时间。即便你问得更精确一点，比如“你能告诉我时间吗？”，它也可能只会回答“能”。

当然，给一台机器编程让它们处理诸如此类的具体问题是很容易的，但语言中充满了这类模糊的说法，很难解决全部问题。理解一个人真正的意思需要了解真实的世界，这种了解要足够广泛，才足以消除语言的模糊性。而在可预见的未来，我们似乎还不太能给予计算机这样的知识。

22. 机器智能是否会发展到人类无法理解的程度？

如今，计算机下棋的本领几乎超越了所有人类，而且这个“几乎”似乎很快就会不可避免地消失。它们能更精确地预测天气，还可以做出更可靠的医学诊断。不过，这些成就都要归功于人类编程与惊人的计算速度的结合。我们知道计算机会怎么做，因为这是我们指示它们去做的；但其执行我们指令的速度和精确性比我们预期的效果更好。

但是，如果计算机能够自己编程，那又会发生什么呢？我们完全有理由把计算机设置成可以分析改善自身程序来提高效率的模式，如果这样做的话，它也许就能设计出更好的计算机，然后更好的计算机还会生产出更好的计算机，最后制造出一个超出人类理解能力的自我编程机器。

然而，一个机器能否跳出自己的操作系统，设计出一个更好的，这是一个需要好好揣摩的问题，答案则可能取决于下一代的操作系统。

23. 机器智能有极限吗？

从 20 世纪 50 年代开始，科学家和科幻作家就曾写到过“技术奇点”。这种奇点可能会导致世界由机器主宰，就像《终结者》和《黑客帝国》系列电影中描绘的那样。在这样的世界里，计算机的发展将远超人类智能，不仅能够达到我们无法理解的水平，还能自主做出决策，从而对人类造成威胁。

2014年，霍金曾论述过开发真正的人工智能的前景，认为其不仅能超越人类的智力，还能自行进行设计："AI的成功研发将是人类史上的创举。但不幸的是，我们必须学会规避它带来的风险，否则它可能会成为我们最后的创举。"

不过，这个风险究竟有多大，取决于上述问题的答案。

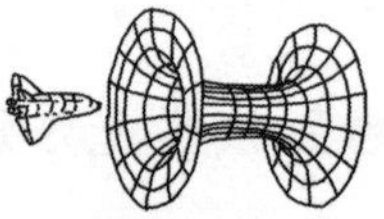

宇宙学

24. 宇宙射线来自哪里?

在宇宙中，每秒有数十亿的高能微小粒子以近乎光速轰击地球的大气层。它们被称为宇宙射线，虽然根本不是射线，而是主要来自氢原子或氦原子的质子。与我们从太空中接收到的其他能量不同，它们也并非来自太阳。如果真的来自太阳的话，它们的浓度大概就会像来自太阳的光和热一样，在一天之内不断变化，但到达地球的宇宙射线能量似乎在不同的时间和地点都是恒定的。

大多数宇宙射线被认为来自我们的星系之外，可能是超新星大爆炸的结果。有些宇宙射线的爆发与特定的超新星有关，但我们并不清楚它们是否都有这样的起源。其中主要的问题在于，粒子的电荷使它们在穿越空间时很容易改变方向，使得其来源难以确定。

25. 为什么我们发现的矮星系这么少?

以大多数标准来看，矮星系的系统是相当巨大的。它们囊括了几十亿颗恒星，可能横跨几百甚至上千光年，但与银河系10万光年里的

2000 亿—4000 亿颗恒星相比，它们依旧是小矮星——而银河系甚至也不算是一个大星系。目前为止，我们在银河系的运行轨道上只发现了不到 30 个矮星系，但根据估算，其数量应该远不止于此。

我们一般认为，在早期宇宙，星系主要是由气体云和暗物质相互作用形成的。但问题在于，如果基于这种理论的星系模型进行运算，计算机模拟预测给出的结果会显示银河系周围有约 500 个矮星系正在形成。一种可能性是，我们预测的矮行星确实都在那里，但由于包含过多暗物质，所以我们无法观测它们；另一种理论则认为，这是因为较大的星系一直在以我们无法理解的方式吞噬较小的星系。

26．宇宙磁场的起源是什么？

在整个已知的宇宙中，磁场无处不在。行星、恒星和星系之间的气体都存在一个非常小的磁场。产生这样的磁场需要大量的带电物质，或者有大量此类物质的运动，但究竟是星系的形成导致了磁场的产生，还是磁场在星系的形成中起了重要作用，我们尚不清楚。

2015 年的研究表明，电磁等离子体的不稳定性可以导致这种磁场的产生。有观点认为，宇宙大爆炸后造成宇宙的大规模膨胀，在此过程中形成的大量等离子体构成了现在的宇宙。因此，这项研究结果与宇宙主要由等离子体构成的观点一致，这似乎是迄今为止解释宇宙磁场形成的最佳理论。

27．是什么导致了 770 年冲击地球的能量爆炸？

来自世界各地的大量证据表明，地球曾在 770 年左右遭受过一次大规模的辐射爆炸。在日本，研究人员对 774 年至 775 年形成的树木年轮中的碳 14 含量进行了检测，结果表明，该年份的碳 14 含量增加了 1.2%，而通常的数字为 0.05%。日本研究人员表示，这种增长只能是极其高能的宇宙射线撞击地球造成的。欧美地区的树木中也发现了类似的碳14增长，而对775年南极冰芯的检查也支持宇宙射线理论。但是，导致这场爆炸的原因依旧存在巨大争议。

有一种理论认为，这是一次能量极大的太阳耀斑爆发现象，但如果真的是太阳耀斑，从地球上应该就能很清楚地看到它，可是历史上并没有观测到这种耀斑的记录。另一个说法认为，这是一次超新星爆炸，但那势必会留下至今依旧可见的残骸，而目前我们也并未发现这种残余物。

最近出现的新说法认为这其实是几千光年外的两颗中子星对撞产生的伽马射线暴，但这种爆发被认为是十分罕见的。在别的星系中曾发现过它们的存在，但人们对其知之甚少，也无法验证它们可能在775年冲击过地球的理论。

28. 是什么引起了伽马射线暴？

伽马射线是一种能量极高的电磁辐射。它们在1900年首次被探测到，1967年美国卫星首次在太空中发现了大规模的伽马射线暴，这些卫星原是为探测核武器的秘密试验而设计的。据估计，一个典型的伽马射线暴在几秒钟内释放的能量相当于我们的太阳在其100亿年寿命中释放的能量。这种爆发可以持续几毫秒到几分钟，是已知宇宙中最明亮的电磁现象。所有已知的伽马射线暴都发生在银河系之外，有时是在数十亿光年之外。它们被认为由恒星坍塌或宇宙碰撞时释放的窄束强辐射组成。

有人认为，长伽马射线暴是在超新星爆发时一颗高质量的恒星坍缩形成中子星或黑洞时产生的，而短伽马射线暴可能是双中子星碰撞或合并的结果。彗星和中子星的碰撞也被认为是可能的诱因。但伽马射线暴非常罕见，在100万年里的任何星系中发生的次数都寥寥无几，所以我们的确缺乏足够的证据来确定其原因。对科学而言，这无疑是不幸的；但对我们全人类而言，这也许是件幸事。因为据估计，如果一波伽马射线暴直冲地球而来，将会导致地球生物的大规模灭绝。

29．引力波真的存在吗？

1916 年，爱因斯坦根据他的广义相对论预言了引力波的存在。他把引力波看作时空扭曲中的涟漪，以引力辐射的形式传递能量。而在此后的一个世纪里，虽然有大量的间接证据证明其存在，但引力辐射和引力波从未被直接观测到。

问题之一就是，如果引力波的涟漪真的存在，根据预测，它会十分微小。而在 2014 年，美国的航天员宣布他们截获了“引力波穿过原始天空的直观图像”。但在几个月内，人们就开始怀疑这一自称探测到由宇宙大爆炸引起的引力波的声明。

接着在 2014 年底至 2015 年初，又有论文提出了进一步的质疑。因此公平地说，我们依旧不知道爱因斯坦预言的引力波是否真的存在。

30．罗杰·彭罗斯的宇宙监察假设是正确的吗？

宇宙大爆炸之前发生了什么？黑洞内部又发生了什么？诸如此类的疑问，甚至提出这样的疑问是否有意义，对物理学家来说几乎是哲学难题。它们背后的问题与奇点的概念有关，在这个点上，数学和物理法则都不再成立。

如果想要追溯宇宙起源，或者预测一颗巨大坍塌恒星的未来，我们都要面对一个问题，那就是巨大的质量会占据越来越小的空间，密度将不断增加，直至大到相当于除以 0，但这在数学中是不可能实现的。而在宇宙大爆炸这个例子中，这个问题被巧妙地避开了。因为它标志着时间本身的开始，所以问宇宙大爆炸“之前”发生了什么是没有意义的。

黑洞也规避了这个问题，因为信息无法从黑洞中逃脱，所以它们实际上就不存在了。

但是，奇点的存在真的能帮助我们了解事情的全貌吗？1969年，理论物理学家罗杰·彭罗斯提出了某种宇宙监察假设——我们加上了“某种”，是因为彭罗斯本人也没有试图精确地定义它。根据他的想法，世界上可能存在某种物理元定律，使得每个奇点都伴有一个“事件视界”，就像黑洞的外沿一样，超过这个界限后一切都是不可知的。这样一来，奇点也就成了通常物理学定律的禁区，与其相关的问题将被定义为不存在。

这是个很有趣的想法，但在彭罗斯提出这个问题后的近50年里，他的宇宙监察假设既无法被证实也无法被证伪，甚至连具体的论证方式都没能达成一致。

31. 宇宙加速膨胀是何时开始的?

直到最近，我们才对宇宙有了一个简单的认识：一切始于宇宙大爆炸产生的巨大能量爆发，它把一切都向外抛去，创造出自己的空间，从而形成一个不断膨胀的宇宙。然而，宇宙中所有物质的万有引力必然会减慢这一膨胀过程，使物质距离更近或者达到稳定状态，或者造成“大坍缩”，使万物都回到它原来的奇点。

但在20世纪90年代，对遥远星系动态的测量结果显示，宇宙膨胀的速率不减反增。我们已经有了暗物质的概念——无形且不可见，却能通过其质量施加引力；现在我们又引入了暗能量，这是一种无处不在的力量，而它似乎就是宇宙加速的幕后推手。

但如果暗能量可以超出引力将物体分开，那这种现象已经持续了多久呢？暗能量，或者任何引起意外加速的因素，都被视为空间本身的属性，所以其在整个空间的密度被认为是恒定的。随着物质的进一步扩散，宇宙密度也在不断减少。可以假定，在宇宙膨胀的某个阶段，总的内向引力将超过暗物质的外向拉力，只有宇宙大爆炸的外向能量才能阻止“大坍缩”发生。也正是内向引力使得物质聚拢，恒星和星系才得以形成。知道暗能量的作用何时会大于引力，才是我们理解早期宇宙如何形成以及最终如何结束的关键。

32. 格利泽 581g 上有生命存在吗?

2010 年，科学家宣布发现了一颗围绕红矮星格利泽 581 运行的行星，这颗行星与其恒星的距离只有地球到太阳距离的 1/7，但格利泽 581 的能量也要比太阳弱得多。计算结果显示格利泽 581g（该行星的名字）处于可能存在生命和宜居条件的范围之内。

由于格利泽 581 及其行星所含的其他条件（如大气和地质）也不排除生命存在的可能性，格利泽 581g 被誉为首个太阳系外发现的潜在宜居行星。但它距地球有 20 光年，从地球发射的任何探测器都需要大约 50 万年甚至更长的时间才能到达，所以我们不大可能很快就得到答案。

另外还存在一个问题，那就是根据后来的观测结果，人们对格利泽 581g 是否存在也产生了怀疑。

33. 虫洞真的存在吗?

虫洞是爱因斯坦为科幻世界做出的最伟大的一个贡献。如果科幻电影制片人想要他的星际飞船指挥官以超光速航行到极远的距离，或进行时空穿梭，甚至去往另一个宇宙，就可以用这个简单的解决办法：从虫洞抄近道。但虫洞真的存在吗?

“虫洞”这个名字是美国物理学家约翰 · 惠勒在 1957 年提出的，它的概念源于爱因斯坦的广义相对论方程。这些方程被发现存在数学上的有效解，这将允许在时空连续体上走捷径。虽然目前还没有虫洞存在的证据，但物理学家们对它的兴趣从未减退。连霍金都曾表示，穿越虫洞的旅行也许是可能的。

有一个在数学层面上很合乎情理的观点，认为虫洞可以经由黑洞进入平行宇宙，但这种穿越很可能是致命的。第二个关于可穿越虫洞的想法是，可以用一种名为“异物质”的具有暗能量的东西使其稳定下来。同样，这种异物质也尚未被发现，但物理法则也没排除其存在的可能性。第三个是“量子泡沫”假说，该假说基于宇宙大爆炸时形成宇宙结构的亚原子粒子，认为其可以产生微型虫洞，而随着宇宙的膨胀，如今这些虫洞已经大到足以穿越了。

所以，物理法则无法完全排除虫洞的存在，但也没有绝对的理由承认其存在。

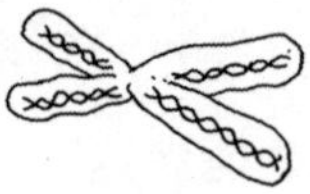

遗传学

34．恐惧会遗传吗？

在达尔文推动遗传学发展之前，人们普遍相信后天特征是可以遗传的，这也就是人们所知的“拉马克学说”。法国博物学家让－巴蒂斯特·拉马克认为，进化是通过把生物一生中的变故传递给后代来实现的。随着遗传学的发展，这一观点曾被遗弃，但 20 世纪 90 年代以来，新的表观遗传学[①]提供了越来越多的证据，表明至少在某种程度上，拉马克的这种观点是正确的。

① 表观遗传学是研究基因的核苷酸序列在不发生改变的情况下，基因表达的可遗传的变化的一门遗传学分支学科。——译者注

最令人印象深刻的例子是 2013 年的一项实验，实验中的小鼠经过训练，会将特定的气味与电击联系在一起，所以在闻到这种气味时就会表现出恐惧。该训练是在小鼠交配前进行的，而研究发现它们的后代在接触到同样的气味时也会表现出恐惧，连孙辈的小鼠也是如此。研究还发现后代小鼠的大脑中有更多接收该气味的感受器，因此会对其更加敏感。

虽然后天特征（如对特定气味的恐惧）无法改变动物的基因，但似乎可以改变基因的表达方式。至于人类父母是否会以同样的方式把恐惧遗传给孩子，我们还不得而知。

35. 长寿与遗传的秘密有关吗?

研究表明，长寿似乎是家族遗传的结果。对双胞胎的研究甚至表明 40% 的长寿都是由基因决定的，但研究人员对长寿基因的探索一直都未成功。

2014 年，研究人员对 17 位超级老人（110 岁或以上）进行基因测序，希望能发现长寿的遗传基础，但结果并没有发现他们的基因与普通人的基因有什么大的差别。与其他难以捉摸的遗传学特征一样，长寿似乎也不是受单一基因或遗传因素的简单组合控制的。

地质学

36. 是什么造成了“二叠纪—三叠纪灭绝事件”？

在大约 2.5 亿年前的二叠纪末期，估计地球上有 93% 到 97% 的物种灭绝了。这是有史以来最惨烈的灭绝事件，也被称为“二叠纪—三叠纪灭绝事件”。人们提出了各种各样的理论来解释这次几乎抹去了地球上所有生命的灭绝事件，包括冰川作用、全球变暖、火山喷发、小行星或彗星撞击、海底灾难性的甲烷释放或大气含氧量的大幅下降。

换句话说，在侦查元凶方面，我们还处于筛选一般嫌疑人的阶段。

文　学

37. 华兹华斯笔下的露西是真实存在的吗?

1798年至1801年，威廉·华兹华斯住在德国期间写了一组诗（共五首）来表达他对“露西”的爱。这位英国女孩“独居在人迹罕至的路边，不远处是白鸽清泉”，并且年纪轻轻就去世了。她“不曾受人称赞，也不曾受过别人的爱恋”，这些诗篇中所传达出的强烈的忧郁之情直击人心，但露西到底是确有其人，还是华兹华斯虚构出来的理想化人物，这个问题一直没有答案。

诗人本人从未透露任何有关露西的细节，于是人们只能去猜测她可能的身份。有人认为露西代表了他青梅竹马的恋人佩吉·哈钦森，她于1796年早逝，后来华兹华斯娶了佩吉的姐妹玛丽。但也有人认为，露西的原型其实是华兹华斯的妹妹多萝西，她一直活到了83岁。

38. 《耶和华战记》真的存在过吗?

詹姆士国王钦定版圣经在《民数记》中，提到了《耶和华战记》(*Book of the Wars of the Lord*)，紧接着引用了一首诗以及诗人的语录，然而却没有清楚地说明这些引用是否出自这本《耶和华战记》。

有人推测，这本书可能是一部以胜利为主题的歌曲或诗歌的合集，也可能是一部军事史。也有人认为，“战记”一词并不是书名，而只是书中的一句引语。但由于从未发现过这本书的踪迹，所以它可能根本就不存在。

39．《贝奥武夫》开篇第一个单词是什么意思？

史诗《贝奥武夫》的开篇第一句话为“Hwæt! We Gar-Dena in gear-dagum...”，这句话通常被翻译成“听着！我们已经听说过国王的力量……”（Listen! We have heard of the might of the kings...），但是关于“Hwæt”这个词的含义和意义，很长时间以来一直存在争议。

1837 年，雅各布·格林（格林兄弟之一，兄弟俩在从事语言学研究之余收集童话故事）写道，“Hwæt”仅仅是一个感叹词。在许多人看来，这个词只是用来引起读者或听众的注意，后来作家们将其翻译为“听着！”（Listen!）、“注意！”（Attend!）甚至是“那么！”（So!）（谢默斯·希尼在他 2000 年出版并广受好评的《贝奥武夫》译本中选择了这个词）。

然而在 2013 年，英国剑桥大学的乔治·沃克登博士提出了迥然不同的观点。他另外分析了 141 个使用了“hwæt”这个词的句子，并结合盎格鲁－撒克逊时期使用感叹号的普遍证据，最后得出结论：“古英语‘hwæt’（以及它的古撒克逊同源词）并不是一个感叹词，而是一个未指定的‘wh-’代词，用来引导感叹句。”换句话说，“hwæt”本身并不是一个感叹词，只有连同后面的词一起才能成为一个感叹词。他建议将开篇句翻译成：“我们曾听说过国王的力量之大。”（How we have heard of the might of the kings.）

史诗《贝奥武夫》至今已有 1200 多年了，而我们仍在争论其开篇第一个单词的意思。

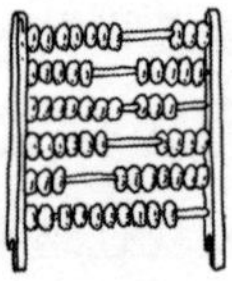

数　学

40．是否存在完美长方体？

给定任意 3 个正整数，我们便可以想象出一个长、宽、高为这 3 个整数的长方体（即一个长方形的盒子）。我们可以用勾股定理计算出盒子表面对角线的长度，如果这 3 条对角线的长度也是整数，就将这个长方体称作“欧拉砖”（亦称欧拉长方体）——以 18 世纪伟大的瑞士数学家莱昂哈德·欧拉命名。

人们于 1719 年发现第一块欧拉砖，边长分别为 44、117 和 240（对角线计算出来正好是 125、244 和 267）。但是从正面左下角到背面右上角的内部对角线呢？它的长度也可以是整数吗？

我们所寻找的是 3 个整数 a、b 和 c（边长），不仅 a^2+b^2、b^2+c^2 和 c^2+a^2（对角线的平方）为完全平方数，而且 $a^2+b^2+c^2$（内部对角线的平方）也是一个完全平方数。如果能找到这样的数，那么就将边长为这 3 个数的长方体称作“完美长方体”，但到目前为止，还没有人发现这种长方体，也没有人证明这种长方体是不存在的。

41．每一个足够大的数都能表示为 6 个立方数的和吗？

1 的立方 =1×1×1，即 1；2 的立方 =2×2×2，即 8；我们可以继续得出立方数的序列：27、64、125、216、343、512、729……

然而，如果我们试着把任何数都表示为正立方数的和，那么会发生什么呢？大约一个世纪以前，人们证明了每个数都可以表示为最多 9 个立方数的和，并且仅有的为 9 个立方数的和的数有 23

（8+8+1+1+1+1+1+1+1） 和 239（125+27+27+27+8+8+8+8+1）。后来又证明，除了这些之外，仅有的至少为 8 个立方数的和的数有 15、22、50、114、167、175、186、212、231、238、303、364、420、428 和 454，因此接下来就是，任何大于 454 的数都可以表示为最多 7 个立方数的和。

但是类似的表述也能应用于 6 个立方数吗？有没有这样一个数，我们可以说任何大于这个数的数都可以表示为最多 6 个正立方数的和？

42. 是否有无穷多个费马质数？

伟大的法国数学家皮埃尔 · 费马于 1665 年逝世，他花费了很多精力寻找一个可以产生质数的公式。他得出的最接近的结果是所谓的“费马数”，即形式为 $2^{(2^n)}+1$ 的数。

费马推测，所有符合这个公式的数都是质数，对于 n 的前几个取值，他的想法是对的。公式给出的前 5 个值是 3、5、17、257 和 65537，这些确实是质数。遗憾的是，欧拉在 1732 年发现，按顺序接下来得到的数字 4294967297 等于 641 × 6700417。

从那时起，除了前 5 个数之外，就没有发现任何其他的费马数了。然而，是否还有更多的费马数，甚至可能是无穷多的费马数，这仍然是未知的。

43. 数字 10 是否有亲和数？

想一个数字，接着找出所有能整除它的数（包括这个数本身），再将它们相加，并除以你最开始想的数。现在试着找另外一个数，要求是在进行同样的步骤之后可以得到相同的答案。如果能找到这样一个数，那么就将这个数和你最开始想的数称作一对“亲和数”。例如，30 和 140 就是一对亲和数：

30的约数和为：

$$1+2+3+5+6+10+15+30=72$$

除以30之后得到72/30，约分之后为12/5。

140的约数和为：

$$1+2+4+5+7+10+14+20+28+35+70+140=336$$

除以140之后，我们得到336/140，约分（分子分母同时除以28）之后为12/5。

如果以10开始，我们可以得到（1+2+5+10）/10=9/5，但目前还没有人找到另外一个数字能得出相同的结果。然而，也没有人证明过不存在这样的数字，所以我们还不知道10是否有亲和数。

44. 是否存在由9个互不相同的完全平方数所构成的3×3幻方？

幻方是指由数字构成的正方形阵列，其中所有行、列以及对角线上的数字相加都能得到相同的数。下面给出一个例子，其中所有行、列及对角线的和都是15：

4	9	2
3	5	7
8	1	6

下面是1770年欧拉设计的一个更复杂的例子：

4624	841	1681	1369
289	961	6241	1024
3481	784	529	3721
121	5929	64	2401

但欧拉并不只是采用了较大的数字，这个正方形还有着非常神奇的特性：不仅每条线上的数字加起来都是8515，而且这16个数字本身也都是平方数。

问题是，3×3的正方形可以拥有以上特性吗？是否存在由9个互不相同的平方数所构成的3×3幻方？目前还没有人发现这样的正方形，也没有人证明过这样的正方形是不存在的。

45．为什么数学能够如此有效地解释世界？

为什么根据牛顿的万有引力定律，任何两个物体都是相互吸引的，引力的大小跟这两个物体的质量的乘积成正比，跟它们的距离的平方成反比？

为什么通过麦克斯韦方程组，我们就可以了解所有需要知道的关于电和磁的知识？

为什么$E=mc^2$？

简而言之，正如爱因斯坦所言："数学，这个独立于人类经验的思维产物，怎么会如此完美地适用于物理现实中的对象呢？"

数学柏拉图主义者认为，数学是一种纯粹的、理想化的语言，它实际上是现实世界的母语，任何事物都必须屈服于它的力量，否则就毫无意义。非柏拉图主义者则认为，正如爱因斯坦所言，数学是人类思维的产物，是一种思维构想，它最多只能给出最接近真实情况的近似值。

即使是非柏拉图主义者也必须承认，数学很好地解释了世界，但在本书中许多尚未得到解答的问题可以作为证据，证明其永远不能对世界给出彻底的解释。

医 学

46. 针灸有用吗?

针灸的支持者们援引了一些研究，在这些研究中，患有疼痛、抑郁症或其他疾病的受试者在接受针灸治疗后，病情得到了显著改善。而针灸的反对者们却坚持认为，这类研究中针灸的疗效并不比安慰剂的效果好。

在2009年和2012年，发表了对不同国家的大量研究结果的分析报告，这些研究比较了非针灸、针灸以及伪针灸疗法的疗效。在伪针灸疗法中，对患者的“治疗”是采用针灸的方式，但针灸的位置是随机选择的，而不是刺在传统针灸建议的“经穴”上。结果显示，针灸疗法和伪针灸疗法的疗效差异非常小，而非针灸疗法和针灸（真针灸及伪针灸）疗法的疗效差异则大得多。

针灸的支持者们说，这就证明他们一直以来的观点是正确的，因为研究证明针灸疗法的疗效要比非针灸疗法好得多。反对者则指出，根据我们对安慰剂的了解，针灸疗法和非针灸疗法的疗效差异完全在意料之中。而真针灸疗法和伪针灸疗法之间的疗效差异可能具有统计学意义，这主要是因为当各种研究都综合在一起分析时，由于样本量太大，一个微小的差别都可以说明疗效上存在差异。如果一种疗法值得采用，那么它需要具有临床意义，这就是完全不同的问题了。不管怎样，进行试验的人（通常是训练有素的针灸师）的作用都会影响试验结果。

因此，关于针灸是否有用的问题，我们只能说，目前尚无定论。

47. 细菌对人类有益吗?

在讨论益生菌食品时，我们就已经提到过这个问题，但需要思考的内容还有很多。我们喜欢把自己的身体看作是完美的全人类实体，但我们体内的非人类细胞数量大约是人体自身细胞的10倍（不可否认的是，非人类细胞要小得多）。问题是与这样的细胞共存是否对人类有利。

我们体内的非人类微生物群（主要是细菌），在我们的健康调节中起着重要的作用，但并非都是有益的。举个例子，有一种叫作“幽门螺杆菌”的细菌，它会引起胃溃疡，也会增加胃癌的风险。使用抗生素一直是一种标准的治疗幽门螺杆菌的方法，直到2011年的一项研究表明，幽门螺杆菌可能对预防哮喘起作用。

这些发现表明，即使是“有害的”细菌也可能对人类有益，这就使得我们很难对体内细菌是否对人类有益的问题形成一个明确的观点。

48. 抗抑郁药物是如何减轻疼痛的?

顾名思义，抗抑郁药物是用来治疗抑郁症的。然而，对于由慢性疼痛引起的抑郁，有一个令人震惊的发现——这些药物似乎也能减轻疼痛。所以当普通的镇痛药效果不好的时候，抗抑郁药物就被用于治疗疼痛。

从那时起，医学文献中出现了大量关于抗抑郁药物是否可以有效治疗疼痛的论文。然而，即使是那些相信抗抑郁药物在这方面有功效的人，也很容易在哪种抗抑郁药物对哪种疼痛有效的细节上产生分歧。

其中的一个潜在问题是，我们不知道抗抑郁药物是如何发挥镇痛作用的。最常用的抗抑郁药物是血清素[①]再摄取抑制剂，它会增加神经递质血清素的浓度。由于血清素与幸福快乐的感觉相联系，所以很容易看出该药物是如何治疗抑郁症的，但它能有效治疗疼痛的原因目前难以解释。

① 血清素即5-羟色胺，广泛存在于哺乳动物组织中，特别是在大脑皮层质及神经突触内含量很高，它也是一种抑制性神经递质。——译者注

桑森在 2008 年的一份报告中表示，“其中可能涉及多种机制”，他继续提到了“通过组胺受体的辅助治疗的影响”“钠通道的调控”以及其他机制共同对神经递质血清素和去甲肾上腺素发挥作用，“特别是沿着下行脊髓疼痛传导通路发挥作用”。

或者，简单来说就是，我们还不知道问题的答案。

49. 安慰剂是如何发挥作用的？

几百年来，执业医师和江湖郎中都知道，如果病人认为自己的病情会好转，那么其病情就很有可能会好转。因此，每当使用一种新药物或采取其他治疗方法时，会将受试者的结果与另一组使用无害安慰剂的受试者的结果进行比较。无论是受试者还是给予治疗的医生都不知道谁接受了哪一种治疗。平均而言，在接受安慰剂治疗的受试者中，约有 30% 的人会报告病情有所改善，因此，若要认为一种新疗法是有效的，其试验结果就必须超过这个数字。

但那 30% 受试者的病情为什么会好转呢？在很长一段时间里，人们认为他们所谓的病情得到改善只是一种心理作用：人们接受治疗——他们盼望病情会好转——所以报告说病情得到了改善。然而，后来的研究表明，在许多情况下，他们的病情真的在逐渐好转。研究发现，使用了安慰剂的胃溃疡患者比没有接受治疗的患者恢复得更快。研究还发现，告知使用安慰剂的患者他们服用的此“药物”会提高心率和血压，那么他们的心率和血压就会变高；而告知使用同种安慰剂的患者此“药物”会降低心率和血压，那么他们的心率和血压便会下降。

很明显，只要我们相信身体的防御机制可以更加有效地发挥作用，它们就会受到刺激，并且表现得更好。最奇怪的是，有一项研究甚至报告说，在告知患者给他们使用的是安慰剂之后，身体也出现了安慰剂效应，可能他们并不相信实验人员说的话。

如果安慰剂疗法真的可以改善健康状况的话（事实似乎是如此），若能了解它们是如何发挥作用的，可能会带来很多好处，但我们的确还不清楚。

50. 为什么自闭症的患病率在上升?

20世纪七八十年代，美国大约每2000个孩子中就会有1个被诊断为自闭症。现在大约每150个孩子中就有1个。于是从中产生了两个重要的问题：

自闭症的患病率真的在上升吗？还是这些统计数据仅仅反映了人们对这种疾病的日益关注，以及反映了最近人们会更多地去参考“自闭症谱系”（程度从症状较轻的阿斯伯格综合征到重度自闭症）？

如果自闭症的患病率在上升，事实似乎也是如此，那么是什么原因导致的呢？是饮食、基因、环境变化，还是一些被视为正常的医疗手段？所有这些因素都是有可能的。

51. 大麻能减轻疼痛吗?

在美国，根据《管制物质法》，大麻被列为第一类毒品，然而有些州已经将医用大麻用于缓解疼痛合法化，并且可能会有更多的州去效仿。美国食品药品监督管理局对大麻的分类是基于该毒品极有可能导致滥用、上瘾或其他伤害，但他们称它“目前没有公认的医疗用途”这点是否正确呢？

大麻合法化的支持者们提到镇痛药Sativex，它是由大麻的天然提取物制成的；以及另一种药物Marinol，用于治疗癌症患者的恶心，它含有一种被称作THC的合成大麻素，是在大麻中发现的。这两种药物都已经通过了美国食品药品监督管理局的批准，那么对于大麻的有效性还有什么可质疑的呢？

然而，大麻的质疑者们从2013年英国牛津大学的一项研究中获得了支持。该研究通过脑部成像扫描来观察大麻究竟有什么功效。结果显示，与传统止痛药不同，大麻对大脑中负责痛觉的区域没有任何明显的影响，它影响的是那些负责对疼痛做出情感反应的区域。换句话说，大麻并没有减轻疼痛，只是让人们更容易地忍受疼痛。

52. 肌肉为什么会痉挛？

肌肉痉挛（俗称抽筋）常常发生在夜里，它会使我们在剧烈疼痛中醒来，通常是小腿肌肉突然痉挛或绷紧，可能持续几秒钟到几分钟。肌肉痉挛往往发生在人们正入睡或正醒来的时候；有时与近期的运动、脱水、怀孕、血流问题、矿物质的缺乏或单纯的睡姿不好有关。

但有的时候肌肉痉挛就这样发生了，而我们也真的不清楚是由什么引起的。

气象学

53. 为什么美国龙卷风发生的天数比以前少了？

2014年，美国国家海洋和大气管理局发布了一项针对50多年内天气数据的研究报告。分析显示，在这50多年间，每年袭击美国的龙卷风数量并没有太大变化：总是在1200次左右。但是，神秘的是，龙卷风袭击的天数减少了。事实上，数据显示，在20世纪70年代，有记录的龙卷风共30多个，每年受袭击的天数为6天，但在过去的20年间，每年大约只发生3天。换句话说，龙卷风的数量大致相同，但它们在时间上发生得更加密集了。

人们认为，这可能与全球变暖或是污染引起的大气变化有关，但导致这种变化的机制尚未明确。

54. 极地变暖对中纬度地区有什么影响？

2012 年发表的一项研究表明，北极冰盖的消融可能会导致北半球中纬度地区的冬季变得非常寒冷。其观点是，海冰的迅速融化会导致急流[①]的流向发生变化，使急流向南推进，让南方地区的天气更加寒冷，冬季更加持久。

这一观点得到了一些关于北极冰层覆盖和急流路径变化的数据的支持，但研究报告作者承认还需要更多的细节来证明，而且这仍然只是一个假设。

全球变暖两大阵营代表立即针对这项研究各抒己见。怀疑论者表示，这项研究的发表只是又多了一个证据证明，全球变暖末日论者可以扭曲一切来支持他们的理论：无论天气变冷还是变热，他们都可以说是全球变暖引起的。然而，全球变暖假说的拥护者们则批评这项研究缺乏说服力，称我们还需要更多的证据才能证明极地冰融化对急流流动的影响。

因此，极地冰的融化究竟使中纬度地区的天气变热还是变冷，这仍然是个悬而未决的问题。

55. 太空天气和地球天气之间有联系吗？

地球周围的空间区域不断受到来自太阳的电子和质子流（即太阳风）的袭击。地球磁场通过使太阳风发生偏转来保护我们免受大部分潜在的伤害，但太阳活动的变化会对地球产生影响。地磁暴[②]会破坏技术

① 急流是指风速 30 米每秒以上的狭窄强风带。——译者注

② 地磁暴是高速等离子体云到达地球空间后，引发的最具代表性的全球空间环境扰动事件。——译者注

系统，太阳耀斑[1]会干扰远程无线电通信。然而，这种太空天气对地球天气的影响就不那么明显了。

对太阳的观测显示，大约在1645年至1715年间，太阳黑子（太阳表面温度相对较低的斑块）的数量显著减少。人们现在将这一时期称为“蒙德极小期”，这段时期也恰好是地球的“小冰期”，这一时期的特点是地球气候变冷。目前已知，太阳的磁周期约为22年，其中太阳黑子周期为11年。100多年来，人们一直猜测太阳黑子活动会影响地球的天气，但对此还未得到有说服力的证据。

太阳磁场的变化似乎会影响太阳黑子的活动，可能还会影响太阳风。一种说法是，太阳风引起的宇宙射线通量的变化可能会导致云团形成数量的变化，这将对地球天气产生直接影响。但目前还没有令人信服的证据可以证明这种说法。

56. 气候变化和地表植被是如何互相影响的？

气候变化与地表植被之间的关系十分复杂。一方面，植物从大气中吸收二氧化碳，具有降温作用；另一方面，它们将二氧化碳转化为养料，通过蒸腾作用将能量和水分释放到大气中，从而导致气温上升。这种升温效果是短期的，但降温作用是长期的。

最近的研究表明，植物通过蒸腾作用失去的水分随着二氧化碳含量的上升而减少，这意味着升温效果可能没有预想的那么大。然而，由于不同种类的植物对二氧化碳含量上升的反应不同，这个问题便又变得复杂起来。

还有一个问题是，当植物生长在冰雪融化的地区，这将使地表反射变弱，从而吸收更多的热量，产生升温效果。此外还有温室气体对土壤的影响问题，这也会影响到植物的生长。

① 太阳耀斑是发生在太阳大气局部区域的一种最剧烈的爆发现象，在短时间内释放大量能量，引起局部区域瞬时加热，向外发射各种电磁辐射，并伴随粒子辐射突然增强。——译者注

这些升温和降温的影响是如何平衡的，以及哪一种影响会占上风，一直是人们争论不休的话题。

57. 闪电是如何形成的?

任何一本基础科学书籍都会解释闪电的成因。电荷在云中积累，正电荷在顶层，负电荷在底层，这叫作电离。随后，负电荷与地面上的正电荷相互吸引，它们之间的作用力越来越大，最终战胜了空气的绝缘性。结果就是，正电荷从地面以光速冲上来与云层下方的负电荷相遇，一道闪电便产生了。

只有当你开始阅读细节时，才会意识到事情并没有那么简单。第一，对于云是如何电离的，并没有给出真正的解释，只有一个相当模糊的说法，即水和冰滴相互碰撞，从而将电子逐出，使其落到云的底部。第二，对云内电荷的测量常常得出反常结果，与上述简单的过程不符。第三，发生强雷暴时，从上方看，可以看到它们呈现出其他的放电现象，称作“瞬态发光事件”，这些现象已被赋予形象且具有异国情调的名称，如“红色精灵”（范围大但短暂的红色闪光），“蓝色喷气式飞机”（突然出现的圆锥形蓝光）和“精灵”（扩展的发光大圆盘，仅持续0.001秒）。这些现象都还没有得到解释。

58. 是什么导致了急流的转弯?

急流是在高空自西向东快速移动的狭窄气流带，它们对天气系统的动态变化有着巨大的影响。急流沿着被称作“罗斯比波”的蜿蜒路径行进，“罗斯比波”有时平缓，有时则非常剧烈，当其较为平缓时，就会形成高压和更稳定的天气。

除了这些蜿蜒的波之外，急流本身似乎也在以一种难以预测的方式向北或向南移动。近年来，人们已将北极急流的移动路径尽可能准确地绘制出来，结果显示该移动路径与极端天气模式有关。特别值得一提的是，2007 年英国的洪水是由一股异常偏南的急流造成的，它给整个英国带去了低气压。然而，在同一时期，同一股急流显示出每年缓慢向北流动的趋势，这表明英国的天气是由急流在路径上的异常大转弯造成的。

长期以来，人们一直怀疑气候变化与急流路径的变化之间存在联系，尤其是和北部急流的路径变化相关，但究竟是急流造成了气候变化，还是气候变化改变了急流的路径，目前还不得而知。在任何一种情况下，人类活动在这些变化中可能起到的作用也只能是推测。

超心理学

59. “新手的好运”是真的存在吗?

第一次参与一个活动时，无论是在轮盘赌桌上游戏、做蛋奶酥、打高尔夫，还是进行任何可能由运气会发挥作用的活动，事实往往是，他们后来的尝试似乎从未达到第一次尝试成功所暗示的预期效果。人们将好的开始归因于“新手的好运”，就没有再进行更多的讨论了。

然而，超心理学[①]实验中一个最为一致的结果似乎表明，初学者的运气可能是真实存在的。关于心灵感应、意志力或其他所谓超自然能力演示的实验报告中，经常出现实验对象在实验开始时的表现明显高于概率，但随着实验的继续，表现则慢慢回落。

相信这种说法的人说，当正常的感官受到抑制时，超感官能力才

① 超心理学主要指采取科学方法对超常心理现象或宗教心理的研究。——译者注

能发挥最佳作用。因此，一开始的尝试更为成功，是因为实验对象的期望很低，也没有认真去尝试。而一旦付出努力，超感官能力就会遭到否定，因此不再发挥作用。

当然，也有可能只是实验人员更容易记住似乎是“新手的好运”在起作用的情况。

哲　学

60．身体能做什么？

荷兰哲学家巴鲁赫·斯宾诺莎的哲学杰作《伦理学》于他逝世那年出版，他在书中写道：“迄今为止，没有人对身体的力量设限，也就是说，至今为止，还没有人从经验中得知，根据自然规律，身体可以独自完成些什么。”

法国哲学家吉尔·德勒兹将此概括成了一个更为简洁的问题：“身体能做什么？”和20世纪的法国后现代哲学家一样，德勒兹的论述是形而上学、令人费解的，所以让我们继续来看看斯宾诺莎的解释：

到目前为止，还没有人对身体的机制有一个十分精确的认识，以致能够解释它的全部功能；我也不需要提醒人们关注这样一个事实，在低等动物身上观察到的许多行为远远超越人类智慧；梦游者在睡梦中做许多事情，他们清醒时却不会冒险去做这些事。这些实例足以表明，身体会仅仅凭着本性，做许多大脑觉得不可思议的事。

同样，没有人知道大脑如何或以何种方式移动身体，不知道它能指示身体做出多少不同程度的动作，也不知道它能让身体移动多快。

关于肌肉如何控制身体，以及大脑如何通过发送神经冲动来控制肌肉，我们现在已经了解了很多，但斯宾诺莎的基本论断仍然是正确的：我们仍不知道我们的大脑是如何限制身体的潜能的。

61. 我们如何知道别人是否具有思想呢?

电影中机器人的进化史例证了这个问题背后的哲学观点。一开始，像是《禁忌星球》里的罗比，或是《星球大战》里的C-3PO这样的机器人，它们看起来就像机器人，人们也都知道它们是机器人。然后就是《异形》中的艾什以及《终结者》系列前三部中阿诺德·施瓦辛格饰演的机器人，这时候的机器人（或常称为“半机器人”）外表与人类十分相像，并能按照自己的想法表现出和人类相似的行为举止，因此它们可以欺骗人类。最后，还有一些机器人，比如《人工智能》中的大卫和《终结者2018》中的马库斯·莱特（由萨姆·沃辛顿饰演），它们不仅欺骗了所有人，还真的相信自己就是人类。

这一切都可以归结为“哲学僵尸”的问题：我们如何辨别所遇到的类人生物是否具有意识和感觉？从理论上讲，有没有可能对机器人进行编程，使其行为举止与人类别无二致?

形而上学的唯我论者认为，我们只能了解自己的思想。知道一个人具有思想是一种个人的意识体验，所以设法证明他人具有思想都只是徒劳无功。然而，物理主义者可能会说，大脑是一个物理对象，而思想是大脑运作的产物，所以思想和意识总有一天会作为物理过程为人类所检测，这样我们就能知道和我们交谈的人是否具有思想。

62．我们能客观地体验事物吗？

我们所知道的一切，我们所相信的一切，以及我们所想的一切，都是通过感官来接收的，紧接着就是对这种感官输入进行所谓的逻辑分析。分析可能是客观的，但所分析的数据一定是主观的。

柏拉图在其理型论中认为，程度最高和最基本的现实是非物质的抽象世界，而不是我们通过感官感知到的不断变化的物质世界。柏拉图所信仰的理型世界是客观的、永恒的和绝对的。我们主观地体验世界，并从经历中抽象出客观现实。

63．时间是一种错觉吗？

爱因斯坦表示，“过去、现在和未来之间的界线只是一种错觉”。换句话说，“现在”这一概念是没有客观现实的。其广义相对论的一个基本思想就是，一个观察者可能会看到不同的事情同时发生，而另一个观察者则会看到同样的事情接二连三地发生。我的“现在”可能是你的过去、现在或未来。

在爱因斯坦的理论出现之前，人们欣然接受的观点是：我们生活在一个三维空间里，对于每一个人，时间都以同样的速度滴滴答答地流逝着。爱因斯坦指出，时间的流逝对于每个人来说可能是不同的，尽管这种差异可能只在我们以接近光速的速度移动时才会注意到。

为了解释这个明显的异常现象，爱因斯坦改变了我们对世界的看法。它不再是一个在时间中运动的三维实体，而是一个四维时空连续体。我们所看作的固定的过去、真实的现在和开放的未来之间其实没有任何区别；它们都一样。然而，我们人类注定要沿着一条一维的、不能倒退的时间轴在这个世界上走一遭，这就给了我们一个非常合理的错觉，即时间是真实的。对于我们来说，它可能是真实的，但对其他人来说，时间似乎是不同的现实存在。

时间的灵活性和个性是否使得整个时间概念成为一种错觉，这就是一个更深层次的哲学问题了。

64．现实是一种错觉吗？

就好像爱因斯坦告诉我们时间是一种错觉还不够糟糕似的，量子力学的先驱们又提出现实本身可能也是一种错觉。首先，我们发现了可以同时出现在两个地方的粒子。然后我们意识到，它们可能根本不是粒子，有时被看作波更恰当。接着我们了解到，在观察到它们之前，它们可能根本不存在。现在弦理论学家又告诉我们，我们所认为的固体物质实际上可能是由十维空间中振动的弦组成的。

一旦生命进化，我们的感官就会不断发展，使我们能够最好地适应这个世界。我们所感知的世界看起来越来越像是在自己大脑中创建的一个结构——如果你愿意，可以称之为全息图。情况并不像《黑客帝国》中尼奥的境遇那样糟糕，但量子力学迫使我们所有人吞下了至少一小颗红色药丸（《黑客帝国》中吃了这种药丸可以回到真实世界），让我们知道现实到底是什么样子。

65．大卫·休谟相信上帝的存在吗？

苏格兰哲学家大卫·休谟在其著作《自然宗教对话录》中，采用了一种通俗易懂的方式来论述上帝是否存在的问题。该书采取对话的形式，描述了第美亚、斐罗和克里安提斯这三个人物关于上帝的存在和本质的一系列讨论。

第美亚认为上帝存在，但不可理解；斐罗同意上帝是不可理解的，但又表示，如果看证据的话，必须承认上帝也有可能是道德败坏的；而克里安提斯说，大自然证实了上帝的存在。对于每一个人物，休谟都很好地论证了他们的立场，以至于无法推断出他自己的观点是什么。

休谟的对手们经常指责他是无神论者，说他拒绝承认这一点只是因为害怕承认后可能会给他的职业生涯带来麻烦。另一方面，休谟一生都在反对人类不自量力的推理，所以他很可能对那些坚持认为上帝绝对不存在的人和那些确信上帝存在的人怀有同等的敌意。

也许我们能得出的最有力的结论是，休谟反对传统的有神论观点，但也没有完全否认上帝的存在。

66. 自由意志和决定论互不相容吗？

哲学家们为这个问题争论了2000多年，但他们仍然未能达成共识。问题的一部分在于准确定义“决定论”和“自由意志”这两个术语的含义，但无论怎样定义它们，在两者是否相容这个问题上似乎总是存在争议。

不相容论者的看法很简单：决定论意味着宇宙中的所有事物都是预先确定好的，或是因为上帝早已知道将会发生什么，我们怎样都无法改变，又或是因为物理定律（包括我们至今尚未发现的）决定了世界上的一切事物，包括我们大脑中用于决策的粒子的活动。所以自由意志和决定论无法相容。

然而，相容论者抨击了上述宗教论点，理由是，如果上帝存在，他能预知一切，其中也包括我们将用自由意志来决定什么。至于物理定律，古代的相容论者认为没有什么问题：我们用自由意志所做的决定必定会受到我们的教养、我们曾用过的早餐、我们的精神状态以及过去各种其他事物的影响。如果我吃煎蛋的时候配了三片培根而不是两片，那么就可能会在当天晚些时候做出不同的决定。只是我称之为自由意志，而你称之为物理定律。现代相容论者的解释甚至更容易理解：毕竟，量子理论具有非确定性，以及很强的内在随机性。

然而，我们还不清楚量子随机性是如何影响自由意志运作的。

物理学

67. 存在“四中子”吗？

2002年，法国卡昂的国家大型重离子加速器的研究人员向一个小型碳靶发射了铍-14原子核。这不仅仅是为了好玩，而是为了观察他们是否能够制造出一个“四中子”。铍-14离子由4个中子构成，当它们撞入碳靶时，预计这些中子会脱离。

理论预测，当这种情况发生时，应该会产生1个铍-10原子核和4个分离的中子。然而，检测到的并不是4个中子，而是一个信号，显示这4个中子结合在一起形成了一个单独的“四中子”。

问题是，根据现有的核模型[①]，应该是无法形成“四中子”的。到目前为止，为复制卡昂实验结果所做的尝试都还没有成功过，而且有人对其检测方法提出了一些质疑。然而，还有另外四五份报告显示在其他实验中也制造出了“四中子”，所以对于它们是否有存在的可能还没有定论。

68. 为什么行驶中的自行车不会倒？

1949年上映的法国电影《节日》中有这样一个著名的场景：经常犯错的邮递员弗朗索瓦（由雅克·塔蒂饰演）在一条乡间小路上追着他失控的自行车。车上无人，这辆自行车左右摇晃，竟然滚动了一段距离没有倒下。这看起来就像是一幅绝妙的特技作品，但自行车就是这样：当它突然偏向一个方向时，其前轮会自动修正，将其带回反方向。

① 核模型，即对核子在原子核内的运动提出的解释和设想。——译者注

自电影上映以来，人们提出了各种看法来解释造成这种现象的原因。有些人说，是车轮转动的陀螺效应使自行车保持直立；另一些人说，这就像操纵购物车时，其脚轮会自动转向正确的方向。同样的说法也用来解释骑车时自行车所表现出的显著稳定性。

然而，在2011年，美国康奈尔大学的一个团队设计了一辆实验性自行车，它具有反向旋转的车轮系统，抵消了全部的陀螺效应。但它独自滚动时，仍然可以保持直立。研究人员承认，这并不能解答为什么自行车不会倒的问题，但确实排除了一些可能的答案。

69. 磁单极有存在的可能吗?

任何磁体都是一端为北极，另一端为南极。把它切成两半，你就得到了两个磁体，每个都有一个北极和一个南极。你可以继续将它切成两半，最终会得到一个一端是北极，另一端是南极的原子。但你就是无法得到一个单极子。

人们甚至认为麦克斯韦的电磁方程组表明了磁单极是不可能存在的，但在1896年，皮埃尔·居里指出它们是有可能存在的。1931年，伟大的物理学家保罗·狄拉克证明了磁单极只有在电荷量子化（即电荷量只能取分立的、不连续量值）的情况下才会存在，因此，后来这一理论被证实之后，人们又重新燃起了对磁单极的兴趣。

近年来，弦理论预测了磁单极的存在，因此对磁单极的搜寻力度也加大了。2014年1月，媒体广泛报道美国的一个实验室创造出了磁单极，但事实证明是这些报道夸大其词了。该实验室创造出的并不是一个真正的磁单极，而是一个物理系统，它展示了磁单极所能产生的磁场。所以我们仍然不知道磁单极是否存在，但其存在的可能性看起来比几年前要大。

70. 有没有一种通用的理论来描述湍流动力学?

诺贝尔奖得主、物理学家理查德·费曼将湍流描述为经典物理学中最重要的未解决问题。费曼于1988年去世，我们离解决这个问题还有很长的路要走。湍流影响气体或液体的流动，使平滑的流动变得不稳定且难以预测。它让我们的茶泼洒出来，洗碗时溅得我们衣服上到处都是水，它还吓坏了飞机上的乘客，甚至在设计人工心脏瓣膜的时候都要考虑到它。

无论我们谈论的是水从水龙头流出，还是飞机在空气中移动，它们刚开始可能都是平稳的，然后，随着速度或阻力的增加，会突然变得混乱且不稳定。湍流一旦开始，就要一段时间之后才能平息，即使在最初引起湍流的因素减少后也是如此。

尽管进行了大量的研究和极为复杂的数学计算，我们仍然无法对何时出现湍流做出可靠的预测。

71. 是什么决定了精细结构常数的值?

理查德·费曼所认为的另一个“物理学中最重要的未解之谜”是叫作 α 的精细结构常数的值。它是构成宇宙的基本物理常数之一，并决定着带电粒子和原子能级之间的力的大小。

要计算 α，先用电子电荷的平方，除以光速和普朗克常数，然后再乘以 2π，答案是0.007297，或大约1/137。然而，令人惊奇的是，如果与这个数字相差仅仅4%，不管是高还是低，那么恒星中产生氧和碳的核反应都不会发生，人类这种以碳为基础的生命形态也就不会存在。为什么 α 具有维持生命存在的特殊值，这完全是个谜。

正如费曼所说：“所有优秀的理论物理学家都将这个数贴在墙上，为它大伤脑筋。”

72. 如何解释“真空灾难”？

想一个数字，然后在末尾加上 107 个 0。最开始的数字和你现在得到的数字之间的差值就是所谓的“真空灾难”。

这一切都与真空能量有关。根据量子场论，空间的能量不为零，并且该理论使我们能够计算出它应有的数值。然而，当“旅行者号”行星际探测器通过测量真空的引力来计算其真实值时，所得的数字要小得多，或者说要小很多：实际上，与理论值的差值，相当于在真实值的末尾加上 107 个 0。

人们认为这是有史以来最糟糕的理论预测。我们就是猜想整个宇宙是由一个原子构成的，都会比这个预测更为接近。出现这种情况，应该是在量子场论或者我们对重力的理解上犯了十分严重的错误，但我们还不知道问题具体出在哪里。

73. 负质量和负能量有存在的可能吗?

17 世纪，炼金术士们发现有些东西在燃烧时重量会增加，他们对此感到十分困惑。当然，现在我们知道了，燃烧经常需要与氧气结合，所以重量会增加。由于不了解氧气，当时的炼金术士们提出了“燃素”学说。物体燃烧时会失去燃素，而燃素的质量为负。

自 18 世纪 70 年代氧被人类发现后，负质量的概念消失了约两个世纪，但近年来，理论物理学家在探索物理定律更奇特的内涵时，又提出了此概念。有人说，如果允许负质量和负能量的存在，就可以解释为什么我们还没有发现引力波（它可以被正质量和负质量的结合所吸收），也可以解释虫洞存在的可能性。

多年来一直存在的问题就是，人们认为负质量违背了爱因斯坦广义相对论的一个基本假设。然而在 2014 年，加拿大蒙特利尔大学的物理学家发现了爱因斯坦方程式的一种解法，其中质量可以取负值。

所以从理论上讲，负质量是有可能存在的，尽管我们没有证据，也不清楚它最初是如何产生的。

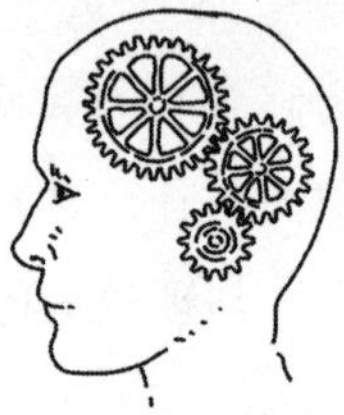

心理学

74．如何解释外国口音综合征？

2014年10月2日，英国《每日镜报》刊登了一篇报道，标题是“一名女子醒来后说起了意大利语，后被确诊为外国口音综合征”。也许“醒来后说起了意大利语”有些哗众取宠，往下读就会发现，只是发现她发音别扭，所以有些人认为她说话带有意大利口音，而另一些人则将其描述为法国、日本、波兰或立陶宛口音。外国口音综合征尽管罕见，却是一种有充分证据存在的病症。

对于这一病症的最早描述是在1907年，此后的100多年里，有报道的外国口音综合征病例少于70例。患者通常在中风、头部受创或偏头痛发作后出现该症状，据推测是由于大脑的语音控制中心受损，还有可能是舌头、下巴或控制它们的肌肉受损引起的。

然而，尽管对外国口音综合征患者进行了各种类型的脑扫描，但还是没有发现大脑中有任何区域与该综合征相关。

75．我们在饥饿状态下可以做出更好的决定吗？

许多研究表明，捕食者在饥饿状态下，会冒更大的风险猎食。这是有道理的，但是饥饿是否会导致冒险行为的增加，尤其是对人类而言，这个问题却产生了矛盾的结果。

2010 年，英国伦敦大学学院进行了一项研究，研究对象分为两组，其中一组在实验前不久吃了东西，而另一组则禁食。实验人员要求两组研究对象选择标有不同奖金额度以及中奖概率的彩票。奖金越高，中奖概率就越低。实验人员报告说，禁食的研究对象更倾向于选择高奖金、低概率的彩票。换句话说，饥饿会刺激人们做出更多冒险行为。

然而，2014 年荷兰的一项研究却得出了几乎相反的结论。他们的实验是比较饱餐者和饥饿者在赌博游戏中的行为，结果显示“饥饿状态下的参与者在这个复杂且结果不确定的任务中表现得更好”。

人们是否应该在做决定前吃东西？这个问题似乎仍然没有答案。

76. 我们的行为在多大程度上反映了我们的进化史？

这个问题是最近发展起来的进化心理学的基础。一位普通的心理学家（非进化心理学家）认为，作为有意识、会思考的生物，我们人类从经验中学习。我们可能生来就具备一定的技能和基本的行为模式，但随着成长，我们了解这个世界、了解他人，与他们的互动使得我们形成自己的喜恶爱憎和行为模式，也正是这些使我们成为独立的个体。

进化心理学家则持完全不同的观点。他们说，我们大脑和思想的进化方式与身体的进化方式相似。在智人 99% 的历史发展中，人类都是以小群体生活在非洲的采猎者。在他们看来，我们的许多行为特征源于在那段漫长的时间里不断进化而来的行为。人们害怕蛇，因为这是人类远祖生存下来的关键。我们的社交技能也是从那些采猎群体的生活中发展而来的。

一些进化心理学家甚至会说，现代人类的大多数问题都源于现代世界与我们的进化遗留之间的冲突。我们所有的社交技能、性冲动和攻击性可能是我们长期进化的结果。另一方面，它们也可能是我们意识和思维能力的产物，我们主动适应并及时解决问题，而不是等待进化来为我们做这些。问题是：我们的行为有多少源于进化，又有多少源于我们所生活的这个世界的人造社会结构？

77. 自由意志是在什么阶段进入我们的决策过程的？

2008年的一项研究提出了一些关于自由意志本质的问题，令人十分困惑。研究人员让研究对象坐在一个按钮前，只需决定是用左手还是右手按按钮。在他们按下按钮之前，还需要观看屏幕上显示的一连串不断变化的字母，并记住在自己决定用哪只手按按钮的那一刻屏幕上所显示的字母。整个过程中，有设备对研究对象进行脑部扫描。

令人惊讶的是，脑部扫描不仅显示了研究对象选择的是哪只手，而且通过监测扫描，研究人员可以在研究对象做出决定10秒前就预测出他们会选择哪只手。

我们倾向于认为，自己会在考虑了各种选择之后，有意识地做出决定。然而，这个简单的实验似乎表明，我们可能首先会在潜意识中做出决定，然后潜意识又将其传达给我们的意识，而自由意志发挥作用的阶段尚不明确。

78. 是什么导致了似曾相识的感觉出现？

关于既视感（déjà vu），唯一一件似乎所有科学家都同意的事是，它很难在实验室里进行研究。第一次见到某种事物却似曾相识的那种感觉，不仅转瞬即逝，而且很难再现。人们提出了几种看法，但每一种都缺少证据的支撑：

- 这是因为在将信息从大脑的一个半球传递到另一半球时出现了一瞬间的延迟：大脑的两个半球可能都接收到了某事物的信息，然后其中一个半球又将该信息传递给另一个半球，结果就是有一个半球接收了两次该信息，即认为曾经见过这一事物。
- 就像我们的肌肉可能会毫无预料地抽搐一样，我们大脑中的神经元也会如此；既视感只不过是大脑的抽搐。
- 任意两张脸都有许多共同点；在某种程度上，任意两个房间也十分相像；既视感是由于我们的大脑在关注差异之前就已经察觉到了相似之处。
- 西格蒙德·弗洛伊德表示，这是错构（一种由压抑记忆引起的对事实和幻想的混淆）的结果。

事实上，对于既视感大约有 40 种不同的解释。剩下的 36 种就不在此一一列举了，我们单纯就是不知道其原理。

79. 抑郁症和血清素之间有什么联系？

在谈到抑郁症和抗抑郁药物时，我们会多次提到这个问题，但两者之间真正的联系是非常难以捉摸的。其中一个问题是，我们可以准确地测量血液中的血清素含量，却没有简单的方法来估算大脑中的血清素含量，我们也不知道血液中的血清素含量是否能反映大脑中的血清素含量。许多研究已经表明，血液中的血清素含量低与抑郁症之间存在相关性，但究竟是血清素含量低导致抑郁，还是抑郁症会消耗血清素，这仍是未知。

2014 年对老鼠的研究又一次质疑了血清素的作用。为了深入了解血清素和抑郁症之间的联系，研究人员培育了一种老鼠，这种老鼠缺乏在大脑中产生血清素的能力。行为测试显示，这些老鼠无法控制自己的行为并具有极大的攻击性，但它们没有表现出抑郁的迹象。即使在压力之下，这些老鼠的表现也和正常老鼠一样。研究人员得出结论，血清素可能和抑郁症关系不大——至少在老鼠中是这样。

科 学

80. 是谁制造了安提基特拉机械？

1900 年底，希腊潜水员在安提基特拉岛海岸附近发现了一艘古老的沉船。在对沉船的进一步调查中，人们发现了一个发条装置的碎片，该装置由至少 30 个青铜齿轮组成，其中最大的齿轮直径约为 14 厘米，预估最初有 223 个齿。

在对其进行修复之后，人们发现安提基特拉机械（人们这样命名它）是一个用来计算太阳和月亮的位置、奥林匹克运动会的周期，甚至可能是行星位置的装置。因其计算的复杂性和惊人的准确性，人们认为它是“世界上第一台模拟计算机”。

根据最新估计，这个装置可以追溯到公元前 205 年，但似乎有理由认为，它的构造肯定是由不那么复杂的器械演变而成的。然而值得注意的是，人们从未发现过类似的装置。在装载它的船沉没之后，相关的技术似乎就丢失了，过了很长时间，希腊人才重新发现其背后蕴含的技术。

81. 科学有方法可循吗？

从事科学研究的人对科学方法感到非常自豪：我们形成假设，根据这些假设作出预测，然后进行实验，检验预测是否正确。这种科学方法可以追溯至笛卡儿，他于 1619 年建立了科学方法的框架，后来谈及其本质是:“在不清楚某件事是否为真之前，就绝对不要接受它。换言之，即谨慎地避免鲁莽和偏见，除了那些清楚地呈现在我的理性之中，而又毫无怀疑余地的事物之外，不作任何其他的判断。”

20世纪伟大的哲学家卡尔·波普指出了这一框架的缺陷。他说，一个假设只有在具有可证伪的情况下才值得考虑。你形成一个假设，做出一个预测，检验这个预测，如果它不成立，那么你就否定这个假设。所以你永远不能确切证明某事是对的，你只能证明它是错的。当实验与预测相符时，你可能会更加相信这个假设是正确的，但你永远无法确定。

更糟糕的是,“假设—预测—检验”的过程可能看起来是有条理的，但首先没有规则、程序或算法来提出假设。所以也许在科学背后根本就没有真正的“方法”。

82. 人们能够区分科学、伪科学和非科学吗?

什么时候科学不是一门科学？与这个问题紧密相连的是卡尔·波普所谓的“划界问题”：是什么将科学与伪科学或非科学区分开来？为什么化学是一门科学而炼金术不是？天文学和占星学有什么不同？炼金术士和化学家都在实验结果的基础上建立理论；占星家和天文学家都观察天体的运动并探索它们的影响。

在波普看来，关键的区别在于证伪：科学家提出假设，并设计实验来检验根据该假设做出的预测是否错误；而伪科学家只做实验来证实他们的理论。炼金术和占星学之所以能存在这么长时间，是因为它们的概念非常模糊，以至于无法被推翻。

然而，波普的对手托马斯·库恩指出，从历史的角度来看，科学家们根本就不是这样做的。他们并没有遵循波普的规则，除非证据确凿，否则他们都倾向于忽视伪证。库恩提出，科学的基本要素是解谜。按照他的说法，“常规科学”在于解决现有理论提出的难题。只有在非常罕见的情况下，科学家们发现理论过于反常，才会采取波普的证伪方法。

后来研究科学哲学的作家指出，波普和库恩的观点都太狭隘了，对于一门科学的组成部分，以及科学、伪科学和非科学之间的界限来说，并没有一般的法则。所以顺势疗法、精神分析、超心理学甚至宗教的科学地位可能仍然取决于你在和谁交谈。

物质篇

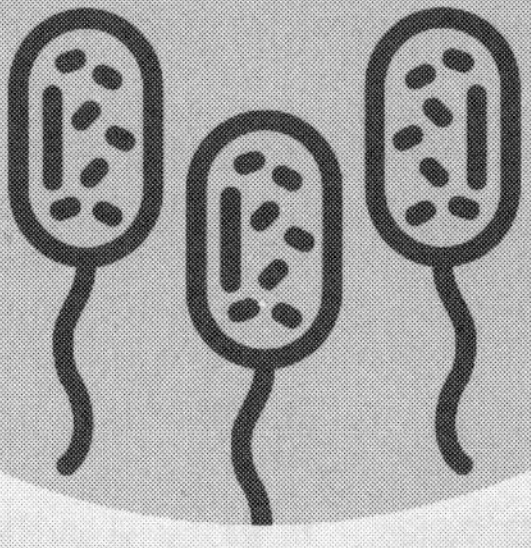

酒 精

1．为什么酒精会降低女性的生育能力？

1998年，《英国医学杂志》（*British Medical Journal*）上刊登了一篇题为“适度摄入酒精是否会影响生育能力？”的论文。该研究基于430对正在为头胎备孕的丹麦夫妇的调查，将他们的受孕率与饮酒频率相关联后，得出的结论是：“女性的酒精摄入量与生育率降低有关，即使每周只饮酒五次或更少也是如此。”

过去的研究显示，每周饮酒超过5个酒精单位[①]的女性受孕率较低，但大多数研究没有发现适度饮酒也有此类影响。另一个令人惊讶的发现是：在控制了干扰因素（包括女性酒精摄入量）后，没有在男性受试者中发现饮酒剂量关联效应。也就是说，以前的研究报告称男性饮酒者致使女性受孕率低，可能是由于饮酒较多的男性更容易有好饮酒的女性伴侣，使得生育率受到了后者的影响。

从那以后，在低酒精摄入量是否会降低受孕率这个问题上，许多进一步的研究都未能达成共识。一直以来，酒精都被认为对女性体内雌激素和其他激素的分泌有影响，但其影响机制尚未明确。

2014年，美国的一项研究报告称，压力也会降低女性的生育能力，该发现使得情况变得更加复杂。对一种与压力相关的酶的水平测量表明，酶水平过高的女性不孕的可能性是正常女性的两倍。由于人在有压力时更容易饮酒，早期研究中提到的酒精效应至少有一部分是由压力引起的，因此，这一发现增加了这种可能性。

① 1酒精单位=14克纯酒精。——译者注

奶　酪

2．罗克福奶酪里存在性行为吗？

一直以来，从没有人觉得罗克福奶酪[①]可能与性行为有关。直到2012年，一篇论文报道了法国的一项研究发现，这个情况是真实存在的。一篇关于罗克福奶酪的文章《奶酪中的性：罗克福青霉菌中存在性的证据》（*Sex in cheese：Evidence for sexuality in the fungus Penicillium roqueforti*）在开头写道："虽然大多数真核生物在生命周期的某些阶段都会进行有性繁殖，但多达1/5的真菌种类被认为是完全无性繁殖的。"但文章继续说道："最近的研究发现，一些被认为是无性繁殖的菌种里也存在着性行为。"他们对罗克福真菌繁殖的研究揭示了"甚至在同一块奶酪中也发现了两种交配类型个体的存在"，所以得出结论：罗克福真菌间可能是存在性行为的。

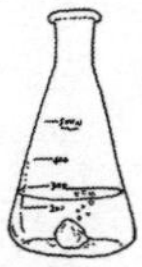

化学物质

3．二甲基亚砜对身体有益吗？

50多年来，关于使用二甲基亚砜作为药物的争论一直都很激烈。它的支持者认为它是一种现代万能药，具有数不清的潜在效用，特别是在

① 罗克福奶酪是蓝纹奶酪中最有名的一种，产自法国南部山区萨伏瓦地区。——译者注

止痛领域，从治头痛到治癌症疼痛都有效。然而，包括美国食品药物监察管理局在内的其他机构对它的功效和安全性都表示过严重怀疑。事实上，美国食品药物监察管理局只批准其用于缓解间质性膀胱炎的症状和作为移植器官的防腐剂。

作为木材工业的副产品，二甲基亚砜自1953年以来就被用作工业溶剂。在科学期刊上关于其化学性质的文章已经超过4万篇，关于其潜在医学应用的文章也超过了1万篇。但是有两个因素妨碍了对它的研究，一是它在工业应用中因原料易得，导致它在无监督的情况下被大量使用；二是即使被皮肤吸收，它也会让人的口气散发出大蒜味。这使得双盲研究难以进行，因为研究人员总是可以分辨出谁服用了二甲基亚砜，谁没有服用。这种气味也可能让制药公司对二甲基亚砜望而却步，认为它因此会很难上市。

1965年，爱尔兰的一名女性在服用二甲基亚砜和一些其他药物后死于过敏反应。虽然其确切死因未被确定，但二甲基亚砜的临床试验还是被叫停，此后人们一直对二甲基亚砜存疑。

而与此同时，私人诊所依旧会生产和销售二甲基亚砜，称其为一种速效止痛药，同时在慢性疼痛的长期治疗中疗效良好，但因它产生的蒜味仍旧是个问题。

口香糖

4．德圣安纳将军发明了口香糖吗？

安东尼奥·洛佩斯·德圣安纳将军最有名的成就是带领墨西哥军

赢得了 1836 年的阿拉谟之战，并且还担任过墨西哥总统。但有些记录表明，他的另一个伟大成就可能被大众忽视了，那就是发明了口香糖。

1885 年，德圣安纳的墨西哥总统之位被推翻后，他逃往古巴过着流亡的生活，同时也试图筹集资金组建一支军队，想再次夺下墨西哥城。1869 年，他来到了纽约的斯塔滕岛，希望在此推销使用树胶（一种产自树木的黏性胶）来替代橡胶。

和其他类似的胶一样，墨西哥人也常咀嚼树胶，因为它的含糖量很高。但圣安纳从未觉得这是个潜在的赚钱商机。但是在斯塔滕岛上时，他遇到了一个名叫托马斯·亚当斯的发明家，并希望此人加入自己的橡胶生产项目。亚当斯从他那里购置了 1 吨树胶，但是未能生产出实用的橡胶。

但亚当斯的儿子霍雷肖发现了这个东西可以用来嚼，并用它做了 200 个小球送到杂货店，杂货店老板售价为 1 美分 2 个球。亚当斯一家接着打造了亚当斯丁香口香糖、芝兰口香糖等口香糖品牌。亚当斯也许是口香糖的真正发明者，但是如果没有那位阿拉谟的英雄，他们是永远到不了这一步的。

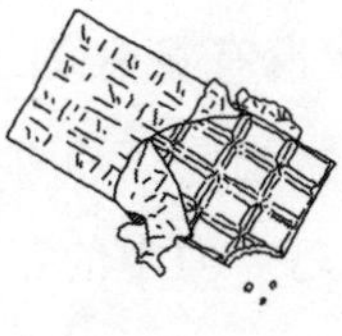

巧克力

5. 巧克力消费量能预测诺贝尔奖得主吗?

2012 年，《新英格兰医学杂志》发表的一篇论文显示，一个国家获得的诺贝尔奖数量与该国人均巧克力食用量之间存在很强的相关性。虽然知道相关性并不代表因果关系，但论文作者弗朗茨·梅瑟利博士还是说："既然已经证实了吃巧克力可以改善认知功能，那么巧克力摄入量很可能通过剂量依赖的形式，为诺贝尔奖得主的萌芽提供了沃土。"根据他的计算，一个国家年人均巧克力摄入量每上升0.4千克，该国的诺贝尔奖得分就会增加1分。

不过，后来的研究又对这些结论提出了质疑。2013年，《英国营养学杂志》上的一篇论文表明，上述认知功能的改善其实是可可中的黄烷醇带来的影响，但茶叶和葡萄酒等其他富含黄烷醇的营养品的消费量与诺贝尔奖并没有显示出任何关联性。

6．巧克力有催情作用吗?

早在玛雅人和阿兹特克人[①]时代，人们就相信巧克力有催情作用。有报告称阿兹特克人的统治者蒙特祖玛去后宫前会喝50杯巧克力做的长生不老药。

在科学时代，人们将巧克力所谓的催情功效与其所含的苯乙胺联系起来。这种化学物质被证实不仅存在于恋爱中人类的大脑中，还能刺激大脑产生与性行为过程中相同的激素。巧克力也被证明能在大脑中产生天然阿片类物质，可能会使人感觉良好。而巧克力中的其他化学物质在促进多巴胺分泌方面可能与大麻有着相似的功效。

唯一的问题是，这些化学物质在巧克力中的含量似乎太低了，不足以产生任何显著的影响。巧克力中的苯乙胺不仅在我们体内停留的时间不够长，无法达到预期的效果，而且根据美国国家心理健康研究所的数据，一个普通人要一次性吃0.5千克的巧克力才能感受到迷幻的效果。

① 阿兹特克人是北美洲南部墨西哥人数最多的一支印第安人。——译者注

咖 啡

7. 你能仅凭咖啡豆开裂的声音判断其是否被烘焙了吗？

据说，完美的咖啡烘焙是一种需要充分利用五官的技能。咖啡豆的颜色、气味、味道、烘焙过程中发出的碎裂声和质地都能为烘焙师提供信息。但如果仅凭声音，咖啡烘焙能达到完美的效果吗？

这个问题是普雷斯顿·S. 威尔逊在他 2014 年发表的论文《咖啡烘焙声学》（*Coffee roasting acoustics*）中提出的。在记录和分析了咖啡豆在烘烤过程中发出的声音后，他确定了三个可能仅凭声音就能实现烘焙自动烘烤的因素：首先，烘焙在接近尾声时，咖啡豆发出的“第一次开裂”声比后来发出的“第二次开裂”声要大；其次，第一次开裂发出的低频能量要比第二次多；最后，咖啡豆第二次开裂时出现裂纹的速度比第一次更快。所有这些因素都可以独立于其他烘焙噪声进行测量。

但其结果是否与烘焙的完美程度相关，还需要进一步确认。威尔逊自己也说：“接下来的研究需要将各类咖啡豆、各种烘焙方法以及不同的烘焙机器都纳入分析范围。”

食 物

8. 餐厅的菜单应当如何设计？

查尔斯·斯彭斯和贝蒂娜·皮克斯·菲兹曼在他们关于食物和餐饮

学的著作《完美的一餐》（*The Perfect Meal*）中，花了15页篇幅来讨论餐厅菜单的设计。那么，菜单的格式是如何影响食客的选择的？再具体一点说，餐厅老板应该把特别希望顾客点的菜放在哪里呢？

至于顾客如何浏览菜单，以及在哪些部分浏览的时间最长，人们已经做过很多研究。很明显，菜单右侧的三分之一处是最受人关注的地方，将菜品条目框起来能吸引人们的注意力，但是这对顾客的选择有什么影响，我们还不清楚。斯彭斯和皮克斯·菲兹曼举了个例子：有餐馆将这些发现应用到了菜单设计中，把两个菜品条目框了起来，并把它们印在菜单上人们浏览最多的地方。之后的报告称："这种策略对框起来的菜品的销量没有任何影响。"他们表示："我们认为在这方面还需要做进一步的研究。"

9. 用手拿着吃会更好吃吗?

和查尔斯·斯彭斯会面时，我曾问过他还有什么食物心理学知识是他不知道的。一开始他似乎不愿透露他将要做的研究的细节，但随后还是告诉我他们在准备一项研究，旨在弄清楚用手抓着吃食物是否更好吃。

不久之后，我在一家汉堡店里，发现每张桌子中间的玻璃杯里都放有刀叉。于是我问女服务员大概有多少人会选择用刀叉，她回答我说大约是五五开，但是男性会比女性更喜欢用手拿着东西吃。至于这是口味的问题，还是手掌和汉堡相对大小的问题，我相信斯彭斯教授会在他的研究里给出答案。

10. 为什么我们的味蕾在太空中会变得迟钝?

经验表明，在太空中待上几天后，航天员可能会变得比在地球上更想吃辣。部分原因是他们的嗅觉减弱了，而嗅觉在很大程度上影响了我们对味觉的感知。但嗅觉和味觉为什么会在太空中变迟钝，我们还不清楚。

有理论认为这可能与失重有关。在无重力环境下，人的体液不再向下流动，导致更多的体液汇集在头部，除了会让头部看起来更圆之外，还会引起类似感冒的堵塞感，所以可能会使人闻不到气味。

11．为什么大瓶香槟和标准瓶香槟的味道如此不同？

鉴赏家们普遍认为，大瓶装的香槟会比标准瓶装的味道更好，甚至在盲品中也出现了这种情况，所以这不可能是受瓶子大小影响而产生的心理作用：味道确实有差别，而且通常大瓶装喝起来更美味。

这必然与酒瓶中的陈酿过程有关，有人认为这是因为氧化速率有差别，而且不同大小的瓶子暴露在空气中的相对液体面积也不同。至于这些影响具体包括什么，目前还不清楚。

12．约克郡布丁的起源是什么？

有记载的最早收录约克郡布丁的食谱见于 1737 年《一个女人的全部责任》（*The Whole Duty of a Woman*）一书，作者的署名只写了“一位女士”，书中称其为“滴油布丁”。而在 1747 年汉纳·格拉斯所著的《烹饪艺术——简单的美味》（*The Art of Cookery Made Plain and Easy*）中也出现了十分相似的食谱，标题为“约克郡布丁”。

这道菜是在烤箱中用烤肉的方法烹制的（早期的书中特别提到是羊肩肉），显然它就是今天约克郡布丁的原型。但当时几乎全英国都会制作该布丁，我们并不知道它是如何跟约克郡联系在一起的。

13．食物中的微生物会影响肠道中的微生物吗？

益生菌食品的制造商一直声称，食物中的微生物可以对我们肠道中的微生物产生有益影响。每个人体内都有约 1.5 千克的肠道细菌，据知可以影响我们的食欲、健康甚至大脑功能，但能够证明饮食中的微生物可以影响肠道微生物含量的证据则少之又少。

要做到这一点，食物中的活菌首先要在被吃掉后活着通过高酸性的胃部，之后还得在肠道中生存和繁殖。理想情况下，它们还必须对我们的健康有实际帮助。

迄今为止，最能被证实的就是益生菌产品中的活菌确实能活着通过胃部，但人们需要持续服用，否则它们就会被排出体外，无法在肠胃里长期存在。因此欧洲食品安全局裁定，此类产品的制造商可以在广告中称它们有短期的医疗效果，但如果想声称其对长期健康有帮助，则必须有更充足的证据才行。

黄　金

14. 谁在克朗代克发现了黄金？

1896年8月16日，人们在加拿大西北地区的克朗代克发现了黄金，使得北美各地的淘金者蜂拥而至。发现黄金的小组成员包括乔治·卡马克和他的妻子凯特·卡马克（她是来自育空地区的塔吉什印第安部落成员）、凯特的兄弟斯库库姆·吉姆以及他们的侄子道森·查理。他们受另一位淘金者罗伯特·亨德森推荐，一直在克朗代克河以南活动。

至于谁是第一个发现黄金的人，我们仍不清楚。团队显然一致同意把乔治·卡马克列为发现人，因为他们担心矿业当局不会承认印第安人的所有权声明。罗伯特·亨德森建议他们找黄金的依据也从未被解释过，所以他很可能就是第一个发现克朗代克金矿的人。

15．1916 年从罗马尼亚国家银行转移到俄国的 93 吨黄金在哪里？

第一次世界大战期间，罗马尼亚被德国占领后，罗马尼亚政府决定将一批国宝（包括约 120 吨金币、铸锭和其他物品）转移给俄国保管。双方签订协议，要求俄国保护这批财产直到战争结束。

但是在 1917 年十月革命后，新的苏维埃政府断绝了与罗马尼亚的外交关系，并没收了这笔财产。从那时起，罗马尼亚历届政府都在试图追回这些珍宝和黄金，但收效甚微。1935 年到 1956 年间，大约 4 万件艺术品和部分财宝被装在 17 节火车车厢中归还，但大部分黄金都不在其中，有些箱子还被发现动过手脚。至于黄金去了哪里，现在还没人知道。2012 年，罗马尼亚试图在欧洲委员会上提起该事宜，但据报道，俄罗斯对罗马尼亚的尝试“表示遗憾”，并呼吁布加勒斯特不要“翻旧账”。欧洲委员会表示，如果要还债，俄罗斯可以先从归还罗马尼亚国家银行储备的 93.4 吨黄金开始。俄罗斯则回应说，罗马尼亚黄金的事情是历史问题，应该翻篇了。

16．山下的黄金真的存在吗？

第二次世界大战结束后，许多寻宝人都来到菲律宾，希望能找到所谓的“山下宝藏”，但事实上，甚至没人能确定它是否存在。

这些所谓的宝藏背后的故事与日本将军山下智之有关，他从 1944 年开始就在菲律宾坐镇指挥日军。据说山下曾指使过一场大规模掠夺行动，涉事人员身份高至日本皇室，低至日本黑帮；银行、商业大楼、私人住宅甚至宗教机构的贵重物品都被洗劫一空，进而充当日本的战争资金。据说这些赃物最初集中在新加坡，后来又被转移到菲律宾，不过没有确凿的证据证明其真实存在。

山下本人被指控犯有战争罪，并于 1946 年被美军处决，其他据称参与其中的人则在战争中死亡。但在1988年，夏威夷的一家法院审理了一起非同寻常的案件。菲律宾寻宝者罗赫略·罗哈斯起诉了菲律宾前总统费迪南德·马科斯和他的妻子伊梅尔达·马科斯，声称他发现了山下黄金，但被马科斯偷走了。

法院认为，罗哈斯确实发现了一笔宝藏，后被马科斯偷走，但裁决说他们不需要确认该宝藏是否真的就是传说中的山下的黄金。1992年，伊梅尔达·马科斯声称，费迪南德的财产确实是在第二次世界大战末期找到的日本劫掠来的黄金。她表示："我知道这里面有山下的黄金。"她还表示马科斯将此事保密，是因为黄金的数额太过巨大，"这会让人难堪"。

不过，还是有许多人觉得山下的黄金就是个传说。

盐

17. 我们能根据海水含盐量预测厄尔尼诺现象吗?

每隔几年，厄尔尼诺现象就会打破西太平洋气候格局的平衡。在正常年份，信风向西吹，将澳大利亚和新几内亚岛附近温暖的表层海水推向西太平洋。温暖海水的累积迫使南美洲西海岸沿线富含营养物的冷水从较深的海底上泛。这片较冷且富含营养物的水域促进了鱼类数量的增长，极大地带动了南美洲的经济。

然而，在厄尔尼诺年，信风减弱，温暖的海水不会西移，寒冷的海水不会上泛，鱼群也离开了。此外，水温升高可能会给该地区带来暴雨，从而加剧该地区的气候灾害。

预测厄尔尼诺现象何时来袭并非易事。我们只知道这种现象每3年到

7年发生一次。然而，海水盐度在很大程度上影响了海水储存和传输热量的能力。盐度越高，海水密度就越大，从而影响了海水的循环。自2010年以来，美国国家航空航天局发射的“水瓶座”海洋观测卫星就一直从太空监测海水盐度，以观察如何利用海水含盐量来预测厄尔尼诺现象。

气味

18．为什么我们会有喜欢的和不喜欢的气味呢？

人们对不同气味的反应不同，这一点是不可否认的。有些人可能很喜欢别人觉得很讨厌的气味，甚至臭鼬在防御时散发的气味也有人喜欢。

人们感知某些气味的能力各不相同，这些特征是由基因决定的，但直到最近，人们都还普遍认为我们的气味偏好是在文化和经验中形成的。然而在2014年，美国杜克大学的研究表明，我们个人的气味偏好取决于氨基酸之间的一些极小差异。大约有400个基因控制着人类的嗅觉感受器，单个基因上单个氨基酸的差异便会导致我们对气味感知的不同。通过比较不同人的嗅觉感受器，并观察他们对各种气味分子的反应，研究人员发现任意两个人的感受器都有约30%的差异。

结论是，我们生来就明确带有喜欢或不喜欢特定气味的潜能。但我们不知道的是，最初我们个人的气味偏好是如何出现的，以及对气味的感官感知和情感欣赏之间的联系是什么。

19．蜂王的气味是如何影响蜂巢里其他蜜蜂的行为的？

蜂王会释放一种叫作“蜂王上颚腺信息素”的物质，这是一种混合的信息素，对蜂巢成员有不同的影响。大约在破蛹一周后，蜂王就要进行交配飞行，其间它会穿过一群雄蜂（尽管我们不知道蜂王是如何找到它们的），而它的蜂王上颚腺信息素则会吸引雄蜂跟在它后面飞行。回到蜂巢后，雄蜂礼貌地排着队，等待与蜂王交配，交配后它们把蜂王放下，很快就死去了。一旦交配完成，蜂王上颚腺信息素就开始执行它的第二个主要功能，即抑制蜂巢工蜂的繁殖系统，从而确保蜂王是唯一能够繁殖的雌性。

对蜂王上颚腺信息素中化学物质的鉴定显示，它可以人工合成。将合成的蜂王上颚腺信息素喷洒在蜂巢中后，人们观察到，即使蜂王不在，也能达到同样的效果。但这些化学物质究竟是如何发挥作用的，目前还不清楚。

水

20. 为什么温水比冷水结冰快?

公元前4世纪，亚里士多德注意到热水可能比冷水结冰更快。在17世纪，弗朗西斯·培根和勒内·笛卡儿也注意到了这一点。然而，直到20世纪60年代才出现针对这种现象的第一次科学研究。当时，一位名叫埃拉斯托·姆潘巴的坦桑尼亚学生在一堂烹饪课上制作冰激凌的时候，注意到温热的混合原料要比冷的混合原料结冰更快。

这种“姆潘巴现象”随后在一些严谨的科学实验中得到了证实。事实上，并不是所有的实验都证实了这一点，但是没有人能够解释成功的版本和失败的版本有什么不同。针对此现象有以下几种观点：

- 蒸发是一种吸热反应，它会从水中带走热量；
- 低温水水面结霜形成了隔热层；
- 水温较高的水中会产生对流，使其冷却速度更快；
- 水中溶解的固体和气体在不同温度下对结冰速度影响不同。

最新的观点认为水分子中氢键松弛时可能会释放能量，但是对于哪一种解释是正确的还没有形成普遍的共识。

21. 地球内部有多少水?

我们对地球内部的了解大部分来自对地震引起的地震波的研究。通过监测表面的地震波并在不同深度探测它们的速度，也许就能得出关于它们所穿过物质的性质的结论。2014 年，一项由 2000 个地震检波器对 500 多次地震进行的研究显示，在地球表面下约 700 千米处有一片巨大的海洋，其含水量大约是我们所能看到的地表海洋的 3 倍。

这一发现为地球上的海洋从何而来以及数百万年来它们是如何保持同样大小的问题提供了新的线索。然而，这项调查只涉及美国下方的水域。它可能覆盖了整个地球，占据地幔上部和下部之间的区域。如果它在地球表面，那么下方水的总量很轻易就能够淹没整个星球。

22. 水有记忆吗?

1988 年，法国免疫学家雅克·邦弗尼斯特发表了一篇论文，随即被顺势医疗论者拿来作为其观点的充分证明。邦弗尼斯特的核心主张是，当某种物质溶解在水中，然后被稀释很多次，直到没有最初物质的分子存在，但水仍然保留着物质曾经存在过的“记忆”。具体来说，他认为水分子的结构具有某种“生物活性”，当有物质溶解在水里时，水分子的结构会发生变化，稀释后，这种变化会保持不变。

邦弗尼斯特的论文引起了激烈的争论，顺势疗法的信众大力支持它，但也有人批评其为伪科学，无条件地指责它。然而，重复邦弗尼斯特实验的尝试普遍不成功，“水有记忆”的话题也一直笼罩在阴云之下，直到2010年诺贝尔奖得主病毒学家卢克·蒙塔格尼尔的一项研究再次引发了争论。

蒙塔格尼尔声称，溶解在水中的细菌DNA会产生电磁信号，从中便可以获得整个DNA序列。顺势医疗论者再一次对研究结果欢欣鼓舞，而大多数科学界人士却对此表示怀疑。然而，蒙塔格尼尔本人表示，他的研究结果表明，水可能具有信息存储和检索的特性，并表示人们“不能将其外推到顺势疗法的产品上”。然而，复制蒙塔格尼尔实验的尝试也都没有成功。

葡萄酒

23. 螺旋盖对红葡萄酒有利吗?

软木塞还是螺旋盖？在过去的几十年里，如何更好地密封酒瓶这一问题引起了激烈的争论。普遍的看法是，大多数白葡萄酒都可以使用螺旋盖，但许多人说，优质红葡萄酒需要在瓶子里长时间陈酿，因此需要使用软木塞。但这仅仅是假内行的观点，还是有其道理呢？

这一切都归结为一个问题：希望瓶子密封到什么程度。一方面，需要防止空气进入瓶内使葡萄酒变质；而另一方面，少量的氧气可能有助于葡萄酒的酿造。长期以来，人们一直认为软木塞是保持葡萄酒免受降解，同时也能让足够的氧气渗入以改善葡萄酒品质的理想方法。然而，软木塞有时会受模具影响，而螺旋盖则免受其扰。

在旋盖瓶刚出现时，人们认为密封太过严实，不利于葡萄酒陈酿。最近，人们已经开发出了各种类型的螺旋盖，它们可以使葡萄酒暴露于少量氧气中以促进陈酿过程。然而，这项技术太新了，暂时无法判断这种螺旋盖是否能让葡萄酒像使用软木塞时一样醇熟。

值得一提的是，无论葡萄酒的品质如何，拧开螺旋盖的声音都不可能与拔出软木塞所发出的声音相提并论。

历史地理篇

古 城

我们对古代世界依旧知之甚少，许多失落城市的遗迹几乎没留下任何线索，既不知道它是谁建造的，也不知道它是如何建成的。下述谜团只是其中的冰山一角。

1．是谁建造了墨西哥古城特奥蒂瓦坎？

在阿兹特克人抵达墨西哥的1000多年前，宏伟的特奥蒂瓦坎城就已经跻身世界顶级城市之列。据估计，其人口在10万到25万之间，其建筑包括太阳金字塔——西方世界最庞大的一个建筑。

我们不知道是谁建造了它，也不知道古人如何称呼它。但考古调查表明其起源可追溯到公元前100年左右，并在公元250年到650年之间达到了鼎盛期。阿兹特克人发现这座城市的废墟后，认为世界是从这里被创造出来的，便称其为特奥蒂瓦坎，意为“众神诞生之地”。

有很长一段时间，人们都认为是托尔特克人①建造了特奥蒂瓦坎。但实际上托尔特克文明在该城建成数百年后才强大起来，所以这似乎不大可能。另一个前哥伦布时代的托托纳克人②和前阿兹特克人曾自称建造了特奥蒂瓦坎，但他们的历史是否能追溯那么远也是值得怀疑的。这座城市在7世纪或8世纪衰落时被毁坏得所剩无几，现代考古学家几乎无从搜寻关于它起源的线索。

2．特奥蒂瓦坎为什么会衰落？

从各种意义上说，尤其是从第一个1000年的文明标准出发，特奥蒂

① 托尔特克人是10世纪左右在墨西哥中部地区生活着的民族。——译者注

② 托托纳克人是墨西哥中东部的中美印第安人。——译者注

瓦坎都是一座庞大的城市。它占地广阔，拥有巨大的金字塔、寺庙、运河和船道，至少繁荣了500年。但在550年左右，它的许多主要建筑都被洗劫和烧毁，直到7世纪至8世纪，这座城市看上去已经像被完全遗弃了。

由于没有证据表明这里发生过战争，也没有证据表明入侵部队成功占领了这座城市，有人认为，这座城市的衰落是内部人民起义反抗权贵造成的，但同样也没有证据表明任何其他组织夺取了权力。气候变化、干旱和生态灾害等原因也曾被提及，但也缺乏足够的支持证据让人信服。该地区还存在着其他几座城市和整个文明突然衰落的情况，特奥蒂瓦坎提醒我们，我们对阿兹特克人之前的美洲中南部是多么缺乏了解。

3．是谁建造了南马都尔城，他们又是如何建造的？

南马都尔城的废墟坐落在太平洋密克罗尼西亚的波纳佩岛上。它建在一个环礁湖内，由一系列运河连接的人工岛组成，因此也被称为“太平洋上的威尼斯”，但其起源依旧不为人知。

在当地传说中，南马都尔城是由一对巫师奥利斯帕和奥洛索帕建造的，他们用一只飞龙运送建城用的石头。不过考古调查并不支持该观点，放射性碳测年法表明，尽管自公元前250年起该地区就有人居住，但南马都尔城的建设是在1200年左右才开始的。

南马都尔城仅是丧葬区就包含50多个小岛，坟墓被高墙环绕。在南达瓦斯岛上的皇家陵园中，墙的高度可达5.5—7.5米。这就引出了一个问题：这些用于建造的石头来自哪里，又是如何被搬运过来的？在波纳佩岛上已经发现了一些可能存在的采石场，但这些石头的具体来源依旧不能确定，运输方式也同样无法解释。

4．印加人是怎么建造普玛彭古的？

和墨西哥的特奥蒂瓦坎一样，玻利维亚的印加神庙普玛彭古也是传说中世界的发祥地，其悠久的历史和非凡的建筑精度就足以表明原因。普玛彭古神庙的中心是一个巨大的黏土丘，上面装饰着抛光的金属片、色彩鲜艳的织物和陶瓷。其周围的巨石经过凿刻，以令人惊叹的准确度嵌合在一起。

放射性碳测年法表明这些石砌建筑是在 7 世纪左右建造的，但石块中提取的化学样本显示它们来自 10 千米外的采石场。这些石块中最大的长 7.8 米、宽 5.1 米、高 1 米，重约 131 吨。据说这些石块被切割得十分精准，彼此之间可以严丝合缝到连剃须刀片都插不进去，在运输和凿刻工艺的精密度上，他们要远远超过几百年后印加人所达到的建筑水平。

澳大利亚

5. 第一批原住民是何时抵达澳大利亚的?

直到 1.2 万年前，澳大利亚、新几内亚和塔斯马尼亚还是由大陆桥连接起来的，它们共同形成了一个叫作“莎湖”的大陆。人们认为，澳大利亚最早的居民就是从新几内亚跨过大陆桥来到此地的。这些住民可能就是澳洲土著的祖先，但他们究竟是何时抵达澳大利亚的，人们对此一直争论不休。

基于对各种手工制品放射性碳测年法得出的结果，传统观点认为他们是在 4 万年到 4.5 万年前来到澳大利亚的。然而，一般认为放射性碳测年法用来测定超过 4 万年的物品时，结果都不太可靠。第一批原住民超过了这个期限，所以他们到达的真正时间可能更加久远。

近年来，热释光断代法[①]也逐渐被应用于古物的年代检测。与放射性碳测年法同理，它也是基于放射性的测量，但与碳同位素的衰变无关，所以不受和前者一样的限制。

根据热释光断代法的检测结果，澳大利亚北部的一些古人类聚居地历史可以追溯到大约5万年前，最近在澳大利亚西部的发现更是可以追溯到7万年前，而对昆士兰州的珊瑚礁沉积物的检测则表明，可能在10万年前就已经有人在此生活了。

最夸张的说法出现在1998年，当时有人发表了一份澳大利亚北部某岩棚[②]的分析数据，其中提到在样本的沙层发现了手工制品的成分，热释光断代法测定结果表明这些沙土的年代可以追溯到11.6万至17.6万年前。

如果我们不能确定热释光断代法的可靠性，在发明出更精确的测定方法前，关于这个问题的争论还将继续。

巴　西

6. 珀西·福赛特是否找到了失落的Z城？

1925年，珀西·哈里森·福塞特上校在一次探险中失踪，当时他正在巴西一处未知的丛林中寻找一座他称之为“Z”的城市。在研究了古代传说和其他记录后，福赛特确信马托格罗索地区有一座古城，并且

① 热释光断代法是指利用绝缘结晶固体被加热时发光的现象来估算物质年龄的方法。——译者注

② 岩棚是一种遗址类型，又叫岩厦、岩荫等，是由岩石经长期地质作用而形成的“屋檐”，其特点是在古老的岩石比较陡直的断面上，软质岩石易于风化或侵蚀，坚硬的岩石就突出来。——译者注

很可能就是传说中的黄金城（El Dorado）。他留下的最后消息是1925年5月29日写给妻子的一封信，信中说他将和儿子杰克以及杰克的一位老友一起去往未知的领地，自此之后他们便音讯全无。关于他的遭遇众说纷纭：有人说他被部落成员杀害了，有人说他被动物杀死了，也有人觉得他成了一个食人部落的首领。但目前没有任何关于他或者他遗体的证据。

福赛特寻找的那座失落的Z城，在1753年，一个葡萄牙奴隶贩子详细描述过它，但他并未透露其具体位置。但在2010年1月，英国《古物》杂志报告称，谷歌地球系统在靠近巴西与玻利维亚边界的亚马孙盆地上游发现了200多个大型土方工程。

所以，珀西·福塞特也许终究是对的，说不定他还真的找到了那座失落的城市。毕竟，他也被认为可能是印第安纳·琼斯这个角色的灵感来源。

中　国

7. 塔里木木乃伊从何而来？

20世纪初，很多欧洲探险家都报告称，他们在中国的塔里木盆地东端发现了数具干尸。这些尸体很多都身材高大，长着红发，说明他们更可能来自欧洲而非中国。其中年代最久的木乃伊可追溯到公元前1800年，他们的体态特征和所穿的织物都符合他们来自欧洲的理论。

老普林尼曾在他的《自然史》中提道：一位锡兰大使写给罗马皇帝

克劳狄乌斯的报告称中国西北部的一些人，其“身高超过常人，长着亚麻色头发，蓝色的眼睛，说话方式笨拙，声音粗鲁”。

在“塔里木木乃伊”被发现前，人们都以为老普林尼的描述是异想天开。但近期的DNA分析证实了这些人确实有着欧洲血统而非亚洲血统。但他们是如何抵达这里，具体是从哪里来的，目前依旧不得而知。

8. 龙游石窟是谁建造的?

1992年，中国浙江省龙游县的一位村民在从洞穴中抽水时，有了一个非同寻常的发现。他发现的正是一系列巨大洞窟中的第一个，其底部面积超过2000平方米，最高高度超过30米。他接着又发现了4个这样的石窟，而现在已知的石窟达24个，洞壁上都有马、鱼和鸟的壁画，证明它们是人造的。人们认为它们的历史可以追溯到公元前500年到公元前200年之间，规模巨大。根据一项估计，建造这些洞窟时大概移走了近100万立方米的岩石。

它们的起源完全是个谜，我们既不知道是谁建造了它们，也不知道为何而建造它们。更让人感到神秘的是，在历史记录中从未发现有关它们的记载。

9. 四川僰人悬棺是如何被安置在绝壁上的?

大约在公元1000年到公元1600年间，中国西南部的四川僰（bó）人开始使用一种特殊的丧葬方式。他们把遗体放进挖空的树干做成的棺材里，然后再把棺材悬挂在距地面10米到130米的石灰岩悬崖上。四川省已知有300多具这样的棺材，但这种丧葬方式背后的原因一直都处于猜测之中。

根据推测，把棺材放在这样的位置应该是为了保护尸体，可能是为了防止野兽袭击，也可能是某种宗教仪式的一部分，为的是让亡者顺利去往来世。从史料记载来看，僰人认为棺材放得越高就越吉利。但他们是如何把棺材运到这种常人难以到达的地方的呢？

一种说法是，他们可能建造了便于抬高棺材的土坡，但这样的话，每口棺材都会耗费大量的劳力，因为每次安置好之后都可能要把土坡破坏掉，以保证尸体的安全。另一种说法是他们会在岩石上用木桩搭脚手架，但没有在岩壁上发现支持这一理论的木桩孔。

最受支持的观点是，棺材是被绳索牵着从悬崖顶往下放的，而且最近也发现了使用这种绳索的迹象。但这就没法解释为什么有的棺材相对更接近地面。

江西龙虎山悬崖上的古越人悬棺也有类似的疑点。有些棺材大到能容下10具尸体，而且都悬挂在非常难以到达的地方，有人说，只有借助神仙的力量才能把这些棺材放置在那里。

10．中国第一位皇帝的陵墓里有什么？

中国的第一位皇帝秦始皇于公元前210年9月10日去世，他被埋葬在迄今为止已知的最复杂的墓葬群中。这些墓葬群是建在山坡上的一系列墓穴，有一座城镇那么大，由兵马俑军队守护着。到目前为止，已经出土了大约2000名这样的兵马俑士兵，但总数可能远不止这些。人们认为墓中可能也做了妃子俑，用以陪伴先帝去往来世。

至于中心的陵墓——被认为包括秦始皇遗体和一座宫殿，2000多年来都未曾有人进入过，以后也不大可能会进去，原因之一是有关部门担心目前的发掘技术可能会破坏考古发现。当兵马俑首次暴露在空气中时，其表面的颜料就碎裂脱落了。所以，人们自然会担心如果贸然进入墓室，类似的事故可能会再次发生。

还有一个和水银有关的小问题。根据古代文献记载，陵墓周围环绕着由液态水银组成的河流，中国古人认为水银可以使人永生。秦始皇生前也服用过含水银的药丸，希望自己能够长生不老，由此造成的汞中毒大概就是他 39 岁便英年早逝的原因。墓穴区域的土壤样本中汞污染水平也相当高，这使得挖掘工作变得十分危险。所以，秦始皇暂且可以安息了。

11. 中国古代人为什么会拥有尼安德特人的耳朵？

如何识别尼安德特人[①]？直到最近，人们都可以通过观察耳朵来认出他们。尼安德特人的耳朵在颞骨岩部的内骨迷路的半规管排列模式，被认为是原始生理平衡系统的残余。在几乎所有对尼安德特人头骨的研究中都发现了这种排列模式，且被认为是他们独有的结构。

但在 2014 年，当人们对 35 年前在中国发现的一个距今 10 万年的头骨再次进行检查时，也发现了同样的排列模式。这让人非常惊讶，因为人们一般认为尼安德特人只生活在欧洲。人们认为，这一发现说明尼安德特人并没有在 4 万年前完全消亡，而是与其他更现代的人类物种进行了杂交。这也可以解释为什么一个在中国的古代男人能获得尼安德特人耳朵的基因。

哥斯达黎加

12. 哥斯达黎加的石球是用来干什么的？

20 世纪 30 年代，为了给香蕉种植园腾出空间，工人在哥斯达黎加

① 尼安德特人常作为人类进化史中间阶段的代表性居群的通称，因其化石发现于德国尼安德特山谷而得名。——译者注

丛林进行清理工作，在此发现了大量的石球。有些工人认为石球中可能藏着金子，因此破坏掉了一些，但是还有约300个石球被保留了下来。它们的尺寸大小不等，直径从几厘米到超两米的都有，最大的石球重达两吨。

这些石球在当地被称为“Las Bolas”，人们认为它们是由前哥伦比亚时代的迪奎斯文明创造的，该文明在1530年左右绝迹，年代最古老的石球可以追溯到公元前600年。至于迪奎斯人是如何制造这些石球的，而它们的功能又是什么，我们依旧一无所知。

埃 及

13. 亚历山大图书馆是什么时候被焚毁的?

亚历山大图书馆建于公元前3世纪，创始人是马其顿将军托勒密一世，亚历山大大帝的继承者之一。它藏有大量的纸莎草卷轴，是一个重要的学术中心，可能也是古代世界最大的图书馆。

图书馆藏书的内容不详，如今最出名的就是其被烧毁的故事，大火导致了大量古代知识不可挽回的损失，但它被焚毁的具体时间长久以来都是一个谜。有人说是在公元前48年，恺撒大帝在亚历山大被围困时放火烧毁的，也有人说是公元391年时科普特教皇提阿非罗下令摧毁的。

但也有一些来自阿拉伯的资料表明，这座图书馆（或者至少是其一部分）一直保存到了640年或641年穆斯林征服埃及时。亚历山大图书馆的毁灭一直被视为重大的知识损失，但我们实在对其知之甚少。

美国佛罗里达州

14. 爱德华·李特斯奈克是如何建造他的珊瑚石城堡的?

爱德华·李特斯奈克是一位非同寻常的拉脱维亚移民，他独自一人在美国佛罗里达州建造了一座巨大的纪念碑，名为“珊瑚城堡”。

在北美的各个伐木营地工作了6年后，爱德华患上了肺结核。为了健康，他搬到了佛罗里达州。在那里，他用接下来的20年时间建起了他的珊瑚城堡，将其献给了在约定的婚礼前离开他的16岁拉脱维亚女孩儿。

这座城堡用大约1吨的珊瑚建成，它们都是李特斯奈克在晚上亲手挖掘的。他用的工具都很简单，全是用木头和旧汽车的零件制成。如果你问他是如何独自完成这一切的，他就会回答:“我了解重量和杠杆定律，也知道修建金字塔的工匠的秘诀。”

古代史

15. 是谁在中东建造了数千个巨型石轮?

1927年，英国皇家空军飞行员珀西·梅特兰在中东进行例行邮件投递飞行时，目击到下方有数百个直径达70米的石制车轮状图案。当他询问当地的贝都因人[1]部族时，得到的回应却令人悚然。不管怎么问，他们只会说这是“先人的作品”。

这些石轮仅从空中才能看到，它们从叙利亚延伸到阿拉伯，现在已知数量达到了上千个。上面描绘了多种图案，最常见的是中心有放射状辐条的圆环，但辐条的走向并无固定模式。关于其用途，人们也有一些推测，但都停留在猜想阶段。它们的诞生大概能追溯到2000年前，但建造它们的人和它们的用途完全不为人知。

16. 梅诺卡人是怎么建立T形巨石遗迹的?

陶拉是梅诺卡岛上35块巨石的名字。它们的外形与英国巨石阵结构非常类似，但并未像后者一样聚集在一起，而是散落在全岛各处。每个陶拉（取自加泰罗尼亚语，意为“桌子”）包含一到两块高过3米的巨石，另有一块大小相仿的石头水平横置在巨石顶部。

它们被认为是由塔拉雅特人建造的。据说，在公元前123年罗马人到达梅诺卡岛前，塔拉雅特人就已在此生活了2000多年，但他们建造陶拉的理由和搬运这些巨石的方法，比巨石阵还要难解释。英国巨石阵的摆放位置看上去至少和太阳的运行有关，表明其有占星术或天文学的目的。但梅诺卡岛的石碑只提供了一条不太明确的线索，即其中有很多摆成了朝南的马蹄形，除此之外再无其他。

有人认为陶拉可以用来预测日食，还有人认为是它们构成了某种治疗仪式的一部分。但由于我们对塔拉雅特人的信仰知之甚少，所以很难找到支持这些观点的证据。

① 贝都因人属于闪含语系民族，属于阿拉伯人的一支，是以氏族部落为基本单位在沙漠旷野过游牧生活的阿拉伯人，主要分布在西亚和北非广阔的沙漠和荒原地带。——译者注

古罗马

17. 斯巴达克斯的身上发生了什么?

即便只是看过1960年柯克·道格拉斯主演的电影《斯巴达克斯》，我们也都知道斯巴达克斯是一个奴隶兼角斗士，他策划从俘获他的人手中逃跑，并领导着奴隶同胞奋起抵抗罗马帝国的压迫。由于斯巴达克斯的进攻出其不意，再加上多数兵力被分散到别的军事行动上，许多罗马军营因此被攻破，奴隶军的数量在公元前70年一度增长到7万左右。

斯巴达克斯的奴隶军最终被庞贝的军队击败，一些罗马史学家表示斯巴达克斯是在最后的战役中牺牲的，但并未发现其尸体。有6000名幸存者被俘，并被钉死在亚壁古道[①]沿途，但其中也没有斯巴达克斯。如果他被抓获或者尸体被发现，罗马人无疑会昭告天下。所以在他身上究竟发生了什么依旧是一个谜。

另一个问题与斯巴达克斯和罗马人交战的意图相关。一直以来他都是为了争取自由，并带领追随者越过阿尔卑斯山回到故乡。但当这个目标在望时，他却将矛头倒转回来，和罗马展开了最后一次无望的战斗。他的一些部下可能并没有参与最后的这次行军，而是越过阿尔卑斯山逃走了，但斯巴达克斯这么做的可能性很小。

① 亚壁古道是古罗马时期一条把罗马及意大利东南部阿普利亚的港口布林迪西连接起来的古道。——译者注

英国史

18. 伍尔皮特的绿孩子究竟是谁?

在12世纪的某一天，有一对“姐弟”出现在了萨福克郡的伍尔皮特村。根据1189年和1220年的两本英国史书记载，他们说的是一种没人能听懂的语言，只吃豆类，而且长着绿色的皮肤。在他们学会吃别的食物之后，皮肤的颜色便不再发绿，但他们当中的男孩生病死了。女孩后来在村子里长大，学会了英语。她告诉人们他们来自一个叫“圣马丁之地”的地下世界，那里的居民都有着绿色的皮肤。

这个故事的奇妙之处在于，它的有关记载就发生在他们描述过这个事件的不久之后，而幻想故事、神话和传说一般都发生在“很久很久以前”。有一个理论准确地给出过这些孩子的起源，认为他们可能是在内战中被杀死的弗兰德居民的后代，而他们所说的“圣马丁之地”很可能指的是英国贝里圣埃德蒙兹附近的福纳姆圣马丁。但如果真的是这样，当时应该会有人能分辨出这些孩子所说的语言。

19. 阿尔弗雷德大帝的遗体后来怎么了?

899年10月26日，阿尔弗雷德大帝去世。他被葬在温彻斯特的奥尔特敏斯特，4年后遗体又被送到纽敏斯特。1110年，纽敏斯特的修道士们被转移到了海德大修道院，同时转移的还有阿尔弗雷德和他妻儿的遗体。1539年修道院解散，教堂也被拆除，但这些坟墓被保留了下来，并在1788年囚犯建造监狱时被偶然发现。然而，棺材里的铅已经被剥去，遗骨也不见了。19世纪中期，监狱被拆除后，发现了一些据说是阿尔弗雷德的遗骨，这些骨头被埋在当地教堂墓地的一个没有标记的坟墓里。

2013年3月，这些骨头被挖掘出来，随后进行了放射性碳年代测定，但结果表明它们来自14世纪，并不是阿尔弗雷德所处的时期。而在2014年，在海德大修道院遗址上1999年出土的骨盆碎片经放射性碳年代测定，结果与阿尔弗雷德的时期一致。目前还不知道这些碎片是否来自阿尔弗雷德的遗体，但无论如何，其他部位的遗骸依旧下落不明。

20. 卡蒂曼杜女王的身上发生了什么？

我们对布里甘特女王卡蒂曼杜的了解，全都来自罗马历史学家塔西佗的著作。她是英格兰北部的凯尔特人，在罗马入侵时期统治着布里甘特，也是宣誓效忠于罗马的英国统治者之一。

根据塔西佗的说法，英国的酋长卡拉塔库斯被罗马人打败后，便向卡蒂曼杜寻求庇护。卡蒂曼杜把他用铁链锁住交给了罗马人，因此获得了丰厚的报酬。尽管如此，塔西佗还是将她的行为描述为背信弃义，还批判了她抛弃了自己的丈夫维努提乌斯，和他的护甲手维洛卡图斯走到一起。

公元69年，卡蒂曼杜的统治被维努提乌斯推翻，自那之后她便再无音信。

法　国

21. 圣日耳曼伯爵是什么人？

学者、语言学家、小提琴家、作曲家、炼金术士、哲学家、外交家、花花公子、吹牛大王，甚至可能是冒牌货——圣日耳曼伯爵是18世纪的欧洲最传奇的一个人物，无论他走到欧洲的哪个地方，都没人清楚他的身份和来历。

他自称是特兰西瓦尼亚王子弗朗西斯二世·拉科齐的儿子，而且，显然受过良好的教育，也足够富有，时常戴着珠宝，穿着十分考究。霍勒斯·沃波尔曾写文章称赞过他在不同领域都表现优秀，但也称其为“伟大的伪装者”。他认为西班牙语或者葡萄牙语可能是圣日耳曼伯爵的母语，但是他也会讲法语、意大利语，还听得懂波兰语。卡萨诺瓦将其形容为“老练的冒牌货”，并且说：“尽管他自吹自擂、撒起谎来厚颜无耻，还有各种怪癖，但我并不觉得他很讨厌。”

圣日耳曼为法国的路易十五建立了一个实验室，并在1760年前往荷兰，试图在七年战争[①]期间开启英法之间的谈判，尽管双方都没有委托过他。根据不同的说法，他告诉人们他的年龄不是300岁就是500岁，并且已经解开了永生的秘密。他于1784年去世，至今仍没人知道他的真实身份。

22. 玛丽·安托瓦内特和阿克塞尔·冯·菲尔逊伯爵之间是什么关系？

瑞典伯爵阿克塞尔·冯·菲尔逊因在美国独立战争中表现突出，以及在法国大革命期间保卫皇室而闻名，但最令人难忘的还是他与玛丽·安托瓦内特之间的神秘关系。

阿克塞尔于1774年在巴黎歌剧院和玛丽相识，几年后便融入了她的密友圈子。在她的影响下，他成了德国步兵的上校，后来又成为瑞典皇家兵团的上校。他们的秘密通信表明了两人感情深厚，他曾经写信给自己的妹妹，说他永远不会结婚，因为“我无法属于那个我真正希望长

① 七年战争是英国—普鲁士联盟与法国—奥地利联盟之间发生的一场战争。战争于1756年5月17日开始，1763年结束，持续时间长达七年，故称七年战争。——译者注

相厮守的人”。

法国大革命开始后，他在 1791 年组织王室成员逃往瓦雷讷，而当 1793 年玛丽·安托瓦内特被送上断头台时，他写道：“我现在已经失去了在这世间所拥有的一切。”但他们的关系究竟有多亲密，我们大概永远也不会知道了。

德 国

23. 卡斯帕·豪泽尔是什么人？

1828 年 5 月，德国纽伦堡市的一个广场上出现了一个衣衫褴褛的少年。他手里握着一个信封，里面有两封信，但除了自己的名字以外，他似乎并不会读写。他称自己为卡斯帕·豪泽尔，只说了一句话：“我想当一个骑兵，就像我爸爸一样。”当别人问他问题时，他只会回答“不知道”，当给他食物和饮料时，他只吃面包和喝水。后来，他声称自己在一间小屋里独自长大，在被放到纽伦堡之前，他从未见过其他人。这两封信分别来自他母亲和一个照顾他的男人，但是两封信的笔迹似乎是相同的，很多人认为这可能是卡斯帕·豪泽尔自己写的。

这个神秘的男孩吸引了全世界的目光，英国贵族斯坦霍普勋爵随后成为他的监护人。斯坦霍普承担了他的生活费用，并费了很大周折去查明他的出身，但后来宣布豪泽尔有责任“公开承认欺骗了我”。1833 年 12 月，也就是豪泽尔 21 岁的时候，他的左胸被捅了一道很深的伤口，并称自己被陌生人袭击了。不久之后，他就因伤势过重而死。

当时有一些说法，认为他是弗里德里希一世（巴登大公）的继承人，但最近的DNA检测未能证实这一猜测（但他们也没有完全排除这种可能性），另一种说法则认为他就是个病态的骗子。真相至今不明。

24．萨尔茨堡立方体是什么？

1885年，奥地利一家铸造厂的雇员赖德尔在一个煤层中发现了一块神秘的金属，它可能已经有2000万年的历史。这块金属大致为方块状，侧面呈圆形，上面有一个明显的深槽。这块金属被称作“萨尔茨堡立方体”（也被称为“沃尔夫赛格铁块”，即以煤的原产地命名），并引起了人们极大的兴趣。

起初，人们认为它是一块古代陨石，但后来的调查表明它是人工打造的铁制品。至于它是怎么进入2000万年前的煤层的，人们给出了以下几种理论：

- 它可能来自某个失落的人类文明。
- 它可能是外星人留下的。
- 它可能是从外星人的飞船上掉下来的。

或者这一切都可能是个骗局，这似乎就是最可能的解释了。但设下骗局的人是谁，目的又是什么，从来没人解释过。

全球变暖

25．为什么大气中的甲烷含量会上升？

控制全球变暖的大部分努力都集中在减少二氧化碳的排放上，但近年来大气中甲烷的含量有所上升，而它是一种更强效的温室气体。

我们已经知道了一些造成甲烷排放的原因，但令人困惑的是，现在大气中甲烷含量的上升似乎与已知的排放变化无关。以煤炭生产为例，我们都知道该过程会产生甲烷。而在2000年到2006年间，中国的煤炭产量以每年7%的速度增长，但甲烷的水平没有变化。这可能是因为中国煤炭生产中甲烷排放的增加，被湿地（甲烷的主要来源）甲烷的排放量减少所抵消，但目前还没有全球数据来证实这一观点。

2007年以来，大气中的甲烷浓度迅速上升，但原因究竟是由于化石燃料的排放，还是由于北极冰的融化导致湿地覆盖面积的增加，还是由于在热带地区能产生同样影响的高降雨量，目前还不得而知。

26. 全球变暖与海洋缺氧事件之间有什么联系？

地质记录显示，地球历史上的大灭绝常常与海洋缺氧事件同时发生，而缺氧事件又与全球变暖有关。其中的逻辑很简单：不仅氧气在较暖的水中的溶解性较低，而且温度升高会降低地表水的密度，导致含氧量较高的地表水与含氧量较低的深水进一步分层，降低混合密度。

而2014年的研究揭示了一些反常现象，使人们对这一过程产生了怀疑。1990年至2010年海水变暖期间，海洋的含氧量有所下降，但在1950年至1990年，海水中的含氧量却上升了，这段时间的海水也是在变暖的。在北太平洋的测量结果表明，另一个影响过程正在发生，其结果则与传统理论相悖。

他们认为，旧理论忽略了风对于消耗氧气的浮游植物的影响。这种生物如果在水面大量聚集，就会消耗水中的氧。浮游植物会因为风力变强而增加，因为强风可以从更深的水域带出更多营养物质。海洋含氧量的测量结果证实了该理论，在信风[①]强的时期，海水含氧量会更高。

尽管自1990年以来，这类风的强度就在增加，但根据预测，全球变暖会导致信风减弱，从而使海洋的含氧量升高，而非降低。

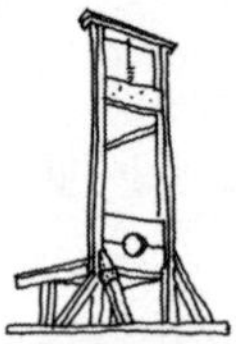

断头台

27. 吉约坦医生知道哈利法克斯的断头台吗？

16世纪，英国约克郡哈利法克斯镇的领主有权判处任何盗窃价值超过13个半便士的人立即斩首。在17世纪中叶之前，这样的判决都是通过一种装置进行的，这种装置是把斧头安装在一个木块上，木块可以在两根高大的立柱之间的凹槽中移动。木块和斧刃用绳索吊起，松开后就会掉下来切断受害者的脖子。

1791年，随着法国大革命的推进，法国的反死刑活动家约瑟夫·伊尼亚斯·吉约坦医生接受了死刑无法被废除的事实，但主张死刑要尽可能人道地执行。结果处刑装置就被称为“吉约坦妮”——这是对他名字的女性化称呼。这种断头台与哈利法克斯的断头台极其相似，至于吉约坦医生是否知道那个早期的设备，我们就不清楚了。

① 信风指的是在低空从副热带高压带吹向赤道低气压带的风。——译者注

美国艾奥瓦州

28. 凡·米特访客究竟是什么?

1903年，美国艾奥瓦州的凡·米特小镇连续几晚都有怪物造访，据说它半人半兽，长着巨大的蝙蝠翅膀，全镇人都笼罩在恐惧之中。人们第一次看到它时，它正从建筑物的顶部飞过。当时的目击者都是一些可靠又受尊敬的人物，包括一名医生和银行出纳员。报道称这种生物散发着刺鼻的恶臭，还能从长角的头上射出一道耀眼的光。

第三天晚上，小镇的居民武装起来，跟着它来到一处废弃的煤矿井，它在里面发出了尖叫，听上去“好像有撒旦和一群小恶魔要出来打仗一样”。人们追着它下了矿井，但再没有发现它的踪迹。

毫无疑问，这个故事多年来已经被润色过很多次，不过当时的凡·米特小镇可能真的有什么东西出现过。但一个多世纪过去了，我们依旧不知道那东西究竟是什么。

意大利

29. 巴亚隧道是如何建造的，又是为了什么而建造的?

20世纪60年代早期，英国业余考古者罗伯特·佩吉特来到那不勒斯湾古罗马度假胜地巴亚，开始着手调查隐藏在乱石中的神秘入口。该隧道是在10年前左右被发现的，此前约2000年里，它一直都与世隔绝，无人造访。洞口十分狭窄，里面漆黑一片，烟雾弥漫的过道使人望而却步。但佩吉特和他的美国同事凯斯·琼斯还是对其展开了调查，结果发现了一个极其复杂的隧道系统。

最初的隧道完全是东西走向的，这表明它可能是为举办和春分有关的祭祀仪式而建造的。隧道的前400米缓慢下斜，每隔1米左右就设有一个壁龛，可能是用来放置油灯的。再往下的通道更加陡峭，紧接着是一个S形弯路，通向一条充满硫黄和热水的地下溪流。小溪的另一边有一条上行的通道，连接着一个前厅，前厅中有通向地面的隐藏楼梯。

古罗马人是如何造出如此庞大的地下系统的，这本身就是个谜团，但更大的疑问在于他们是如何知道地下溪流的存在的，这似乎就是他们挖隧道的理由。有一种说法认为，建造它的人可能在模仿神话中的地狱场景。地下的溪流可以代表冥河（即地狱的边界），或地狱的邱里普勒格顿河本身，他们也有可能会觉得自己真的找到了地狱的入口。直到20世纪70年代，我们才发现这条溪流并不是通向地狱，而是流入数千米之外的米塞诺角的那不勒斯湾。

美索不达米亚

30．巴格达电池是用来干什么的?

1938年，德国考古学家威廉·卡维尼格在伊拉克首都巴格达郊外作业时，有一个有趣的发现。他挖出的物件是一个13厘米高的陶罐，里面有一个铜管，铜管中有一根铁棒。测试表明铜管内曾装有柠檬汁或葡萄酒等酸性液体。

卡维尼格认为这一定是一块电池，这就说明美索不达米亚人差不多要比欧洲人早2000年发明出电池。目前还不清楚共挖掘出了多少这样的“巴格达电池”，但据估计大约有12个。

近年来，对这些物品的仿制品进行的实验表明，罐子里倒入柠檬汁或葡萄汁后，可以产生0.5伏到2伏的电压。卡维尼格认为，“巴格达电池”可能曾用于电镀，然而后来发现，他原以为可能是通过这种方式电镀的物品，实际上是用汞进行火法镀金的。

现在几乎没有人相信古代电池的说法，但唯一的不同意见是基于它们与附近位置发现的储物器皿十分相似。然而，那些器皿没有外层的陶罐。

墨西哥

31. 吉尔·佩雷斯是怎么到达墨西哥城的?

1593年10月24日，吉尔·佩雷斯在菲律宾马尼拉的总督官邸担任警卫。总督戈麦斯·佩雷斯·达斯马里纳斯在前一天晚上被海盗杀害，警卫们正在等待继任者的任命。据说，佩雷斯靠在墙上休息，然而，当他睁开眼睛时，却发现自己身处一个陌生的地方，那竟然是墨西哥城的马约尔广场。

据说，佩雷斯在马尼拉仍然穿着总督官邸警卫的制服，他告诉了墨西哥人菲律宾总督遭遇暗杀的事。墨西哥人觉得他是个疯子、逃兵，要不就是“魔鬼的仆人”，于是把他关进了监狱。两个月后，当一艘载着总督死讯的船从菲律宾驶来时，他们才将佩雷斯释放。佩雷斯乘着那艘船回到了家，目前还不清楚他是否立刻又进行了瞬间移动。

这个故事可能从头到尾都只是一个都市传说，但它早在17世纪就已经存在了，据说在墨西哥和菲律宾都有相关记载。

木乃伊

32. 埃及木乃伊的体内为什么会有烟草和可卡因?

1992年，人们对埃及木乃伊体内提取的样本进行分析，从中发现了可卡因、大麻和尼古丁的成分。其中有两种物质都只能从美洲植物中提取，那么它们是如何在哥伦布时代之前就到达埃及的呢？针对该研究结果的批评者们提出了各种观点：

- 没有证据证明这些木乃伊死前体内就有毒品。
- 这些毒品可能是随参观博物馆的游客而来，后被木乃伊组织吸收的。
- 这些木乃伊可能是近些年的赝品。
- 木乃伊体内可能发生了化学作用，产生了与上述毒品类似的物质。
- 这些毒品可能来自搬运木乃伊的人。

然而，经过更加仔细的检验，这些想法似乎都没什么可能性，那么就只剩下两种可能：

- 古埃及人曾与哥伦布时代前的美洲人有过贸易往来。

• 尼古丁和可卡因曾存在于古埃及，但后来消失了。

但这两种情况似乎也都不太可能发生。

缅 甸

33. 是否有英国的喷火式战斗机埋藏在缅甸?

自第二次世界大战结束以来，就有传言称，战争接近尾声时，英军在缅甸的丛林中埋下了20架到60架未组装的喷火式战斗机。于是在2012年，英国启动了一个项目，试图找到和追回这些飞机，并且他们也获得了挖掘许可。然而，由于安全问题和恶劣天气阻碍了挖掘工作，加之两年的勘探合同已经到期，搜寻工作于2014年终止。

目前还没有找到有关这些飞机的确凿证据，但据英国、美国和缅甸的目击者所说，他们亲眼看到了这些飞机被埋。然而，有文件详细列举了战争期间向缅甸境内的英国皇家空军运送的飞机部件，其中似乎没有提到喷火式战斗机。

纳 粹

34. 是谁种植了纳粹德国的万字符森林?

1992年，人们从空中观察到，德国勃兰登堡州的一处森林中有一片种植成万字符（纳粹党标志）形状的落叶松。一年中的大部分时间，落叶松都和松树林融为一体，但在春秋两季的几个星期里，它们的叶子变成了明亮的黄色，这就显得万字符标志十分显眼。从地面上看不见，而且又处在一个只有私人飞机才会偶尔飞过的地区，因此50多年来一直没有人注意到它。从那以后，就出现了各种各样关于其起源的故事。

当地的一个农民说，他小时候曾因种植落叶松幼苗而从林务员那里得到过一笔小钱。另一个故事讲的是，20世纪30年代末，希特勒青年团的一名成员种植了这些落叶松，可能是为了在希特勒生日那天向元首致以敬意。较为通俗的一种说法是柏林一家报纸报道的，他们认为种植这些树是为了感谢德意志劳工局在泽尔尼科修建了一条街道。

后来在德国的耶斯贝格、威斯巴登和纽克尔逊等城镇也发现了纳粹万字符标志的森林，甚至在靠近喜马拉雅山脉边缘，吉尔吉斯斯坦的境内也发现了一处。关于在苏联领土上种植纳粹标志，有种说法是，这是德国战俘的一种秘密挑衅行为。

在1995年至2000年间，勃兰登堡州种植成纳粹标志的落叶松被连根拔起。是否还有更多这样形状的树林，以及最初种植这些树是出于当地人对纳粹主义的献礼，还是只是听命于纳粹党或德国政府，这些都是有待回答的问题。

35. 谁把安妮·弗兰克出卖给了纳粹?

1944年8月4日上午，一辆载着一名奥地利军官和荷兰纳粹党成员的汽车抵达了阿姆斯特丹王子运河263号的仓库和办公室外。车上的人拿着枪走进大楼，质询犹太人的藏身之处。结果，包括安妮·弗兰克在内的8人遭到抓捕。他们都被送到了奥斯维辛集中营，战争中唯一幸存下来的是安妮的父亲奥托·弗兰克，他后来出版了安妮小心保存下来的日记。

1948年关于是谁出卖了他们的调查并没有得出结论。安妮在她的日记中写道，他们对仓库的新经理威廉·范马伦十分警惕，此人一直对仓库后面的房间非常好奇，而他们在战争期间一直藏身在那里。

仓库的一名清洁工莱娜·范布拉德雷恩－哈尔托赫也遭到了怀疑，据称曾有人听到她和一名妇女聊到了藏在大楼里的犹太人。也有谣传说，打电话给盖世太保出卖弗兰克一家的是一个女人。

还有托尼·阿勒斯，他是一个恶毒的反犹分子，在纳粹占领期间背叛了好几名犹太人，后因其他罪行被捕。阿勒斯于2000年去世，2002年，他的儿子安东表示，他认为父亲早年的背叛行为是有罪的。

结果，关于是谁将安妮·弗兰克出卖给纳粹的案件于2003年重新展开了调查，但调查得出的结论是，虽然证据对阿勒斯极其不利，但所有证据都是间接推测的，因此，他和上面提到的其他嫌疑人一样被洗清了罪名。

36．弗里兹·托特是否死于意外？

在第二次世界大战初期，弗里兹·托特是纳粹德国主要的战略家之一。作为纳粹党的一名高级官员，他创立了托特组织，负责监督西墙（后来被称为齐格菲防线）的修建。这条长达630千米的防线由地堡、坦克陷阱和隧道组成，用以抵御来自西方的攻击。

在与希特勒保持密切关系的同时（他曾提醒希特勒不要让其军队在苏联的冬季陷入困境），托特发现自己与军队指挥官的意见越来越不一致，尤其是赫尔曼·戈林和纳粹党中央党部书记马丁·鲍曼。

1942年，托特所乘飞机从东线的一个机场起飞后不久，便在半空中爆炸，机上人员全部遇难。托特被安葬在柏林，并被追授“德意志秩序奖章”，他也是第一个因“对国家和政党尽职尽责”而获得这一奖章的人，但这场导致他丧生的飞机失事事件一直引发人们的猜测，即他是否有遭到暗杀的可能。接替托特担任军火部部长的阿尔伯特·施佩尔曾在失事飞机起飞前不久取消乘坐同一航班的计划。

德国空军部对飞机事故的官方调查突然以此话告终："鉴于已排除蓄意破坏的可能性。因此，我们既无必要，也不打算采取进一步的措施。"

美国北达科他州

37．美国北达科他州的州徽是怎么设计出来的？

自从1889年美国北达科他州成立以来，其宪法中对于州徽的描述始终如下：

空旷的田野上有一棵树，三捆小麦将树干围绕；右边有一把犁、一块铁砧和一架雪橇；左边有一张弓，弓上交叉着三支箭，还有一个印第安人骑在马背上朝着落日的方向追赶一头水牛；42颗星星组成的半圆呈拱形横跨树叶，围绕着它们的是一句箴言"自由与联合，现在与未来，只能合一，不能分开"（Liberty and Union Now and Forever, One and Inseparable）；顶部有"州徽"（Great Seal）字样；底部有"北达科他州"（State of North Dakota）字样；左边写有"10月1日"（October 1st），右边写有"1889年"（1889）。

1889年10月1日是选民通过该州宪法的日子，但研究未能揭示选择这些符号背后的原因。

这棵树可能是一棵榆树，但是榆树直到1947年才成为北达科他州的州树。据推测，这三捆小麦可能代表政府的三个部门：行政、立法和司法。犁、铁砧和雪橇可能与这个州的农业背景及职业道德标准有关，而弓箭、水牛、马背上的印第安人和落日可能暗示着该州的历史，但因为没有任何官方的解释，所以这些都还只是猜测。

更神秘的是，州徽上装饰着 42 颗星星，这就很奇怪，因为北达科他州是美国的第 39 个州。要么是他们算错了，要么就是他们当时在猜测，到州徽制作完成时还会新增多少个州。

帕劳

38. 帕劳巨大的人面石像于何时雕刻、为何雕刻?

西太平洋的帕劳群岛上有 37 块雕刻过的古代巨石柱，其中许多块都雕刻出了人脸。谁建造了它们，它们的用途是什么，我们并不清楚。更神秘的是，雕刻所用石料似乎不是来自帕劳，所以一定是从某个很远的地方运来的，但它们是如何运送到帕劳的也不得而知。

人们认为这些石雕可以追溯到公元 100 年左右。一种说法是，它们属于为神或半神所建的大型建筑的一部分，但此建筑从未完成。另一种说法是，它们属于众神自己建造的建筑的一部分。

史前

39. 卡纳克巨石林的用途是什么?

在法国布列塔尼大区的卡纳克村周边，竖立了 3000 多块巨石，这些巨石是在公元前4500年至公元前3000年的新石器时代，从当地的岩石上切割下来的。虽然许多石头遭到了移动或破坏，但可以明显看出，它们通常以直线排列，沿着直线向前移动，石头的高度也会增加。

人们在巨石林区域发现了包括斧头和箭头在内的人工制品，还发现了珍珠宝石和疑似人类的坟墓。据推测，这片巨石林是按照某种天文位置来排列，以用作一个原始的天文台。但尽管有大量的石头，我们仍不确定建造这个大型建筑的原因。

40. 14万年前是否有物体坠入波罗的海？

2011年，一个瑞典团队在瑞典和芬兰之间的波罗的海寻找沉船时，在海床上发现了一种奇怪的构造。它呈圆形，直径约60米，由一根9米高的柱子支撑，位于85—90米深的海底，据描述，看起来像是“粗糙的花岗岩”。后来的调查称，一个楼梯和一个圆形黑洞直接通向结构内部。还能看到一条长且凹凸不平的道路（让人联想起刹车的痕迹）通向该物体。

研究人员将该物体的样本及其周围形成的岩石样本带回地面，随后发现这些样本大约有1.4万年的历史（也有可能是14万年，取决于你读到的报道）。对此，人们有各种各样的解释：

- 它可能是一种天然岩层，尽管它的形状看起来像是人造的。
- 它可能是在一艘第二次世界大战期间沉没的德国U形潜艇周围形成的。
- 它可能是一块陨石。
- 它可能是一艘外星飞船（其形状有点像《星球大战》中的“千年隼号”飞船），于上一个冰川期在波罗的海坠毁。

41. 欧贝德蜥蜴人是谁或是什么？

1919年，埃及古物学者哈里·雷金纳德·霍尔在古美索不达米亚地区一处名为欧贝德的遗址进行挖掘。在挖出来的手工艺品中，有一些人身蜥蜴头的雕像。每个雕像都有自己独特的姿势，其中最奇怪的雕像是一个长着蜥蜴头的裸体雌性在哺乳一个同样长着蜥蜴头的婴儿。

这些雕像可以追溯到大约7000年前，那是苏美尔文明在美索不达米亚达到顶峰的时候。它们的主要发现地是在墓地，所以人们认为它们具有某种仪式意义。据了解，蛇对于苏美尔人有着神秘的意义，而在他们的神话中，即便有的话，蜥蜴也没有很高的地位。

也许将它们放置在坟墓中是为了确保通往冥府的道路是安全的，但像这样的说法纯属猜测，因为与我们所了解的苏美尔文明之间没有任何已知的联系。

42. 巴斯克人的起源是什么？

主要有两种方法可以找出南欧巴斯克人的起源：一种是通过巴斯克语，这种语言与欧洲其他语言都不一样；另一种是通过对他们的DNA进行分析。迄今为止，这两种方法除了增添一些吸引人的推测之外，就没有其他成果了。

尽管巴斯克语的一些词汇是从基于拉丁语的语言中借来的，但它与其他语言的差异很大，因此人们认为它是在印欧语系传入该地区之前，由原始巴斯克语发展而来的。有一种说法认为，在公元前1.6万年左右的旧石器时代，有许多类似的语言存在，而巴斯克语是其中唯一幸存下来的语言。这通常与一种理论相关，即巴斯克人是在上一个冰川期的末尾，欧洲气候变暖之后，从非洲迁移到欧洲的。

DNA研究显示，巴斯克人与其他欧洲人有许多相同的标志基因，但它们似乎指向几个不同的方向。对Y染色体的研究将巴斯克人与凯尔特人、威尔士人和爱尔兰人联系起来；一项对线粒体DNA的研究表明，自史前时代以来，他们就与欧洲其他地区的人有一些共同的特征；2007年和2010年在西班牙进行的研究得出结论，巴斯克人的DNA图谱与伊比利亚半岛其他地区的人的DNA图谱相比没有什么区别；而2012年另一项一般性的DNA研究称，他们的基因图谱中有独有的特征，这些特征确实可以将他们与其他族群区分开来。

俄罗斯

43. 西伯利亚的帕托姆斯基“陨石坑”是如何形成的？

1949年，俄罗斯地质学家瓦季姆·科尔帕科夫在对西伯利亚靠近伊尔库茨克的地区进行勘探时，发现了一个巨大的石灰岩石锥，其顶部有一个大坑，坑内有一座圆形的小山。它的外形看起来就像是一个巨大的鸟巢，里面卧着一只卵，所以当地人称其为“鹰巢”。

石锥高80米，最宽处的直径为150米，大坑的深度约为10米；人们认为它大概有250年的历史，但这个数字可能并不完全准确。从发现至今已有60多年，我们仍不清楚其成因。公认的解释是陨石撞击，却从未发现陨石碎片。其他看法包括：

- 它是由一次秘密的核试验造成的。这不太可能，因为其周围的辐射水平是正常的。
- 它是一个古老的矿渣堆。这也不太可能，因为没有证据表明该地区曾有相当多的人口数量。
- 它可能是由火山喷发导致的。只不过附近没有已知的火山。

- 它可能是由外星人建造的。对于一些人来说，这可以解释任何不寻常的问题。

除其神秘来源之外，坑的形状也会改变，并且周期性地上升和下降。据说它附近的树木生长得特别快，这一点也没有得到解释。

特洛伊

44. 特洛伊战争的神话有事实依据吗？

荷马的《伊利亚特》也许是早期文学作品中最杰出的一部。人们认为它标志着长期以来的口头文学[1]发展的巅峰。这部作品讲述了人与神之间的斗争，属于神话主题，但这个故事是基于真实事件的吗？

19世纪70年代以前，人们通常认为荷马创作的故事纯属虚构，但是海因里希·施里曼在土耳其希沙利克山的考古挖掘成果被看作是证据，证明了特洛伊城可能确实存在过。我们现在知道，至少发生过三次特洛伊战争，并且在公元前1300年至公元前1000年间，特洛伊城至少被摧毁两次。我们知道那段时期是迈锡尼王国和赫梯帝国的扩张时期，特洛伊城可能夹在了它们之间。迈锡尼曾有一座巨大的宫殿，它可能是阿伽门农王国的典型建筑。

因为没有任何证据可以证明《伊利亚特》是以一场真实的战争为创作基础，所以我们现在有太多可能的设想可供选择。尽管许多考古遗迹

① 口头文学是口口相传的文学作品，是民间文学的主要流传方式，其内容可以包括诗歌、故事等。——译者注

都暗示了这些故事可能基于历史事件而制作，然而，迄今为止还没有发现任何事物能与荷马的描述完全一致。

土耳其

45. 哥贝克力山丘的石头圈是由谁建造的，用途是什么？

在巨石阵建成的6000年前，远在埃及金字塔建成或任何接近文明的迹象出现之前，甚至在车轮发明出来的数千年以前，石器时代的人们就在土耳其的哥贝克力山丘建造了令人惊叹的石头圈。这些石头圈由几十根巨大的石灰岩石柱组成，石柱表面清晰地雕刻着瞪羚、蛇、蝎子、狐狸和其他动物的浮雕。石柱围成一圈，每一根都整齐地插在下方岩石的凹槽中。

这些石头圈于1994年被发现，从那时起，人们又挖掘出了越来越多的石柱，地质调查表明，地下还有数百根石柱。在它们的建造年代，人们应该以小群体居住在小屋中，然而哥贝克力山丘的面积很广，肯定需要大量的人参与建造。

然而，附近没有发现任何人类居住的迹象，而且在方圆几千米内也没有找到任何饮用水的来源。他们是如何在没有驯养的牲畜驮运，甚至是在没有轮子的情况下，把石头拖到那里的，这仍然是个谜。整个遗址比当时地球上已知的任何其他人工建筑都要大得多，而建造它所需要的合作程度也远远超过了任何其他已知的远古人类群体。

哥贝克力山丘石头圈的细致做工和宏大规模表明了它是某种神殿，也许是世界上第一座神殿，这反过来表明宗教可能是文明发展背后的驱动力。但是，这些小小的游牧群体是如何聚到一起共享建筑背后的共同愿景的，至今仍不得而知。

英国

46. 阿勒顿斗篷是谁的？

1858年，人们在英国萨默塞特郡的阿勒顿教堂的一个柜子底部发现了一件精致的中世纪刺绣品，并把它称为“阿勒顿斗篷”。上面的刺绣描绘了圣母升天的场景，周围是小天使们漂亮的小脸蛋儿，细节十分精致。斗篷的面料以及刺绣的银线都表明了它一定是一件很受珍视的物品，但其历史是完全模糊的。

这件斗篷（cope，指神父或其他神职人员所穿的斗篷）的历史可以追溯到15世纪末，有一种说法是，它是由英国韦尔斯大教堂的主教长约翰·冈索普于1472年至1498年间赠予阿勒顿教堂的。然而，为什么要将其赠予这样一个相对来说无足轻重的教堂，这仍然是个谜。阿勒顿教堂甚至没能以圣人的名字命名，足以看出其并不重要。然而，冈索普在去世前不久买下了阿勒顿教堂的教区。他的斗篷很有可能被送至那里，后来在亨利八世“解散修道院”时期被藏入了柜子中。

然而，直到冈索普死后40年左右，“解散修道院”运动才开始，在那几十年里，无人提及放置在阿勒顿教堂的斗篷。

美 国

47. 是什么造成了1871年的芝加哥大火？

1871年10月8日，在帕特里克·奥利里和凯瑟琳·奥利里位于芝加哥的谷仓中发生了一场火灾。大火在一天半后被扑灭，当时它已经烧毁了价值1.92亿美元的财产，使10万人无家可归，另有300人失去了生命。后来警方对起火原因进行了长时间的调查，但最终报告称："起火原因是在那个刮风的夜晚由烟囱里吹出的火花，还是人为纵火引起的，我们无法确定。"

根据19世纪一个普遍的看法，火灾是因奥利里夫人的奶牛撞倒了马灯引起的，但这种看法与调查中提出的许多其他看法一样缺乏证据。这场火灾有没有可能是由一个叫里根的人造成的？那天晚上他去拜访了奥利里一家，他的假腿可能在谷仓的地面滑了一跤，使烟斗掉在了地上。他有没有可能是被同伴丹尼尔·沙利文的脚绊倒了？我们可能永远也不会知道答案了，但奶牛的故事和其他故事一样精彩。

48. 田纳西州的迷失之海有多大？

1905年，在美国田纳西州的斯威特沃特，一个名叫本·桑兹的13岁男孩在一条泥泞的通道里向下爬行90米后，发现了一处地下湖。他惊讶地发现自己处于一个一半都是水的巨大洞穴里。过了一段时间，他带着父亲回到这里时，湖的入口已经隐藏起来了。好几年之后人们才重新发现了入口，并真正开始探索这座地下湖。

1974年至1975年的一次调查显示，这个湖有30多米深，所处的洞穴长240米、宽67米。后来的一次勘查结果又给地下湖各种通道的长度在原数据的基础上增加了460米。虽然它已经被列为世界第二大非冰川地下湖，仅次于纳米比亚的龙息洞，但其完整的范围仍不清楚。

49. 南方邦联的黄金都到哪儿去了？

1865年，在美国内战接近尾声时，南方邦联持有的大量黄金不翼而飞。最初它可能是由火车从新奥尔良运走的。有人说火车遭到了抢劫，黄金被一些种植园主藏了起来；另一些人说，一群来自双方的逃兵掠走并瓜分了黄金。

在美国，几乎每一个地区都有埋藏了黄金的传说。没有人知道它价值多少，以现在的价格来算，估计在50万美元到200万美元之间。

50. 为什么新墨西哥州的陶斯城会出现嗡嗡声？

自20世纪90年代以来，美国新墨西哥州的陶斯城就以其嗡嗡声而闻名。首次对这种来源不明的嗡嗡声进行调查时，约有2%的居民声称曾听到过这种声音。研究人员在几名听到过嗡嗡声的居民家中安装了敏感探测器，但没有检测到任何异常。秘密进行的精神控制实验、地下UFO基地、嬉皮士以及各种超自然现象都有造成这种嗡嗡声的可能，但进一步的调查表明，声音可能不止一种，除了通常将其描述为“嗡嗡声”，有人称其为“呼呼声”，还有人说是“哼哼声”。

嗡嗡声是否真的存在还很值得怀疑，在这种情况下，问题在于谣言最初是如何产生的。

51. 亚伯拉罕·林肯总统图书馆和博物馆里的那顶大礼帽是真的吗？

美国有两家机构都声称其藏品中有亚伯拉罕·林肯戴过的大礼帽。

收藏于史密森学会的那顶帽子并没有什么问题：它是林肯遇刺当晚去福特剧院时戴的$7\frac{1}{8}$码的帽子。他在遭到枪击后，人们在其椅子旁边的地面上发现了这顶帽子，并把它送到了陆军部。在得到林肯遗孀玛丽的许可后，陆军部将这顶帽子交给了美国国家专利局，它们又于1867年将其转交给了史密森学会。

然而，对于另外一顶帽子却存在争议，它收藏于美国伊利诺伊州斯普林菲尔德的亚伯拉罕·林肯总统图书馆和博物馆。据说林肯曾将其赠予威廉·沃勒，他是伊利诺伊州杰克逊县的一位农民及政治支持者，他的家人把这顶帽子保存了数十年。后来它被卖给一位收藏家，之后又捐赠给了图书馆。

然而在2013年，一位监管图书馆的董事会成员说，“我认为这顶帽子是林肯的可信度不高”，他要求伊利诺伊州警方对这顶帽子进行DNA检测，以确定亚伯拉罕·林肯是否真的戴过它。这顶帽子也是$7\frac{1}{8}$码，并且它和史密森学会的那顶一样，也带有林肯常用的制帽商的标志。问题是，除了沃勒家族的主张，并没有明确的证据可以表明这顶帽子确实属于林肯。

林肯图书馆的馆长表示，对帽子进行DNA检测的提议是“坏主意中的坏主意”，并嘲笑了将帽子做真空处理以寻找林肯头皮屑的建议。

52. 本杰明·富兰克林曾经做过豆腐吗?

美国建国初期，本杰明·富兰克林对美国做出了很大的贡献。避雷针、摇椅和双焦镜都是他的发明，豆腐也是他引入美国的。1770年1月11日，本杰明·富兰克林从英国伦敦给在美国费城的约翰·巴特拉姆写了一封信，这是美国人第一次提到豆腐。随信寄去的还有大豆的样本，以及他所谓的“纳瓦雷特神父关于它们（大豆）制成的奶酪在中国被普遍食用的描述”。

他说自己对这种“奶酪”十分好奇，于是想办法弄清楚了它是如何制成的。接着他向巴特拉姆描述了其制作步骤。其中包括往水里撒入“一些盐”，然后加入豆浆“把它变成凝乳”。富兰克林说，“豆腐就是用这种凝乳制成的”。

然而，只是说富兰克林信得过这个食谱，还是在把它传给巴特拉姆之前亲手试验了一下，这就不得而知了。

53. 林肯在葛底斯堡发表了哪篇演说?

1863 年，亚伯拉罕·林肯在宾夕法尼亚州的葛底斯堡发表了一次演讲，此次演讲是美国有史以来最伟大的演讲之一。然而，现存的林肯手写讲稿有 5 份，每一份都有些许不同，没有人知道哪一份是林肯当日所发表的。

人们认为其中的两份演讲稿是林肯在演讲前写好的，而另外 3 份是后来写给向他索要演讲稿的人。位于华盛顿特区的林肯纪念堂墙壁上的演讲文本摘自林肯送给亚历山大·布利斯上校用于士兵募资活动的版本。这是唯一一个有林肯签名和日期的版本。然而，它也是林肯所写的最后一个版本，所以不可能是他当时读的那份。也许最有可能的版本是他交给其白宫秘书约翰·海伊的那版，它被认为是演讲的第二稿，因为上面有一些林肯手写的修改痕迹。

然而，他可能在演讲过程中自然地做了一些修改，所以演讲后撰写的版本也许更准确地记录了他的讲话内容。这些版本都只在几个不重要的词上有所不同，但如此重要的演讲没有一个明确的版本，这一点很令人遗憾。

54. 波卡·洪塔斯救了约翰·史密斯吗?

印第安小女孩波卡·洪塔斯拯救了拓荒者约翰·史密斯的生命，这个故事已经成为美国传奇故事之一，但当时到底发生了什么呢？

故事梗概为，弗吉尼亚州詹姆斯敦殖民地的建立者约翰·史密斯和另外两人被一群印第安人抓获，他们的酋长叫波瓦坦。其中两人后来被杀，但允许史密斯活着，直到波瓦坦决定处决他的时刻。然而，当波瓦坦准备用短棒打死他时，酋长女儿波卡·洪塔斯走到他们的中间，把头靠在了史密斯的头上。这一人道和仁慈的勇敢行为使得殖民者和土著居民之间开始和平共处。

这就是故事的全部内容，但唯一的佐证来自史密斯在事件发生约17年后写的自传。在这之前，他在另外两本自传中却对此事只字未提。关于这个故事有以下三种看法：

- 事实正如史密斯所说的那样。
- 这实际上只是一场为原谅史密斯、让他和部落一起生活而精心准备的仪式，但史密斯完全误会了所发生的事。
- 这是史密斯为了私利而杜撰的，目的是提高自己的声望，并把自己与一位现已成为杰出女性的姑娘关联起来。

迪士尼选择相信第一种版本，即使那样，它们在影片中还是把10岁的波卡·洪塔斯变为一位年轻的女士，让这个故事变得更加浪漫。

55. 第一面美国国旗是贝琪·罗斯缝制的吗？

故事是这样的：1776年的一天，乔治·华盛顿和另外两位国会委员会成员一起拜访了贝琪·罗斯夫人（一名装饰工和裁缝），想请她帮忙缝制一面美国国旗。华盛顿从口袋里掏出一张素描，上面画着13条红白相间的条纹和13颗星星，代表着13个殖民地和即将变成的13个州。当他们问罗斯是否能做到时，她回答道："我不知道，但我会试一试。"她又直接提出了一个建议，就是把六角星改为五角星，华盛顿等人都同意了。

但这件事真的发生过吗？几乎没有什么证据可以证明它的真实性。关于这个故事的最早叙述要追溯到事件发生的100多年后，贝琪·罗斯的孙子威廉·坎比说他是从贝琪本人那里听到的。坎比说，华盛顿是他们家族的朋友，经常光顾贝琪的店铺。

然而，并没有书面证据可以表明华盛顿和罗斯之间有过任何交易，美国国会也没有任何记录提到在1776年有一个委员会去制作国旗。美国国会在1777年6月14日通过了一项关于国旗的法律，其中提到图案为13条红白条纹以及一块蓝色区域上的13颗白星，但是没有证据表明一年前就已经存在国旗委员会。

而另一方面，故事里华盛顿一行人中有一位叫作乔治·罗斯，他是贝琪丈夫的叔叔。此外，在1777年5月，记录显示贝琪曾有偿为宾夕法尼亚州海军制作旗帜。尽管如此，这和一年前她帮乔治·华盛顿制作国旗还是没有什么关系，尤其是当时华盛顿并不是国会议员，而是大陆军的总司令。

56. 乔治·华盛顿曾砍倒了父亲的樱桃树吗？

乔治·华盛顿小时候主动承认砍倒了父亲的樱桃树，这一令人振奋的故事至少在19世纪是所有美国人在成长过程中耳熟能详的。这个故事在梅森·洛克·威姆斯（一位叫作“牧师威姆斯”的巡回传教士）的畅销书《华盛顿的一生》（*The Life of Washington*）中首次提及。该书于1800年首次出版后，已经发行了几十个版本。

他写的故事是这样的：6岁的乔治·华盛顿收到了一把小斧头作为礼物，他高兴地在花园里试了试。当他的父亲回来时，发现自己最喜欢的樱桃树的树皮被砍掉了，于是他问是谁“砍掉了树皮”（不是“砍倒了树”）。于是小乔治回答道：“爸爸，我不能说谎；你知道我说不了谎。我的确用小斧头砍了它。”“到我怀里来，亲爱的孩子，”他的父亲激动地喊道，“到我怀里来；乔治，你砍了我的树，我太高兴了；因为你已经为这事给了我一千倍的补偿。我儿子的这种勇敢行为胜过了一千棵树，即使它们开满了银花，果实是纯金的。”

威姆斯说这个故事是“一位上了年纪的女士”告诉他的，“她是（华盛顿的）一门远亲”，但后来越来越多的人怀疑这一切都是他编造的。1896年，未来的美国总统伍德罗·威尔逊在自己撰写的华盛顿传记中说，这个故事是捏造出来的，他说：“没有任何证据可以表明事实真相。”其他作家则称其为“无聊的笑话和无礼的玩笑”“有害无益的胡言乱语”或“剽窃和虔诚的混杂”。

然而在1912年，美国历史学家卡尔·安东尼无意中发现了一个遗忘很久的陶制马克杯，它最晚于1790年在德国制造，杯身刻画了一个年轻人拿着一把大斧头站在一棵倒下的树旁；上面标有1776年以及姓名首字母“G.W.”。似乎这个故事至少发生在威姆斯使用它的10年之前，所以他也许并没有编造这个故事。

瓦努阿图

57．如何解释埋葬在瓦努阿图的无头尸体？

2003年至2009年，在澳大利亚以东约1750千米的太平洋群岛瓦努阿图，考古学家发掘出了一片离奇的古代墓地。他们总共挖出了70具到71具骸骨，这些骸骨的头骨都不见了。其中有两具尸体各与三个头骨埋在一起，但没有一个头骨属于这具尸体。

考古学家认为这些尸体是在大约3000年前埋葬在他们的坟墓里，

并且是和头部一起埋葬的。在肉体腐烂之后，这些头才被取了出来。一些仪式程序似乎在埋葬时就已经进行了，但这些仪式似乎因埋葬地的级别而异。唯一的共同特征是所有尸体的头部都不见了。

似乎没人知道这一切意味着什么，不知道这些人从哪里来，也不了解关于他们的其他文化。

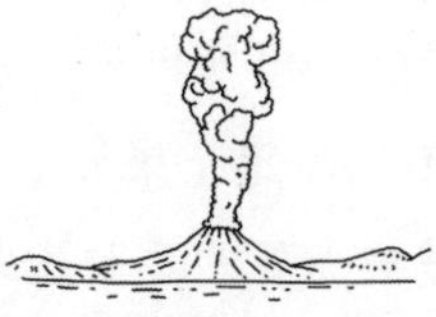

火　山

58. 1258 年左右，喷发后导致伦敦数千人丧生的火山在哪里？

1258 年，一次火山喷发致使伦敦 1/3 的人口死亡，而我们却不知道这座火山在哪里。这是 2012 年在伦敦东部古圣玛丽斯皮特尔教堂遗址进行的一项普通考古调查所得出的结论。考古学家们知道教堂有一个墓地，所以挖掘出许多骨架也并不令人惊讶，但他们挖的面积越广，出现的骨架就越多，直到超过了 1 万具。由于墓地有更多区域在附近的市场下方，无法进行挖掘，据估计，尸体总数应该达到了 18500 具，超过了中世纪伦敦人口总数的 1/3。

放射性碳年代测定法结果显示，这些骸骨可以追溯到公元 1250 年左右，距离“黑死病”的蔓延还有很长一段时间，所以他们不可能是其受害者，但专家们对那个时期编年史的调查为当时发生了什么提供了有力的线索。上面提到庄稼歉收、“难以忍受的寒冷”和一个永不消失的冬天。这种灾难只能由大规模的火山喷发造成，因为喷出的硫黄云遮蔽了太阳光。其他的参考资料确实提到了一次大规模的火山喷发，但它发生在哪里不得而知。据认为，最有可能的罪魁祸首是墨西哥的厄·奇冲火山、厄瓜多尔的基洛托阿火山或印度尼西亚的撒玛拉斯火山，但事实上，这座火山也可能位于地球上的任何地方。

59. 是同一座火山使得全球气候进入“小冰期”吗？

整个中世纪，全球气候经历了一个叫作“小冰期”的时期。有些人认为它始于1650年左右，另一些人认为是1350年左右，但最近的证据表明，触发它的是1250年至1300年间的一系列大型火山喷发。对北极地区死亡植物的放射性碳年代测定结果显示，“小冰期”的出现使得大量的植物死亡，它们可能是被冻死的。对冰岛冰川的测量也表明，与此同时，大量冰层的厚度也在迅速增加。

前文提到的厄瓜多尔、墨西哥和印度尼西亚的大规模火山喷发都发生在13世纪50年代后期，1258年伦敦的灾难性死亡事件也在此期间发生。这一切都可以联系起来。

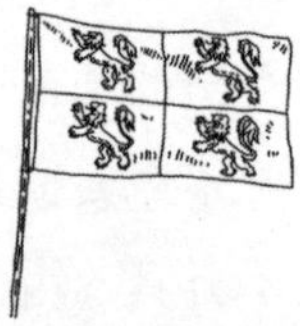

威尔士

60. 1412年后欧文·格兰道尔的身上发生了些什么？

欧文·格兰道尔是最后一位持有威尔士亲王头衔的威尔士人。1400年，他煽动了威尔士起义来反抗英格兰国王亨利四世的统治。起义一开始非常成功，他控制了威尔士的大部分地区，但最终英格兰人凭借资源优势把格兰道尔赶出了他的据点。1409年，他逃过一劫，没有被俘虏。据记录，人们最后一次见到他是在1412年。

格兰道尔曾两次得到英格兰新国王亨利五世的赦免，但他都置之不理。尽管英格兰人重金悬赏捉拿他，但从未有人将他出卖。关于 1412 年后他可能的藏身之地，出现了各种各样的说法，但一直没有找到令人信服的证据来支持这些说法。据他的一名前追随者所说，格兰道尔于 1415 年逝世，但也没有证据可以证实这一点。

文娱篇

时　尚

1．燕尾服是谁设计的？

燕尾服（在美国被称为tuxedo，在英国被称为dinner jacket）的美国名字源自塔克西多公园俱乐部，该俱乐部是纽约上流人士的社交俱乐部，1886年燕尾服首次在此亮相。有一种说法认为燕尾服的出现要归功于皮埃尔·洛里亚尔四世，他是一位烟草大亨，同时也是塔克西多公园的开发者之一。据说他对标准正装礼服大衣的长尾很不满意，所以设计了一种不影响坐姿或跳舞的短款服装。但首次穿上这件衣服的不是皮埃尔，而是他的儿子格里斯沃尔德。1886年，当他和朋友们穿着这身奇妙的新装出现在塔克西多公园的秋季舞会上时，着实震惊全场。

另一种说法将功劳归于詹姆斯·布朗·波特，他是塔克西多俱乐部的创始人之一，据说是在英国被威尔士亲王（后来的国王爱德华七世）邀请到桑德灵厄姆时发现了这种着装风格。当他问应该穿什么衣服时，亲王把他送到了伦敦的亨利·普尔男装店。但不幸的是，波特当时的订单记录已经丢失，所以我们也不能确定这件衣服是否为后来被引入塔克西多公园的无尾礼服。

但亨利·普尔男装店的档案显示，威尔士亲王本人早在1865年就定制了一件用于桑德灵厄姆非正式晚宴的“短款天蓝色晚礼服”，这件衣服也被认为是燕尾服的前身。根据文档记载，皮埃尔·洛里亚尔在19世纪60年代也是亨利·普尔男装店的客户。由于缺乏设计的详细记录，我们很难说塔克西多公园推出的这款燕尾服的设计者是皮埃尔·洛里亚尔还是格里斯沃尔德·洛里亚尔，又或者是詹姆斯·布朗·波特，还是威尔士亲王或者亨利·普尔本人。

足 球

2. 足球裁判有右侧偏好吗?

研究表明，使用从左到右书写的语言的人，往往认为事件是从左向右展开的。因此，人们更容易怀疑从右向左发生的事件。2010 年发表了一篇研究，旨在探讨这是否会影响足球裁判对犯规的判定。研究基于一项实验展开，在实验中，研究人员会给裁判展示真实足球比赛的图片，要求他们判断图中是否有犯规行为。结果发现，裁判对动作中的左移事件的判罚比右移事件要多。

不过，这项研究只针对母语为从左向右书写的裁判员，至于说阿拉伯语的裁判是否有右侧偏好，我们就不得而知了。如果他们和实验中的裁判一样有右侧偏好，这就表明右侧偏好并非受语言影响而是天生的。

3. 解雇主教练对表现不佳的足球队有帮助吗?

长期以来，统计学家们都在为是否应该解雇失败球队的主教练而争论不休。2012 年对学术文献的一项调查报告显示，在来自 6 个国家的 9 项研究中，有 5 项研究认为更换主教练确实能改善球队的成绩，剩下 4 项研究则表示，总的来说，聘请新的主教练无法改善球队的表现。

2013 年，荷兰经济学家巴斯特威尔比较了两个团队，一个是表现糟糕的团队更换了他们的教练，另一个是表现糟糕的团队没有更换教练。他得出的结论是："在赛季危机期间更换主教练确实会在短期内改善球队的成绩，但是这个统计具有误导性，因为就算不换教练，结果可能也是相同的。”

但是，有一项为期10年的研究，在调查了2003—2013年间英格兰足球超级联赛中36家俱乐部的60次管理层变化情况后，在2014年给出了完全相反的结论。此结论至少对那些努力避免降级的球队而言，情况属实。因此，足球队更换主教练是否对球队有利的问题依旧没有定论。

游 戏

4．电子游戏能提高智力吗？

长期以来，动作类电子游戏都被证明能提高人们感知处理能力和反应速度。而2013年的研究结果表明，它还能普遍改善人的认知功能。

研究挑选的受试者是相对缺乏电子游戏经验的人，总共被分为三组。一组玩的是简单的动作游戏，另一组玩的是同种游戏的偏复杂版本，第三组玩的则是对记忆和技巧要求不高或没有要求的游戏。

三组受试者都要在6—8周内玩满40小时，之后他们接受了各种解决问题的测试。结果表明，玩复杂游戏的人比玩简单游戏的人表现得更好，而玩简单动作游戏的人比玩难度更低游戏的人表现得更好。

研究人员的结论是，玩电子动作游戏可以加强认知的灵活性和表现能力，但是，他们也指出参与这项研究的72位受试者都是美国得克萨斯大学的女学生，因为研究人员找不到缺乏电子游戏经验的男学生。还有一个需要弄清楚的问题，就是他们观察到的这种改善究竟是暂时的还是长期的。

5．玩游戏对我们有好处吗？

2014 年英国牛津大学的研究表明，和不玩游戏的孩子相比，每天玩游戏长达 1 小时的孩子会更快乐、更善于交际、更少出现情绪问题，而且也不会那么多动。也有人称玩电子游戏可以减少孩子在其他方面上瘾的概率。但其他的研究则显示，电子游戏玩家会变得肥胖、懒惰、邋遢、效率低下、好斗，并会沉迷在游戏世界中。

显然，在决定玩游戏的利弊前，我们还需要做更多的调查。

音　乐

6．呜呜祖拉会传播疾病吗？

这种叫作呜呜祖拉的塑料喇叭在 2010 年南非世界杯足球赛期间风靡全球。当大多数人对其响亮的喇叭声欢迎或是抗议时，伦敦的一组研究人员开始担心，呜呜祖拉可能会通过高强度喷射气溶胶粒子来传播疾病。

因此，研究人员先让 8 名健康的志愿者吹响呜呜祖拉，然后让他们大声呼喊。在这两种情况下，分别对他们排出的空气通过粒子计数器进行了测量，也对空气的流速以及呜呜祖拉的音长进行了测量。结果显示，呜呜祖拉喷射的粒子数是呐喊的 178 倍。研究报告作者们表示，还需要进一步的研究来“评估呜呜祖拉导致气溶胶粒子传播疾病的可能性”，但是他们建议，作为一项预防措施，“患有呼吸道感染的人不要在封闭空间吹呜呜祖拉”。

7. 人脑中有音高中心吗?

近年来，关于我们的大脑如何感知声音，尤其是音乐，已经做了很多研究。毕竟，声音只是空气中的振动。这些振动被我们的鼓膜所接收，经过内耳的三块小骨头放大，然后通过耳蜗转变为神经信号。接着是大脑对声音的各种结构元素做出反应，包括音高、音色、振幅、音长和位置，在所有这些元素中，音高似乎是最复杂的。

音高最基本的作用是让我们能够分辨一个音符相比另一个是高还是低，这是我们识别曲调的方法。有一小部分人拥有绝对音高，这使他们能够识别和记住任何一个音符，而不需要去和另一个音符进行比较。还有同样一小部分人是彻头彻尾的音盲，他们根本无法识别曲调，甚至不能判断两个音符中谁高谁低。

我们借助各种各样的脑部扫描，从PET（正电子发射断层扫描）到fMRI（功能性磁共振成像）再到TMS（经颅磁刺激），来观察大脑在分析音高时发生了些什么，但似乎我们看的越多，情况就变得越复杂。

直到几年前，人们还认为听觉皮层中叫作“颞横回”的部分是总音高中心。然后，研究人员发现，在不同的音色和音调条件下，大脑的其他部分也参与了对音高的评估。研究还发现，左利手比右利手对音高有更好的短期记忆，而双手都灵活的人表现是最好的。对绝对音高的研究也未能找到可能负责这一部分的大脑区域。有些人甚至认为，绝对音高是由于大脑某些区域的活动受到抑制，而不是因为激活了某些区域。

对音乐的欣赏可能是大脑执行的最复杂的功能之一。

8. 人类的音乐是作为一种求偶方式逐步发展的吗?

在1871年出版的《人类起源》（*The Descent of Man*）一书中，查尔斯·达尔文写道：“很可能，人类的祖先，无论是男性还是女性，或者两性，在能够用清晰的语言表达对彼此的爱之前，会努力用音符和节奏来吸引对方。”

理由很简单：人类的进化，就像其他动物的进化一样，要么是自然选择（适者生存）推动的，要么是性选择（有助于繁殖）推动的。因为一般的艺术，尤其是音乐，并没有明显的生存价值，它们的作用就如同交配季节的鸟鸣声或青蛙的呱呱声，只能用于帮助吸引合适的配偶。

2000年，进化心理学家杰弗里·米勒写文章以支持达尔文的理论：“以吉米·亨德里克斯为例。1970年，这位杰出的摇滚吉他手因过量吸食毒品早逝，年仅27岁，而他曾用这些毒品来诱发自己的音乐灵感。他的音乐产出——3张录音室专辑和数百场现场演唱会——对他的生存并没有任何帮助。但他确实与数百名粉丝发生过性关系，与至少两名女性同时保持着长期关系，并有至少3个孩子，分别在美国、德国和瑞典。”

当然，仅仅吉米·亨德里克斯的例子并不能构成一个科学的理论，但是达尔文的观点可能是我们现有的唯一关于人类音乐创作起源的观点了。

9. 雅克·杜菲和他的羽管键琴怎么了？

雅克·杜菲是法国作曲家及羽管键琴演奏家，他是一位非常受人尊敬的演奏家和教师。杜菲出版了四卷羽管键琴作品，但在最后一卷于1768年出版后不久，他就神秘地消失在公众视线中。

1789年7月15日，就在巴士底狱被攻占的第二天，杜菲在巴黎马拉盖河沿的朱格尼旅馆的一个小公寓里去世。此前人们已经20年没有他的消息了。他的书将他包围，但是房间里没有羽管键琴。

更神秘的是，住在同一地址的一名男子在杜菲去世的当天离开了巴黎。此人名为安托万·德萨丁，是巴黎前警察局长、前海军部长以及艺术赞助人，杜菲曾以他的名字命名了一首早期的羽管键琴作品。

10．瓦格纳是异装者吗？

有几个关于理查德·瓦格纳生活的轶事表明了他对女装的浓厚兴趣。据悉，他曾订购粉红色的丝绸内衣，并喜欢将丝绸贴身穿，只是因为他患有丹毒，这使得他的皮肤上长有让人疼痛的皮疹。然而，下面几个故事却显示，他对女装的喜爱可能不仅仅是出于健康的原因。

1864年，据说瓦格纳身着女装避开了维也纳的债主。1869年，他向一位裁缝订购了一件黑色绸缎材质的服装，要求是既可以在室外也可以在室内穿的女式便服。1874年，他在意大利米兰订购了一件女式紧身上衣，“高领，带有蕾丝花边和缎带；贴身的袖子；采用同样的绸缎布料制作蓬松的荷叶边作为装饰……”，后面还有很多描述，他的要求也越来越精确。

当然，他也有可能是为妻子科西马订购这些服装的，不过科西马作为一位高产的日记写作者，却从未在她的日记中记录过收到瓦格纳送给她的任何一件衣物。

神　话

11．蒙茅斯的杰弗里是根据什么写出亚瑟王的故事的？

据传说，亚瑟王是一位不列颠国王，他于5世纪末或6世纪初抗击了盎格鲁–撒克逊人的入侵。已知最早提到亚瑟王的作品可能是9世纪用拉丁语撰写的历史汇编《历史上的不列颠》（*Historia Brittonum*），但正如我们所知，亚瑟王的传奇故事大部分来自蒙茅斯的杰弗里写于

1135年的《不列颠诸王史》。

杰弗里的作品后来由克雷蒂安·德特鲁瓦和托马斯·马洛里进行了润色，但首先他所写的故事从何而来尚不清楚。杰弗里声称自己只是在抄写手头上的一本“用不列颠语言撰写的非常古老的书”，尽管亚瑟王传奇可能源于凯尔特神话，但大部分的故事内容也许是他自己虚构的。蒙茅斯的杰弗里提到的那本古书也从未得到确认。

名 字

12. 英国的名字“Britain”是什么意思？

普林尼和其他古罗马作家称大不列颠岛为“不列颠尼亚”（Britannia）英国的现代名称（Britain）可能就源于此，但是这个名字的早期历史不太清楚。（有一种说法是，它源自古威尔士语“Priten”，是英国人给自己取的名字。而“Priten”这个词可能又源于一个古老的凯尔特词“pryd”，意为“面容”“形象”或“美丽”，不过也有人认为“Priten”或“Priton”可能与文身或人体艺术有某种联系。）然而，对于首字母P如何变成了B的解释却相当模糊，人们在对凯尔特语的语音转换进行了复杂的讨论后，又考虑是否有罗马人听错的可能。

另一种说法是，英国的名字（Britain）与威尔士语、凯尔特语、美丽或文身没有任何关系，而是源自一门中东语言中一个表示“锡”（tin）的词，可能是腓尼基商人用来形容英国的，因为锡是从英国带来的最重要的商品。

13. 蒙古是如何得名的？

蒙古（Mongolia）似乎源自当地居民用来称呼自己的词“蒙古人”（Mongol），但此词的来源非常不确定。有以下几种观点：

- 它是一座山的名字。
- 它是一条河的名字。
- 它意为“永恒的天空之火”（是短语“Mongkhe–tengri–gal”的缩写）。
- 它意为“勇敢的”（来源于“mong”这个词）。
- 它源自4世纪部落首领的名字“穆古鲁”（Mugulu）。

《牛津英语词典》上只说这个词“来源不明”，听起来是个不错的总结。

14. 埃德蒙·哈雷是怎样念自己的姓氏的？

关于哈雷彗星发现者的名字如何发音的争论（是Hailey、Hawley还是Halley——与“valley”押韵），似乎从他的时代就已经开始了。埃德蒙·哈雷（Edmond Halley）生于1656年，卒于1742年，据记录，当时的报道对他的叫法多种多样：Hailey、Hayley、Haley、Haly、Halley、Hawley和Hawly。

现代历史学家更喜欢“Hawley”的发音（与“poorly”押韵）；其他人，可能是受摇滚歌手比尔·哈利和他的乐队“彗星”的影响，将其发音与“daily”相押韵；而在1910年，英国皇家天文学会在一首祝酒歌中坚定地支持着第三种可能性，即“Halley”：

Of all the comets in the sky,	天空中所有的彗星，
There’s none like Comet Halley.	没有哪一颗能比得上哈雷。
We see it with the naked eye	肉眼可见，

And periodically. 并具有周期性。
The first to see it was not he, 第一个发现者并不是他，
But still we call it Halley. 但我们还是叫它哈雷。
The notion that it would return 因为是他最先提出
Was his originally. 哈雷彗星会回归。

歌剧

15. 在夏尔帕男爵的身上发生了些什么?

所有歌剧中最邪恶的恶棍无疑是斯卡皮亚男爵，他是一名警察局局长，对歌剧演员托斯卡充满欲望，他逮捕并折磨托斯卡的恋人——画家卡瓦拉多西，以胁迫她出卖自己的身体来换取卡瓦拉多西的生命与自由。然而，虽然他的恶行骇人听闻，但斯卡皮亚似乎是以一个真实存在的人为原型创作的。

1798年，当拿破仑向统一前的意大利各州进军时，那不勒斯国王斐迪南四世已被废黜，并正与共和党人抗争试图重夺王位。他最坚定的支持者之一是红衣主教鲁福，鲁福召集了各种非法团伙为国王而战。这些亡命徒中最强大的是雇佣兵盖拉尔多·库尔奇（人们称他夏尔帕，即普契尼的歌剧《托斯卡》中斯卡皮亚的原型），曾担任宫廷卫队的首领。他被免职后，就组建了自己的军队，为法国人提供服务。遭拒后，他便走上了抢劫的道路，但后来鲁福又将他召回国王身边。

当斐迪南重登王位时，他不仅赦免了夏尔帕，还奖励他土地、一大笔奖金和男爵头衔。随后，夏尔帕策划了一场针对前共和党人的报复运动，其中包括艺术家和政治家，如卡瓦拉多西和安杰洛提（歌剧中画家卡瓦拉多西努力对其提供了帮助）。

在那之后，夏尔帕身上又发生了些什么就不得而知了，但是他不太可能是在自己的书房里被一个歌剧演员刺死的。顺便提一句，这部歌剧是根据维多利安·萨尔杜的同名戏剧《托斯卡》改编而来的，而萨尔杜的这部戏剧是专门为莎拉·伯恩哈特写的。

扑 克

16. 保持“扑克脸”对扑克玩家取胜有帮助吗？

长期以来，人们一直认为面无表情是在扑克游戏中取胜的关键，但2010年的一些研究对“扑克脸”的作用提出了质疑。

实验对象玩的是简化版的德州扑克，他们可以在屏幕上看到对手的脸。这些脸都是从数据库中提取的，每一张脸都被电脑调整为3种表情，看起来分别是“可信的”（微笑乐观的）、“无倾向性的”（面无表情的扑克脸）和“不可信的”（愁眉苦脸的）。在每盘游戏中，对手先下注，而实验对象必须决定是弃牌还是跟注。实验人员将他们的决定与屏幕上脸的表情相关联，以判断哪种表情最有效。

“根据实验结果，”实验人员总结道，“要想虚张声势误导对方，最好的‘扑克脸’可能不是一张面无表情的脸，而是一张表情可信的脸。”然而，这一发现是否会影响扑克玩家的面部表情，还不能确定。

谜　语

17. 塞缪尔·威尔伯福斯主教的谜语的答案是什么？

如今，牛津教区主教塞缪尔·威尔伯福斯为人们所牢记的原因有三：第一，他强烈反对查尔斯·达尔文提出的理论；第二，本杰明·迪斯雷利给他取了个绰号叫“油嘴山姆”，认为他“虚情假意、油腔滑调、处事圆滑”；第三，1873 年他去世之后，人们在其文件中发现了一则谜语：

最甜美的声音，可以在管弦乐队里听到，
却又从未在管弦乐队里听到；
羽毛轻盈的鸟，却又不像鸟，
在自然界中从未见到；
在地上，在水里，我都会死亡，
但我奔跑、游泳、飞翔。
如果男性猜不中谜底，
女性一定可以！

人们提出了许多种可能的答案，包括“鲸鱼”和“美人鱼”，但没有一个答案能够完全符合描述，得到所有人的认同，所以这个谜语至今仍未被解开。也许最有可能的谜底是"塞壬①"。

体 育

18. 我们如何决定接球方式?

板球或棒球运动中的外场手②为了接住球，是如何决定奔跑方式的呢？一些研究人员试图通过追踪运动员接球的动作来回答这个问题。他们的实验得出了一个令人惊讶的结论：运动员以一定速度沿着一条路径奔跑，该路径保持盯球形成的仰角切线的加速度为零。

这一策略不会告诉外场手球将于何时何地落地，也不会将他送至接球的最佳轨道，但是这会让他在一条路径上奔跑，确保他在球到达可接到的高度时，正好能跑到地方。具体来说，外场手所做的就是等待大约半秒钟来观察球，然后开始奔跑，加快速度直到盯球形成的仰角的切线加速度为零——换句话说，直到角度正切值的变化率保持不变。只有在最后关头，外场手才会改变策略，但是之后他将会处在接球的正确位置上。

这非常令人惊讶，因为大多数实验者可能都不知道从余弦中得到正切，更不用说知道如何测量其变化率了。显然，当我们跑去接球时，我们的大脑在进行复杂的计算，但它并没有告诉我们在计算些什么。

① 塞壬是古希腊神话中人首鸟身的怪物。塞壬用自己的歌喉使得过往的水手倾听失神，航船触礁沉没。经常徘徊在海中礁石或船舶之间，又被称为海妖。——译者注

② 外场手是在棒垒球比赛中，负责防守整个外场区域以及外场两侧界外一部分区域的球员。——译者注

网　球

19．左利手天生就比右利手会打网球吗?

人们常说，世界网坛的顶尖球员中，左利手比例过高。最近的一份报告甚至声称，40% 的顶尖网球运动员是左利手，而左利手仅占总人口的 12%。如果这是事实（一些统计调查对这一发现提出了质疑），那么有两种可能的解释：要么是因为右利手不太习惯与左利手打比赛，从而使得左利手更有优势，要么是左利手在某种程度上具有一种先天优势。

拉菲尔·纳达尔是一位优秀的左手持拍网球冠军，2012 年人们引用他的言论驳斥了先天优势观点："每个人都说，'好吧，你的正手可以对抗右利手的反手'……但右利手的正手也可以对抗左利手的反手。就对抗反手的外削球和外发球而言，右利手和左利手的优势不相上下。说真的，唯一的一点可能是你比右利手对阵左利手的次数要少。这是唯一的优势。"

然而在 2006 年，澳大利亚的一项研究报告称，左利手两个大脑半球之间传递信息的速度更快。有一项任务是匹配出现在左右视野中的字母，因此需要两个大脑半球的参与，在这项任务中，左利手平均比右利手快 43 毫秒。这听起来可能不算多，但一个时速 161 千米的网球可以在 43 毫秒内移动 1.83 米。

戏　剧

20．英国第一位职业女演员是谁？

1660年以前，人们都认为演员这个职业不适合女性，女性登台表演也是非法的。然而，第一位登台的女性是谁尚不清楚，但有以下几个人选。

英国最早的女性登台记录是在1629年，当时有一群法国演员在黑衣修士表演，其中有男有女。女演员们的名字不详，但不受欢迎。一封给伦敦主教的信中写道，“观众往法国女演员的身上扔苹果，她们在一片嘘声和倒彩声中被轰下了台”，写信人说，他“认为短时间内她们不会再上台表演了”。

1656年5月，英国一名正派的已婚女性，人称“科尔曼夫人”，在威廉·达文南特爵士的家——伦敦市拉特兰府的私人剧院里参与了他创作的歌剧《罗德岛之围》（*The Siege of Rhodes*）的首场演出。尽管是私人剧院，但观看演出需要收费，因此有人认为科尔曼夫人是英国历史上第一位职业女演员。

然而，更多的人认为该头衔应当授予玛格丽特·休斯，据说她于1660年12月8日在英国国王剧团演出的戏剧《威尼斯城邦的摩尔人》（改编自莎士比亚的《奥赛罗》）中扮演苔丝狄蒙娜。后来玛格丽特·休斯在舞台上取得了巨大的成功，也作为莱茵河的鲁珀特亲王（英国内战时期的一名将军，后来王政复辟时期成为舰队司令）的情妇而闻名。

不过，玛格丽特·休斯是否确实在12月8日（演出的第一晚）扮演了苔丝狄蒙娜，这一点还不完全清楚，因为国王剧团的另外两位女演员在其他场次中也饰演了这个角色。安妮·马歇尔肯定在一些场次中扮演了苔丝狄蒙娜，而凯瑟琳·科里也有在第一场演出中扮演苔丝狄蒙娜的可能。然而，许多评论员却毫不留情地表示，由于科里不够漂亮，所以并不适合这个角色。

生物篇

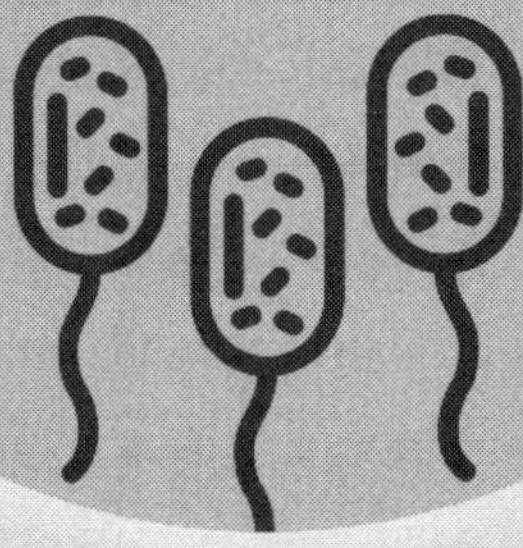

动 物

1．地球上的动物种类是在增加还是在减少？

环境学家和生态学家常警告我们，人类活动对生物多样性存在着负面影响。狩猎和森林砍伐使得动物数量减少，将更多的物种推向灭绝的边缘。但与此同时，新的物种也在不断被发现，我们也不知道它们是已经存在了几个世纪而不为人所知，还是最近才进化出来的。

目前已经有大约130万个物种被命名和分类，每年该名录里还会新增约1.5万个新物种，地球上物种总数估计在300万到1亿之间。2011年发布的一篇论文采用了一种全新且相当符合逻辑的方法，得出的结论是全球物种总数约为870万，误差在130万上下。所有估计结果主要是基于已知物种的数量和发现新物种的速度。但是，该方法可能偏向于对人类活动和利益的衡量，而非为了呈现真正的生物多样性。

对苍蝇、跳蚤、长春花和海胆等生物的研究表明，动物会进化出新物种以适应环境的改变。即使是人类干预造成的变化，也能在破坏原有物种的同时创造出一样多的新物种。说实话，我们也不知道到底是一种怎样的情况。

2．陆地上的物种多还是海洋里的物种多？

估算物种数量的问题之一，就是我们对海洋生物——尤其是深海生物相对缺乏了解。前文提到的全球物种总数估计包括了650万个陆地物种和220万个海洋物种，但这一数据仅基于我们所能了解到的信息，且地球表面的 71% 是被海洋覆盖的，而陆地仅占 29%。所以我们为何会相信地上的物种数量是水里的 3 倍呢？

也许是因为我们本身就生活在陆地上，所以我们的研究也就集中在这 29% 中。这既是为了方便，也是出于人类自身利益的考虑。

3．我们应该如何界定一个物种？

在试图弄清楚前两个问题前，我们还得先找出妥当的界定物种的方法，而这并不像字面意思看上去那么简单。查尔斯·达尔文在 1859 年出版的《物种起源》中，花了一定的篇幅向读者解释自己和别人口中“物种”一词的区别，他给出的最贴切的定义是：“我把物种这个词看作是为了方便起见而武断地给予一群非常近似的个体的术语。”

但在严谨的科学定义中，“武断”和“方便”这类词很难显得妥当。当我们想寻求更严格的定义时，就会发现科学文献给出了 20 多个版本的解释，且每个版本间都存在微小又不容忽视的差异。这些定义多是基于同一物种群体内部能够杂交并产生可育后代的观点，但这立刻就带来一个问题，即如何将该理论引申到无性繁殖生物中。但即使我们只将注意力放在有性繁殖上，也还是存在问题。

例如，我们要如何看待在实验室或圈养中可以相互交配，但在野外却不能交配的动物呢？再比如现在有 A、B、C 这三种可以通过目测来区分的动物，其中 A 能与 B 交配，B 能与 C 交配，但 A 和 C 之间不交配或不能交配，那我们是否能将它们视为同一物种？

达尔文自己也怀疑过，我们对物种的概念究竟是在自然界中真实存在，还是由于物种间界限太过模糊而没有明确的定义。即便是现在，科学家和哲学家也在为这个问题而苦恼。当我们连尼安德特人和智人是否为同一物种都没法确定时，就更不可能清点地球上所有的物种了。

4．动物会得抑郁症吗？

近年来，有报告显示在猫、鼠和山羊身上都出现过抑郁症的迹象，兽医也开始为越来越多的犬类开抗抑郁药物。据报道，2014年英国内政部曾资助一项科研工作，目的是研究实验室的猴子是否会患上抑郁症。动物能否患上抑郁症，这个问题本身就很难回答。

一方面，人类抑郁症的诊断取决于对主观症状的识别，而动物无法表达自己的感受，说到底它们是否有情绪都是一个谜。从这个角度出发，结论只能是动物能否患抑郁症这件事并不好说。

另一方面，研究已经将某些生理症状与明显的抑郁性动物行为联系起来，如犬类的血清素水平降低和老鼠大脑内的海马体萎缩，这可能表明，对此类动物的抑郁诊断不能只拘泥于人类的标准。然而，除了沟通问题外，我们对人类的抑郁症本身也缺乏足够的了解，因此也无法凭借这些证据得出有关动物是否得抑郁症这个明确结论。

5．有哪种动物是不存在同性恋行为的？

自达尔文时代起，动物的同性恋行为问题就备受争议。这种想法本身似乎就违背了进化论的原则，更不符合宗教的智慧设计理念。任何想提出动物界可能存在同性恋的人，都会面临被恐同者和宗教团体抨击的风险。

但在1999年，加拿大生物学家布鲁斯·贝哲米出版了《生物界的繁荣：动物同性恋与自然多样性》（*Biological Exuberance*：*Animal Homosexuality and Natural Diversity*）一书，揭开了动物同性恋神秘的面纱。书中详细分析了同性恋关系在动物界中是多么普遍。达尔文主义者的理性分析认为，雌性同性恋动物抚养的幼崽能得到更好的照顾，而有一个雄性同性恋父辈可能会带来积极的生存价值。

贝哲米的研究表明，从猿类到虫类，已在近1500个物种中确认存在同性恋行为，约500种被详细记录下来，其中雌同性恋信天翁、雄同性恋长颈鹿和双性恋倭黑猩猩尤其引人注目。根据最近的一项估计，同性恋现象在所有已知物种中约占10%。

20年前，人们普遍认为动物是靠本能行动的，是本能驱使它们进行交配并繁衍后代，为了乐趣而交配是不可能存在的。但现在的问题已不在于动物是否可以被认作是真正的同性恋，而是每个物种中是否都有一些成员表现出这种倾向。

蚂 蚁

6．蚂蚁有个性吗?

作为群居昆虫，蚂蚁对彼此十分残忍。全世界已知的蚂蚁种类超过1.5万种，其攻击性各不相同。有些蚂蚁甚至通过被其他物种奴役来生存。

人们早已接受这种观点：即使在同一物种中，不同的蚁群也可能会表现出不同的“个性”。有些蚁群的攻击性似乎是天生的，另一些则在受到威胁时才表现出明显的逃跑倾向。但是，蚂蚁个体是否具有个性的问题直到最近才被提出来。

2011年，德国约翰内斯·古腾堡大学的研究报告称，单个蚁群中的个体也可能表现出明显的攻击性。攻击性高的蚂蚁负责同其他蚁群作战，不那么强悍的蚂蚁则被分配去照顾幼虫。2014年，美国亚利桑那大学的一项研究发现，同种蚂蚁在觅食时会表现出不同的行为特征，为蚂蚁存在个性提供了进一步的证据。

但这些个体差异究竟是后天习得的结果，还是先天个性真实存在的证据，依旧是一个悬而未决的问题。

7. 是地球上所有的人重，还是所有的蚂蚁重？

威尔逊和霍尔多布勒在他们的《蚂蚁之旅》（*Journey to the Ants*）一书中断言，地球上所有蚂蚁的重量等于所有人类的重量，但这一说法是否正确还远未可知。

截至2015年，全球人口总数达72亿，平均体重约为62千克。这样算来，人类的重量加在一起仅略高于4460亿千克。一只普通蚂蚁的体重在2毫克左右，所以想要二者重量相当，地球上就得有22.3万万亿只蚂蚁。没人知道世界上究竟有多少只蚂蚁，但估计数量应该是100万亿到1万万亿。即使取更高的数字，蚂蚁的总重量也远远低于人类。

然而据估计，全世界白蚁的数量是蚂蚁的27倍，且白蚁往往比蚂蚁的体积更大。如果这是真的，我们就有充分的理由相信地球上所有的白蚁比所有的人类加在一起更重了。

芦 笋

8. 芦笋会使我们的尿液变难闻吗？

芦笋会让尿液变难闻的学说可以追溯到1731年，当时苏格兰的医生兼数学家约翰·阿布斯诺特曾写道：“芦笋会让尿液产生异味。”马塞尔·普鲁斯特也曾说过，“芦笋把我的夜壶变成了一瓶‘香水’”，而本杰明·富兰克林也在1781年写给比利时布鲁塞尔皇家学院的信中提道：“吃上几根芦笋，我们的尿就会散发出难闻的气味。”

近200年来，芦笋一直背负着这种名声。直到20世纪50年代出现了一些研究论文，表明芦笋对尿液的影响并不普遍——在有些人身上可以检测到，而在有些人身上则没有。1980年，以色列研究人员做了一个经典的实验，受试者不仅要闻自己的尿液，还要闻其他吃过芦笋或没吃过的参与者的尿液。实验的结论是，人们的差别不在于吃完芦笋后尿液是否难闻，而在于是否能识别这种气味——那些能闻到自己尿液中异味的人，也能闻到其他吃过芦笋的人尿液中的异味，不管对方能否闻到。报告还说，有10%的受试者即使在浓度很低时也能闻到这种气味，说明有些人对这种气味尤其敏感。

在20世纪80年代，人们普遍支持这种说法，即我们都会产生这种气味，但只有一部分人能够闻到。化学家们甚至在人吃完芦笋后排出的尿液中发现了一些可能产生这种气味的含硫化合物，如甲硫醇。然而在2011年的一项研究报告称，他们的37名受试者中有3人在吃完芦笋后，尿液并没有产生可以被别的受试者闻到的特有气味。

研究人员似乎逐渐认识到，产生异味和识别异味是两个相互独立的特征，两者都可能与基因有关。2011年的另一项研究报告显示：尿液有异味可能是一个简单的单基因特征，其等位基因呈显性，但还需要进一步研究确认。报告还总结道：目前还没有关于异味识别能力的家庭数据样本……所以在这方面还要做更多工作。

牛油果

9．大地懒灭绝后，牛油果是怎样存活下来的？

想要成功繁衍，植物就得有散播种子的方法。只要把种子撒在地上，它们就能在有限的空间里争夺同样的营养物质；而有时种子也会被风吹走；鸟类和昆虫也能携带种子，它们会吃掉植物的肉质部分，然后把种子排泄到其他地方。

牛油果是在巨型动物时代演化出来的。那时候的地球由巨大的动物主宰着——既有像犀牛一样的箭齿兽，也有雕齿兽（一种和小轿车一般大小的犰狳）、嵌齿象（早期的巨型四偏齿巨象）以及大地懒。这种巨型地懒的身高和长颈鹿相近，体重在 4 吨左右。

在墨西哥，地懒被认为是传播牛油果种子的主力动物。它的嘴和消化道可以毫无压力地吞下一整颗牛油果，当果肉消化完，地懒就会将种子排出体外。但在约 1.3 万年前，大地懒却和其他巨型动物一起从地球上灭绝了，在这之后就再也没有动物能吞下整粒牛油果。

众所周知，自公元前 5000 年起，墨西哥人就一直在培育牛油果树，但这已经是大地懒灭绝 8000 年之后的事情了。至于在这段时期内牛油果是如何存活的，依旧是一个谜。

狒狒

10．狒狒会偷听吗?

狒狒在交配时会变得很聒噪。雄狒狒会发出响亮的咕噜声，而雌狒狒会发出“像歌剧一样的长嚎”。2007 年的一篇学术论文称，当它们这样做时，其他的雄狒狒会偷听。

论文中涉及的实验对象是一群生活在博茨瓦纳的南非大狒狒。研究发现，地位高的雄狒狒会支配雌狒狒，并和它们待在一起长达一周之久。在此期间，实验人员分别用扩音器播放雄狒狒的咕噜声和雌狒狒交配时发出的叫声。当扩音器离得足够远时，其效果与一对狒狒情侣分手时发出的叫声相似。不过这次被研究的并不是这对狒狒情侣，而是地位较低的雄狒狒。

雄狒狒们似乎忽略了咕噜声，只把注意力集中在雌性的叫声上。当作为“备胎”的雄狒狒推测雌狒狒被现任配偶抛弃了，就会立刻过去向其示好。如果运气好的话，它们就能结成配偶。由此可见，地位低的雄狒狒可以通过偷听争取交配机会。

我们还不清楚将该行为描述为偷听是否妥当，也不知道雄狒狒是否仅仅是被交配的声音刺激了。如果我们称其为“偷听”的话，就要考虑另一个问题，那就是雌狒狒是否也会偷听。

熊

11. 为什么北美灰熊要在树林里小便？

众所周知，北美灰熊会在树上摩擦身体或者小便，通过留下气味来标记自己的领地。2013 年发表的一项研究表明，至少在加拿大的一个地区，这种标记行为会根据食物充足与否（尤其是根据河中粉红鲑[①]的数量）而改变。有趣的是，公熊在食物短缺时会标记更多的树，而母熊则是在食物充足的时候标记得更多。

然而，同年的另一份研究报告指出，熊要标记哪棵树主要是看树的位置、树种和大小。研究者发现，熊会在自己常光顾的地方标记树木，并且会选最高大的树木和稀有树种。

看来熊在选择蹭哪棵树或在哪棵树上撒尿的时候，脑子里想的东西似乎比人们想象得要多。

12. 为什么雌性灰熊有 6 个乳头？

和人类一样，公熊也有 2 个乳头，但母熊的乳头数却因物种而异。雌性北极熊通常有 4 个乳头，但也发现过有 5 个或者 6 个的。而雌性黑熊、灰熊和科迪亚克岛棕熊都有 6 个乳头。

科迪亚克岛棕熊平均一胎可以生 6 个幼崽，所以它有 6 个乳头是很正常的。黑熊一般每次生 2 个到 3 个幼崽，不过也有生 6 个的情况。

① 粉红鲑是体型最小的“真”三文鱼，在海里的时候身体是蓝绿色的，因为产卵时腹部会变成粉红色，所以得名粉红鲑。——译者注

但灰熊一胎基本只生两三个，最多也就生 4 个，长 6 个乳头似乎有些多余。

蜜　蜂

13. 蜜蜂会数数吗?

自 1995 年以来，越来越多的研究表明蜜蜂可能会数数，但数字大于 4 时，它们就会感到困惑。德国的研究人员曾做过一项实验，训练蜜蜂在隧道中寻找为它们准备的食物。隧道中放置了一系列“地标”作为食物的线索，而喂食器位于第三和第四地标之间。

在得知食物位置后，蜜蜂会在飞过第三个地标后放慢速度寻找食物。即使把地标拉近或者放远，蜜蜂还是会在第三和第四个地标之间寻找。有些蜜蜂是在开始搜寻前飞了相同的距离，但大多数蜜蜂似乎都会数地标。不过当地标数量增加到 5 个时，蜜蜂就开始困惑了。

2008 年，澳大利亚的研究人员也得到了类似的结果，接着他们又给蜜蜂设计了一个更复杂的计数任务。在实验中他们使用了一个 Y 形隧道，隧道入口处有一个标记，而在隧道分叉的地方也分别有两个标记。这些标记里都包含了几个小点，蜜蜂只有选择与入口处标记点数相同的岔路才能找到食物奖励。

蜜蜂很快就掌握了这项任务，即使改变了点的形状、颜色和图案，它们还是会选择和入口处点数相同的岔路。和以前的实验相似，这些蜜蜂也能够分辨 3 点和 4 点，但是无法区分 4 和 5，甚至 4 和 6。

蜜蜂的这种行为是否类似于我们所认为的计数还有待商榷。但目前的结论似乎是，如果蜜蜂真的能数数，它们也只能数到 4。

14．蜜蜂总是能把舞跳得那么好吗？

1967年，卡尔·冯·弗里施发表了他对蜜蜂“摇摆舞”的解读。从那时起，人们开始对这种奇异的交流方式进行了大量的研究，发现蜜蜂似乎可以通过反复8字形飞行来传达刚发现的食物来源，包括其品质、方位和距离。然而，最近的研究却对这种舞蹈所传递信息的准确性和其他蜜蜂追踪信息的能力提出了质疑。

其中一个有趣的发现与食物的来源方向有关，即舞蹈指示的方位存在明显的误差，且越是接近食物来源，误差就越大。有观点认为跳舞的蜜蜂并不是想精确传达食物位置，而是想给出一个模糊的概念，好让蜂群的伙伴在同一地区觅食，以期找到更多的食物来源。2014年，澳大利亚研究人员发表的一项研究表明，蜜蜂舞蹈的这种内在不精确性，可能会使跟随它的蜜蜂在一个大概固定的区域内活动，因为随着距离的增加，方位会变得更准确。但是，是跳舞的蜜蜂故意释放模糊的信息，以便让蜂群在更广的范围内活动，还是说这种不准确是蜜蜂舞本身存在的缺陷呢？凯特琳·普里斯和玛德琳·比克曼分析了相关研究，得出的结论是：蜜蜂在尽可能地把舞跳好。

目前我们还不知道蜜蜂的“摇摆舞”传达了多少信息，蜂群又能接收到多少信息，也不知道蜜蜂还有没有其他办法来告诉同伴食物的位置，因此我们也没法确定蜜蜂究竟有没有尽可能地把舞跳好。

15．为什么大黄蜂的交配时间很长？

2009年，一项关于大黄蜂交配习性的研究报告称，雄蜂与蜂后交配大多能持续20分钟到40分钟。然而，如果只让蜂后交配2分钟到5分钟，她接受再次交配的概率平均只有7.2%。不过，未完全交配的蜂后与完全交配的蜂后相比，生出的新蜂后和雄蜂并没有显著差异。也就是说，较长的交配时间并没有带来什么好处。正如研究人员所说：“这项研究表明，交配时间短并不会影响蜂群的繁衍。”因此，如果单从进化的角度出发，我们不妨问问它们为什么要交配这么久。

16. 落单的蜜蜂如何回巢?

人们对蜜蜂的导航能力进行过大量的研究，但其中有些结论是互相矛盾的。当小蜜蜂第一次离开蜂房时，它会做一系列不断扩大的 8 字形飞行，好像在观察周围的环境并确定方位。但我们还远不清楚它们收集总结自己所获信息的方式。

2004 年，一项关于切叶蜂归巢行为的研究表明，在蜂巢周围设置几何形的障碍物可能会影响它们的归巢能力。改变这些障碍物的边界会严重影响蜜蜂寻巢的能力。而且改变蜂巢附近的障碍物边界比改变远处的边界更能迷惑它们。这些结果表明，蜜蜂可以弄清楚不同边缘到目标间的距离。

然而，1995 年的一篇论文指出，距离反而是蜜蜂很可能忽略的东西。在奇塔和盖格的论文《蜜蜂能数路标吗？》（*Can honeybees count landmarks?*）中，他们描述了自己是如何训练蜜蜂从蜂巢出发，沿着一排 4 个相同帐篷形的地标找到喂食器的。训练完毕后，他们又对地标的数量和距离做了改动。在随后的实验中他们发现，当地标数量减少时，大多数蜜蜂会飞得更远；而当地标数量增加时，它们则会飞得更近，只有极少数蜜蜂飞行了正确的距离。也有类似的实验结果证明过，当环境改变时，蜜蜂也能找到回蜂巢的路。

17. 蜜蜂的社会性为什么这么强?

社会性不仅仅体现在群居上。真正的社会性，即所谓的“真社会性”，具有以下三大特征：

- 后代不由个体自己抚育，而是由群体合作照顾。
- 世代交叠，以维持群体延续，保证后代能够协助长辈。

● 劳动和繁殖有分工，群体中并非每个个体都能平等地生育。

已知具有真社会性的物种几乎都是蚂蚁、蜜蜂、黄蜂或白蚁。蜂类在其中尤为特别，因为不同的蜂类可能会表现出上述全部特征，或完全没有这些特征，也有可能表现出的特征介于两者之间。

而蜜蜂则是货真价实的真社会性动物，但我们还不知道这种特征是如何进化出来的。对不同蜂类基因组的分析表明，真社会性行为由100多个基因决定，而且至少已经进化了11次。但问题在于，真社会性生活方式会导致大量个体不育，而不育对传递基因来说一般是没有帮助的。

达尔文在《物种起源》一书中，将群居昆虫中不能生育的工蚁描述为“一个特殊的难点，最初我似乎无法解决它，它一度成为我理论体系里的致命缺陷”。后来他确实找到了解决这个难点的方法，但至于真社会性是如何进化的，以及独居蜂又是如何发展成群居蜂的，至今人们还没达成普遍的共识。

鸟 类

18. 鸟类是唯一现存的恐龙后裔吗？

鸟类是恐龙后裔的观点可以追溯到1870年，当时托马斯·亨利·赫胥黎发表了一篇论文，并在文中指出鸟类骨骼结构和一些恐龙化石之间具有相似性。给予赫胥黎这一启发的是1861年在德国发现的始祖鸟化石，且在接下来的一个世纪里，进一步的化石发现支持了他的观点：恐龙身上融合的锁骨被认为是史前叉骨；灵活的腕关节与鸟类的翅膀关节有很多共同之处；一些恐龙的三趾脚还被认为是鸟爪的前身。1996年，中国还出土了带有羽毛的恐龙化石。

这些发现说服了大多数人，只剩下少数人还对鸟类是恐龙后代的观点抱有怀疑。现在另一个有待探究的问题是：鸟类是否是它们唯一活着的后代？鳄鱼和其他爬行动物是不是呢？至少与鸟类相比，它们的外表更符合我们对恐龙的印象。

一般认为，鳄鱼是从大约2亿年前的中生代进化而来的，当时距恐龙灭绝还有很长一段时间，但是“恐龙”（意为“可怕的蜥蜴”）这个词也并非指代所有的史前动物。恐龙有四条腿，以直立的步态生活在陆地上。而史前鳄鱼主要生活在水中，走路时身体贴着地面，不符合恐龙的特征。事实上，人们一般认为鳄鱼和恐龙在2.5亿年前有一个共同的祖先——祖龙，这两个类群都是从祖龙分别进化而来的。

大概是在6600万年前的小行星撞击地球后，绝大多数恐龙都灭绝了，幸存下来的一些鸟翼类恐龙和小型恐龙后来进化成了鸟类。海龟、蛇、蜥蜴和约一半种类的鳄鱼也存活了下来，据推测，这可能要归功于它们的水生环境、小体型和适应能力强的新陈代谢机制。

除鸟类外，现存物种中是否还有当年幸存下来的小型恐龙的直系后代呢？目前还没有任何化石记录能证明这种联系，这依旧是个谜。

19．乌鸦没有耐心吗？

耐心需要自制力来实现，一直以来，这类行为都被认为只存在于灵长类身上。直到2011年，有研究表明乌鸦和渡鸦也可以有耐心。研究人员会给鸟儿食物，然后训练它们等待，之后再用食物交换它们更喜欢的食物。

实验设计得很简单。把鸟儿放置在一个笼子里，给它最初的一种食物，与此同时它们也能看到围栏外更好的食物。过了一段时间，铃声响起，鸟儿可以将第一块食物换成它喜欢的食物。如果它已经吃了第一块食物，或者在铃声响起前试图交换，它就不能得到更好的食物。研究人员发现，乌鸦和渡鸦可以学会忍耐长达5分20秒的时间不去吃眼前的东西，以保留换取更好食物的机会。

然而，在2014年，另一篇论文对此结果展开了进一步研究，并对其进行了修正。新的研究表明，乌鸦可以为更优质的食物忍耐，但不会等待更多的相同食物。它们的耐心是留给质量的，而不是数量。

安布罗斯·比尔斯在他的《魔鬼辞典》中将耐心定义为“一种伪装成美德的轻度绝望”。不过，对于乌鸦和渡鸦来说，这显然要复杂得多。

20. 雌鸟会更喜欢聪明的雄性吗？

对多种鸟类的研究表明，雌鸟偏爱与更聪明的雄鸟交配。雌性鸣禽会选择叫声更复杂的雄性，因为这是大脑发育得更好的标志。雌性交嘴雀会选择觅食能力最强的雄性，雌凉亭鸟则会找筑巢最时髦的雄鸟。同时，事实证明雌性斑胸草雀和雌性凉亭鸟都会选择在解决问题方面表现最好的雄性。

但除了交嘴雀外，上述研究中的雌鸟都没有看到雄鸟执行可以与智力直接挂钩的任务。就算我们能问它们是否喜欢更聪明的雄性，也没法知道它们是否会回答“是”。

也有可能雄鸟只是学会了如何吸引雌鸟。如果雌鸟喜欢漂亮的巢穴或好听的歌，机灵点的雄鸟就会满足它们。雌鸟不需要心仪的雄性是“聪明”的，只需要它们善于筑巢和唱歌就行了。越来越多的研究似乎表明，聪明的雄鸟更容易找到伴侣来交配，但这也可能只是一种马基雅维利式[①]的智慧，目的只是为了满足雌鸟。

无论如何，智力未必是所有雄鸟的撒手锏。雌性非洲寡妇鸟就会选择尾巴最长的雄鸟，而寡妇鸟的尾巴长度和智力并无关联。

① 马基雅维利主义，即个体利用他人达成个人目标的一种行为倾向。——译者注

21. 为什么鸟类会在夏季回到筑巢地？

许多鸟类通过迁徙来逃避冬天的气候，且通常一飞就是很远。这是可以理解的，因为天气寒冷时，能量需求增加，而食物变得稀缺。但鸟类如何决定迁徙地，又为什么要一路返回来，这些都是令人费解的问题。

比如，最近对欧亚琵鹭的一项研究显示，最受欢迎的过冬地点是它们共同迁徙地点的最南端，毛里求斯和塞内加尔都有这种地方。但令人意外的是，这些国家竟然是鸟类存活率最低的几个国家。而在法国南部或西班牙筑巢过冬的琵鹭往往生活得更好。

同样，对北美候鸟迁徙模式的研究也提出了一个问题，那就是为什么它们要不辞辛苦地在春天飞回原来的筑巢地。候鸟回程时间越长，能量消耗和风险也就越大，所以我们一般觉得春天候鸟南归时，会选择途中的第一个宜居地停留驻足。但其实这种情况一般不会发生，鸟儿会一路飞回原来的家。

22. 为什么雌性蓝脚鲣鸟会“出轨”？

在大体上为一夫一妻制的关系中，雌鸟是如何选择背叛哪只雄鸟的呢？根据“优质基因”假说，与基因较差的雄性配对的雌鸟可能会比与基因较好的雄性配对的雌鸟更容易“出轨”（根据研究人员的说法，这也叫有更多的“婚外交配”）。但对蓝脚鲣鸟的研究只为这个观点提供了非常有限的支持。

研究发现，拥有年轻配偶的雌鸟更容易向其他雄性求爱，但它们选择“出轨”对象时，起决定性的因素并不是雄鸟的年龄、体型、健康状况或之前的繁殖成功率。那些拥有最具吸引力伴侣的雌鸟，更有可能与脚上蓝色调最浓的雄鸟进行婚外交配。但是，无吸引力的雌性与有吸引力的雌性相比，却很少有机会进行婚外交配，这表明雄鸟的选择可能也会对雌鸟的行为观测结果产生影响。

研究人员最终的结论是：鸟类的婚外互动行为比原先设想的要复杂得多。

23．面对更有吸引力的雌性时，雄性鸣禽会唱得更卖力吗？

在北半球的大部分鸣禽物种中，只有雄性会唱歌。然而，在澳大利亚和新西兰，则是雌雄鸣禽都会唱歌。与北半球雄鸟单方面唱歌求偶相比，南半球的雄鸟和雌鸟都能够二重唱，这被认为是其配偶关系更紧密的原因。

研究发现，雌性更喜欢唱长而复杂的歌曲，这可能体现了唱歌的雄性有更强的适应力和更大的领地。不过在周围有竞争对手时，雄性也会唱更长且更复杂的曲子。

美国怀俄明大学的一些研究，引出了雄鸟在有魅力的雌性面前是否会更卖力唱歌的问题。在将雄性雀类与不同的雌性雀类放在一起后，研究人员记录并分析了这些雄性雀类所唱的歌，发现它们对不同的雌性雀类所唱的歌的数量和质量都有所不同。有趣的是，他们还发现，在每次互动开始时唱的歌比之后唱的歌更有吸引力。这是否表明在与更有魅力的雌性互动时，尤其是在一段潜在关系的开始阶段，雄性鸣禽会唱得更卖力，这个问题依旧有待解决。

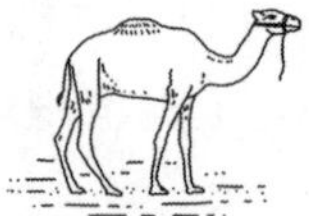

骆　驼

24．亚伯拉罕有骆驼吗？

法老因这妇人就厚待亚伯兰。亚伯兰得了许多牛、羊、骆驼、公驴、母驴、仆婢。

——《创世纪》《钦定版圣经》

《创世纪》中有22处提到了骆驼，这在2014年引发了考古学家和神学家之间的大论辩，争议的中心是在红海和死海间挖掘铜矿时发现的骆驼骨头。

考古学家表示，这些骨头在矿区的地层中出现得很突兀，因此能清楚地看出驯养的骆驼是何时到达该地区的。他们还表示，放射性碳测年法已经能将时间确定在公元前9世纪左右。

然而，根据传统的《圣经》年表，亚伯拉罕生活在公元前2000年左右，比发现的骆驼骨骼早了1000年。考古学家说，他们的发现表明骆驼经济是埃及在该地区崛起后才建立起来的，这个时候就算所罗门王和大卫王想要骆驼也为时已晚了。

作为回应，神学家对放射性碳测年法的可靠性提出了质疑，因为该方法以前也曾犯过错误。

大　麻

25. 大麻对男性精子的产生有直接影响吗？

2014年一项广泛的调查报告指出，吸食大麻是唯一已知会对男性精子产生负面影响的因素。饮酒、吸烟、肥胖甚至穿紧身内衣都对精子的质量没有影响，但大麻会使30岁以下男性产生异常精子的概率增加一倍。

不过，研究人员也承认，目前还不知道大麻是如何直接影响精子产生的，甚至不清楚这种直接影响是否真的存在，还是说两者的联系与其他的未知因素有关。而且，这项研究是基于对曾在生育诊所就诊的男性精子样本的分析，可能不具有代表性，精子质量差是到生育诊所就诊的众多可能原因之一。有人可能会说，该研究说明吸食大麻有益于掩饰他们去诊所就诊的其他可能的原因。

猫

26. 为什么猫喜欢坐在圆圈里?

2014年底，大众媒体和网络上突然出现了大量的猫咪坐在圆圈里面的照片。这是因为有人吃惊地发现，如果在房间的地板上或者户外的地上用一根绳子、电线、胶带，甚至任何东西做出一个圆圈，附近的任何一只猫咪都有可能走进圆圈里，并一动不动地坐在里面。其实它也不一定非得是个圆圈：就像许多照片里拍的那样，一个正方形、五角形或任何封闭的图形都可以。

为了分析这一新发现的猫科动物行为，人们提出了一系列可能的解释：

- 猫可能是在保卫新划定的领地。
- 猫可能会把圆圈的边界看作一堵墙，可以给它提供更多安全感。
- 猫可能会认为人做这个圆圈是有原因的，所以想要占据这个重要的圆圈。
- 猫可能会喜欢被圆圈包围的感觉。
- 猫可能只是在研究自己所处环境中出现的新事物。
- 吸引猫的可能不是圆圈，而是用于做圆圈的材料的气味。

简而言之，没有人真正知道为什么猫喜欢坐在圆圈里。

27. 猫咪为什么会发出呼噜声?

养猫的人都知道，猫咪在满足的时候会发出呼噜呼噜的声音。但其实猫在疼痛和紧张的时候也会发出呼噜声，所以呼噜声究竟代表了什么呢?

有一种理论认为呼噜声是猫进化出来的一种治疗行为。呼噜声的频率在150赫兹至250赫兹之间，这个频率下的震动能促进猫肌肉和骨头的生长或在受损时自愈。所以，打呼噜最初可能是一种疗愈手段，后来演变为对舒服和满足感的普遍表达。

另一种理论认为，呼噜声是一种交流方式。研究表明，猫的呼噜声频率与人类婴儿想要食物时的哭声频率相似，而且猫在饥饿时也会发出呼噜声。或者，小猫的呼噜声可能是在它们刚出生眼睛看不见时，用来找妈妈并与之互动的一种方式。

或者猫咪发出呼噜声只是因为它们喜欢。对此，我们真的不清楚原理。

28. 彼得大帝的俄罗斯蓝猫最后怎么了?

我们已知最早的俄罗斯蓝猫是彼得大帝的宠物，名叫瓦夏，是瓦西里的略称。据说它是由沙皇的女儿伊丽莎白照料的。

列宁曾讲过关于猫咪瓦夏的故事：它生活在沙皇的宫殿里，从厨房偷东西吃，宫里的厨子经常恳求它不要做不道德的偷盗行为，但猫置若罔闻，依旧大吃大喝。

列宁举这个例子是为了说明向剥削阶级发出道德呼吁是徒劳的，但他和其他人似乎都没有讲过猫咪瓦夏最终的下场。

鸡

29. 为什么鸡会从左往右数数?

研究表明，当人们想到数字时，他们会把数字排列在心理数轴上，小数字在左边，大数字在右边。而在2015年，一项精心设计的实验结果表明三天大的小鸡也会这么做。

首先，将小鸡放在一个笼子里，笼子中央有一块嵌板，上面有许多小点。如果小鸡围着嵌板走，就给它奖励食物。过了一段时间，小鸡就掌握了窍门，学会了把围着板子走和得到奖励联系在一起。

等小鸡记牢了这一点，实验就进入到第二阶段。单块板子换成了两块，一块在左，另一块在右，面朝小鸡的距离和角度相同。两块板子上的小点数量相同，但和第一阶段训练时的点数不同。接着研究人员屏息凝神，等着看小鸡会更喜欢哪块板子。

值得注意的是，研究人员发现，当小点的数量比训练时少时，70%的小鸡会去找左边的板子；而数量比训练时多的话，70%的小鸡会去找右边的板子。在最初训练和随后实验阶段，板子上的小点数量都是不同的，但小鸡总是会在小点数变少时去左边，变多时去右边。鸡和人类在数轴上有同样的左右偏好，说明这一习惯可能在我们共同进化的早期就已经发生了。为什么鸡能从左往右数数，这个问题恐怕比人为什么能从左往右数数更加复杂。

黑猩猩

30. 黑猩猩表现出攻击性是受人类影响的结果吗?

黑猩猩和人类常被称为唯一会对同类发动战争的物种。其他生物，如各种蜘蛛和某些昆虫，可能会在抢夺食物和交配权时杀死同类，但人类和黑猩猩则会卷入另一种形式的群体冲突，这也被比作原始战争。而另一方面，与人类关系更密切的倭黑猩猩则非常热爱和平。

20 世纪 70 年代，人类学家简·古道尔报告了黑猩猩存在的好战行为，从那之后，人们就一直在争论这种行为究竟是由人类干预造成的，还是天生的自然行为。2014 年，《自然》杂志发表了一篇论文，该论文基于对过去 50 年间 18 个黑猩猩群落和 4 个倭黑猩猩群落中对同类的 152 次致命攻击的广泛调查，最后得出结论：针对其他群体成员的致命攻击是黑猩猩自然行为的一部分，人类的干预并不起作用。

但这个发现立刻遭到了其他人类学家的质疑，认为它缺乏对“人类干预”的明确定义，而且用于确定黑猩猩攻击行为根源的统计方法也存在问题。

然而，有趣的是，研究报告称，就像在人类战争中一样，杀戮中 92% 的攻击者和 73% 的受害者都是雄性，其中 66% 都是一个族群受到另一个族群攻击的结果。也许我们和黑猩猩之间的共同点比想象中要多，又或许我们更该研究一下为什么倭黑猩猩能够做到如此平和。

蟋蟀

31. 交通噪声会影响蟋蟀求偶吗?

很多动物都会利用求偶声来吸引伴侣，许多研究表明，交通噪声和人类产生的其他噪声会干扰这一过程。2014年，一项研究考察了美国的树蟋蟀是否也会受这种影响，并公开发表了论文。

研究者录下了一些道路上的噪声，并在实验中回放，想看看这对雄蟋蟀发出声音和对雌蟋蟀接收声音有什么影响。由于雄蟋蟀发出的声音信号振幅较低，容易被交通噪声掩盖，所以研究员预计回放会导致它们的行为发生变化。

令人惊讶的是，他们发现在播放交通噪声时，雄性树蟋蟀的叫声虽然变得不那么频繁了，但信号特征并没有改变，而雌蟋蟀对鸣叫的反应则完全没有变化。研究者表示："由于树蟋蟀平时的交流环境中就有多种其他鸣虫，所以它们可能已经能够适应新的声音干扰源。"不过鉴于这样的意外结果，我们显然还需要做更多的研究。

鳄 鱼

32. 水果被鳄鱼吃掉会有好处吗?

2013年发表的一项对鳄鱼的研究结果得出了两个惊人的发现：第一，鳄鱼会吃水果；第二，这可能对水果有好处。

直到最近，鳄鱼还被认为是无法消化植物蛋白的纯肉食动物。但在研究者观察的18种鳄鱼中，有13种是吃水果的。这就引出了一个有趣的问题，被鳄鱼吃下肚是否对水果有利取决于它是否也是一种传播种子的有效方式。

被吃下的种子经常会长时间留存在鳄鱼的腹内，或被反刍，或通过消化道排出体外。虽然不知道这些过程会对种子活性及其最终归宿有什么影响，研究人员还是得出结论，认为鳄鱼很可能是种子传播的一种有效媒介。

恐 龙

33. 为什么有些恐龙的头上长着如此夸张的角或冠?

许多大型恐龙，例如三角龙，都有巨大的角、头冠或者颈褶，但这些夸张的结构有什么作用呢？人们给出了许多猜想：

- 它们可能是用来吸引配偶的。
- 它们可能是为了帮助恐龙识别与自己同一物种的成员。
- 它们可以充当与对手战斗的武器。
- 它们可以起到共振腔的作用，增加咆哮时的力量。
- 它们可能具有保护作用。
- 它们可能具有恒温功能，帮助控制体温。

至于其真正的功用，我们依旧毫无头绪。

34. 恐龙是如何交配的？

霸王龙和其他大型恐龙是如何交配的？在2012年和2013年，这个问题曾被古生物学家广泛讨论过，并得出了一些相互矛盾的结论。几年前，英国研究者贝弗利·霍尔斯特德博士曾表示："所有的恐龙都用同样的基本姿势进行交配。雄性从后面骑上去，把前肢搭在雌性的肩膀上，抬起一条后肢跨过它的背部，再把尾巴扭到它的下面去。"美国明尼苏达州学者克里斯季·库里·罗杰斯也持类似的观点。她指出霸王龙的阴茎大约有4米长，并说："最可能的姿势就是雄性在雌性后面和上面，从后面完成交配。任何其他的姿势都是难以想象的。"

但是，《我心爱的雷龙》的作者布赖恩·斯威特克指出，雌性恐龙无法抬起尾巴，因为它们尾巴顶端的骨头是融合在一起的。还有一个问题就是一些恐龙背上有足以致命的危险尖刺，对此，德国柏林的研究人员通过计算机重构得出的结论是，如果雄性钉状龙想从后面骑上去交配，那么它很可能会被阉割。

另一种观点是由美国生物学家小斯图尔特·兰德里在1994年提出的。在他看来，恐龙的体重太重了，所以无法在陆地上交配，如果它们试图这样做，就很可能会摔倒。他表示，恐龙一定是在泥坑或者水体中交配的。

小斯威特克指出了一个导致恐龙交配问题如此神秘的重要原因：“软组织很难在变成化石的过程中保留下来，所以我们还从未发现过阴茎的化石，但如果真的能找到，很多问题就迎刃而解了。”

35．恐龙的移动速度有多快？

计算恐龙移动速度的基本方法有三种，但实际上它们都不怎么靠谱。

第一种是形态学方法。包括参考现代动物的骨骼形状、肢体长度和其他身体条件，如姿态、四肢与躯干的角度，我们认为这些因素可能会影响它们的移动速度。然后我们将这些因素与动物已知的最高速度相关联，再用这些结果来预测像恐龙这样大小的动物的最高移动速度。这种方法的问题是，我们不知道在现代动物身上获得的结果是否能用在恐龙这样巨大的生物上。我们也不知道运动速度在恐龙的进化中是否像在现代哺乳动物的进化中那样重要。

第二种是生物力学方法。这是纯粹的工程学方法。如果我们知道恐龙的肌肉结构，就能估计出它们可以产生的力量，然后再弄清楚它们的体重，进而算出其移动速度。但是想要对6500万年前的化石进行肌肉组织的可靠估计，并非易事。

第三种是脚印测算法。通过观察恐龙留下的脚印并测量脚印之间的距离，可以计算出步幅，再将步幅与腿长比较，我们就能估计出其行进的速度。这个似乎是最可靠的方法——只要我们所测量的化石腿和留下的脚印属于同一个动物。但不幸的是，将恐龙脚印与恐龙骨骼相匹配是不可能的。

我们唯一可能说准的事情，就是电影《侏罗纪公园》里的霸王龙恐怕跑得太快了。

狗

36. 狗追自己的尾巴正常吗?

直到最近，狗追自己的尾巴都被认为是一种完全正常的行为，并且也给出了几个它们会这么做的原因：可能是因为无聊，或者有跳蚤，抑或突然看到平常视野外的东西时的自然反应。但在2012年，芬兰的研究员给出了另一种诊断：强迫症。

研究员对368名养狗的人进行了调查，结果显示追尾巴与胆小和害怕噪声之类的行为有关。研究还发现，给狗补充维生素可以减少狗追尾巴的行为。最后得出的结论是，狗追尾巴可能是一种心理健康问题，但遗传因素可能也起了一定作用。

37. 狗有推理能力吗?

古希腊人曾争论过狗是否具有推理能力。逻辑学家克利西波斯举了这样一个例子：一只狗在追踪它的猎物时，走到了一条三岔路口。狗嗅了其中两条路，但没有闻到气味，于是这只狗就直接走了第三条路，这显然是它判断到猎物没有走其他两条路中的任何一条，所以狗推断它的猎物一定走了第三条路。

1615年，英国国王詹姆斯一世在剑桥参与了一场关于狗的逻辑能力的辩论，而这个争论一直持续到今天。2014年，日本研究人员公布了一组奇特的实验的结果。实验对象是34只宠物狗。首先，给每只狗两个容器，其中只有一个盛有食物。两个容器都被洒了一些气味喷剂，确保它们有相同的气味，这样狗就无法从气味上分辨到底哪个容器里有食物。然后实验者会指出装食物的容器。等狗大概理解了实验规则，再让它们自己选择时，它们就会选择有食物的容器。实验的第二阶段还是有两个容器，但这一次，实验者会打开容器让它们看哪个有食物，然后再合上盖子，指着空的那个容器。最后的第三阶段是重复第一阶段的流程。

当研究人员比较第一阶段和第三阶段的狗的反应时，他们发现第三阶段时有很多狗都不像第一阶段那样遵循他们的指示了。研究人员总结说："狗很擅长理解人指东西的手势，但他们也能判断出人类给予的暗示是否可靠，并据此灵活调整自己的行动。"

也可能只是到了第三阶段后，狗狗们真的被搞糊涂了。想要得出结论显然还需要进一步的研究。

38. 狗最初是在哪里被驯化的？

狗和狼的基因之间存在相似性，说明它们有共同的祖先。但它们是什么时候分化的，第一批狼或狗是如何被驯化的，长期以来一直都存在争议。

其中一种理论认为，狗和狼的种族分化是在约 3.2 万年前东亚的某地开始的，但另一项研究得出的结论是狗在约 1 万年前才被驯化。当时的农业革命导致食物垃圾堆积如山，而狼开始在其中捡食。

最新的研究基于对狗和狼化石的线粒体 DNA 的分析，并将它们与现代的狗和狼的 DNA 做了对比，结论是现代犬类与欧洲化石的关系比亚洲化石更为密切。他们还总结说，大多数家犬最后的共同祖先是在 1.9 万年前，而它们和狼最后的共同祖先出现在大约 3.2 万年前。驯化一定发生在这两个时间点之间的某个阶段，但这依然为首次驯化的发生留下了 1.3 万年的空窗期。

当人们在比利时的戈耶洞穴发现了 3.2 万年前的犬类头骨后，这个问题就变得更加复杂。目前还不清楚这是早期驯化的尝试，同时象征着一个物种的灭绝，还是说这头骨来自未知种类的狼。

由于大多数最古老的欧洲犬类化石都约有 1.5 万年的历史，而最古老的亚洲犬类化石历史则不超过 1.3 万年，所以在这几千年间，我们不知道在犬类驯化的过程中发生了什么。

39. 狗会社会窃听吗?

人可以通过观察彼此之间的互动方式来获取对方的信息，比起显得吝啬的人，我们一般更喜欢和看起来慷慨大方的人交往。这种做法被称为“社会窃听”，而最近有两项研究，旨在探究狗和人交流时会不会做同样的事，最后却给出了截然相反的结论。

第一项研究是在 2011 年进行的。在实验中，研究者让狗看着两名研究人员从一个装着香肠的锅里吃麦片。接着第三位研究人员进入房间，请求吃一些麦片。其中一个吃麦片的人就和新来的人分享了他的食物，而另一个人则把他赶走了。随后把狗放进房间后，发现它更亲近慷慨的研究人员，显然是想吃掉研究人员不感兴趣的香肠。

但奇怪的是，研究显示，比起分享食物的行为，狗更容易受到研究员说话语调的影响。研究人员总结说：“我们发现狗能够‘窃听’人类分享食物的互动，而声音交流在体现人类的合作意图方面尤为重要。”

2014 年，研究者又做了一个相似的实验，但在实验进行到一半时，将两名研究人员的位置进行了调换，这是指相对于狗来说的位置。结果发现人坐的位置才是影响狗选择的关键因素，而不是人本身。因此结论是：这些研究结果并不能为证明狗的社会窃听行为提供证据。

40. 狗能分辨出男人和女人的声音吗?

研究表明，狗能区分出狗吠、其他动物的鸣叫声或非犬类发出的噪声，但它们能区分男性和女性的声音吗？为了解开这个问题，研究人员进行了一项实验。在实验中，一名男性和一名女性分别站在扬声器的两边，通过这个扬声器播放他们的声音。研究员让狗面朝这对男女和扬声器，观察它听到声音时会将头偏向谁。

有些狗的反应似乎表明它们能分辨说话人的性别，而另一些则不然。不出预料的是，比起只和一个人一起生活的狗，显然家中有三个或更多成年人的狗更容易找到“正确”的人。这种狗在80%的情况下都能做出正确的选择，而其他的狗在71%的情况下都会选错。也许是来自单人家庭的狗的疑心更重，所以会选择它们认为更安静的人；而多人家庭的狗则会将头偏向声音的来源。不过，它们的反应也可能跟发声人的性别完全无关。

41. 养狗的人会有更健康的孩子吗？

来自世界各国的研究都表明养狗有益于健康，遛狗时增加的运动量和社会互动被认为对健康有好处。但在2012年，美国研究人员在研究了老鼠的呼吸道疾病后，指出宠物狗和儿童健康之间存在更直接的联系。他们发现在养狗家庭产生的灰尘中生活的老鼠，会变得对呼吸道合胞病毒免疫。呼吸道合胞病毒是一种常见的感冒病毒，其症状包括流鼻涕和肺部发炎。它也是毛细支气管炎的主要病因，对早产儿和慢性病患儿可能有致命的危险性。

就像研究人员指出的那样，老鼠和人类不能一概而论。但研究结果表明，儿童的健康和与狗有关的细菌之间存在着直接联系。此前的研究也表明，养狗家庭的孩子患哮喘的可能性更低，呼吸道合胞病毒与其关联性可能有助于解释其中的原因。

42. 狗是怎么接飞盘的？

为了研究棒球和板球运动员如何接球，我们已经做过大量的实验。

从本质上说，这项任务需要快速预测球的速度和飞行路径，然后选择一条接球路线，以便在球落地前将其拦截。2004年的一项研究显示，狗接飞盘的方式也与此大致相同。

《心理学》（*Psychological Science*）杂志上发表过一篇名为《狗如何通过导航来接飞盘》的论文，论文作者称："在两只狗的头上安装微型摄像机，用来检查它们在接飞盘时的光学行为，结果发现狗使用的也是基于指示的导航启发式，就和以前在棒球运动员身上发现的一样。"具体来说，就是狗会采取"带有不变几何特性的简单控制机制"，其眼中的目标会"沿着线性光学轨迹作恒速运动"。

至于狗是否明白自己在做什么，那就是另外一码事了。不过板球和棒球运动员在接球的时候，可能也不知道自己脑子里在想什么。

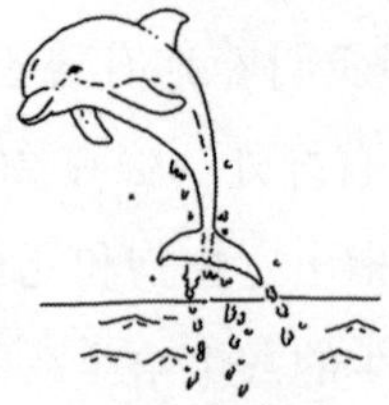

海 豚

43. 为什么鲸鱼和海豚能够忍受鲫鱼吸附在自己身上？

鲫鱼（又名吸盘鱼）与海豚和鲸鱼之间的关系可谓一言难尽。鲫鱼体长可超75厘米，头顶有长而扁平的鳍，看起来很像跑鞋的鞋底。这种鳍形成了一个抓握面，使它们能够附着在鲸鱼或者海豚身上。

至于它们在找到可以吸附的生物之前又是怎样生活的，我们就不太清楚了。但它们一旦吸到别的生物身上，得到的好处就显而易见了：它们会吸食宿主的血液，还可以免费搭乘"顺风车"，这样就有更多机会寻找配偶。而且它们的"新家"还可以保护它们免受鲨鱼等捕食者的伤害。

但问题就来了：这对鲸鱼和海豚又有什么好处呢？鲫鱼确实可以帮助处理伤口、去除死皮或者寄生虫，但和它们带来的烦恼与累赘相比，这些好处似乎微不足道。

比起成年鲸鱼和海豚，在它们的幼体身上发现的鲫鱼要多得多。但这究竟是因为鲫鱼更喜欢年轻的宿主，还是因为成体找到了摆脱它们的方法，我们就不得而知了。

44. 为什么有些海豚会使用海绵？

海豚可以被分为两种：使用海绵的和不用海绵的。这一重大发现是在 1997 年发布的，当时人们在澳大利亚海岸观察到一群宽吻海豚嘴里叼着海绵。进一步的调查显示，该地区超过一半的雌性海豚会这样做，而“海绵”最早出现在海豚身上至少是在 160 年前。

一种观点认为，它们携带海绵是为了保护它们的鼻子免受尖锐的石头、赤魟或觅食时可能遇到的其他危险的伤害，但最近又出现了另一种理论：携带海绵可以帮助它们找到不用海绵的海豚无法找到的食物。

研究人员调查了用海绵的和不用海绵的海豚的组织样本，发现两者的饮食结构完全不同。有人认为，携带海绵有助于海豚找到海底的鱼类。通常情况下海豚是很难找到这种鱼的，因为它们所在的区域会阻碍海豚的回声定位系统正常运作，但出于某种原因，携带海绵似乎对海豚有帮助。

45. 海豚为什么会失聪？

2010 年的一项调查报告显示，从美国佛罗里达州到加勒比海，海滩上出现的所有搁浅海豚里有近一半的海豚遭受了严重的听力损失。它们会被冲上海滩，究竟是因为听力不佳无法找到食物，还是因为失聪损害了它们的导航能力，我们还不得而知。

导致海豚失聪的原因也尚不清楚。有可能只是因为上了年纪，但船舶的噪声和军用声呐也被认为有影响。

大 象

46. 大象解决问题时有洞察力吗？

2006年，美国心理学协会发布了一项题为“亚洲象不具备洞察力”的专题研究。2011年，网络期刊《公共科学图书馆·综合》上发表了另一项研究，题目是“亚洲象可以有洞察力地解决问题”。那么大象究竟有没有洞察力呢？

前一个实验的内容包括训练大象从桶中取食。一开始桶是不加盖的，研究人员会给大象看里面的食物，然后训练它用鼻子取食。之后研究人员会给桶盖上盖子，然后训练大象扔掉盖子从中取食。最后，研究员会把盖子放在离桶不远的地上，这个时候大象就会先走到盖子旁边把它扔掉，然后再去桶里取食。研究得出的结论是，大象会盲目遵循训练内容，而不是通过逻辑推理来学习，并没有表现出洞察力。

后一个实验内容也包括让大象取食，但这次需要使用工具和方块，大象必须把它们堆起来并爬上去才能完成任务。如果动物能成功做到这些，就会被认为“符合有洞察力地解决问题的定义”。此外。研究人员还指出：“之前的研究没能证明大象有这种能力，可能不是因为大象缺乏认知能力，而是因为它们需要用鼻子拿着小棍作为潜在的工具，这会干扰象鼻作为感觉器官定位目标食物的功能。”

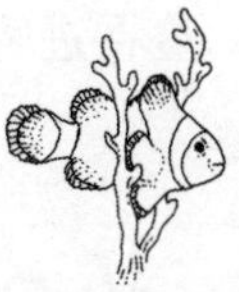

鱼

47. 为什么金鱼喜欢蓝色?

1966年，研究员曾训练金鱼分辨蓝色、绿色和红色的彩绘版，并报告称，金鱼很快就学会了分辨方法。他们还表示：“研究结果还发现金鱼更喜欢蓝色。”至于为什么会这样，我们尚不清楚。特别是结合后来的研究来看，幼年金鱼其实很难从绿色和红色中区分蓝色。

48. 鱼为什么会放弃插入式交配?

最近的研究表明，插入式交配的进化比我们之前认为的要早得多。约3.85亿年前，地球上有一种被称为“胴甲鱼”的鱼类，对其化石的研究表明，它们是第一批进化出体内受精器官的脊椎动物。它们的前肢也被认为是用来在交配时固定住配偶的。

虽然胴甲鱼灭绝了，但它们的后代似乎又恢复了体外受精，在很久之后又再次进化为插入式交配。这种明显的进化倒退在以前被认为是可能性极小的，甚至是不可能发生的，而鱼放弃插入式交配的原因尚不清楚。

49. 为什么黑旋风虾虎会把自己的幼鱼吞进嘴里再吐出来?

黑旋风虾虎是一种形似鳗鱼的奇妙的鱼类，它们生活在西太平洋的洞穴隧道或海岸礁石中，可以长到60厘米，成鱼似乎不会从巢穴里出来，而幼鱼白天会游到外面去吃浮游生物。成鱼会在隧道里觅食，清洁巢穴时会用嘴把巢里的碎屑收集起来然后吐到外面去。

人们经常发现成鱼还会把幼鱼吞进嘴里再吐出来，至于这种奇怪的行为有什么作用，我们尚不清楚。

青 蛙

50. 是什么杀死了 1754 年美国康涅狄格州温德姆镇的青蛙？

1754 年 6 月一个漆黑的夜晚，康涅狄格州温德姆镇的居民被一声可怕的尖叫惊醒。有人以为是被印第安人进攻了，有人觉得这是审判日的到来。许多人朝声音来源的方向开了枪，但没人敢冒险前去查看。

到了早晨，吵闹声渐渐消失，声音的源头也渐渐浮出了水面：磨坊池塘的岸边和通往池塘的小溪边布满了数百只（甚至可能有数千只）青蛙的尸体。从那时起，这一事件就被称为“温德姆青蛙大战（或温德姆青蛙大恐慌）”，现在温德姆镇上也立着许多青蛙纪念雕塑。

导致这一切的原因可能是该地区的干旱，使得当地的蛙群急需水源。至于是什么将如此多的青蛙吸引到了温德姆的这个小池塘，这里又是否真的爆发过青蛙大战，还是说它们只是死于疲劳和脱水，我们依旧不得而知。

大猩猩

51. 菲律宾真的有一种叫阿莫蒙戈的白化大猩猩吗?

英国有尼斯湖水怪，北美有大脚怪，尼泊尔有雪人，菲律宾则有阿莫蒙戈。据描述，阿莫蒙戈是一种大型类人猿，或有长指甲的白化病大猩猩，和人类体形相当，据说生活在坎洛安火山脚下附近的洞穴里。

人们普遍认为阿莫蒙戈是一种神秘的生物。而在 2008 年，至少报道了两次目击事件后，阿莫蒙戈再次成为新闻热点。其中一个报道称阿莫蒙戈袭击了山羊和鸡并吃掉了它们的内脏；另一个报道称它攻击了人类，其中一人因身体多处被抓伤而受到治疗。

52. 大猩猩基本都是右利手吗?

为什么大多数人类都是右利手，这一直以来存在争议的问题。来自尼安德特人牙齿的证据表明，这种偏好在我们进化的早期就已经存在。为了弄清这一现象到底有多早，人们对类人猿和猴子的利手习惯也做了大量的研究。根据报告，黑猩猩、大猩猩和倭黑猩猩都有右利手倾向，而红毛猩猩则主要是左利手。

一些研究报告称，大猩猩在这方面是最接近人类的，约有 90% 的大猩猩都表现出了右利手倾向，不过也有人对此表示怀疑。大多数研究都是在圈养的大猩猩身上进行的，在证明右手偏好方面，野生大猩猩通常没那么有说服力。有说法认为，被圈养的大猩猩并没有表现出自然的利手偏好，而是在模仿研究人员或其饲养员的用手方式。

我们很想看到仅针对左利手饲养员饲养的大猩猩的研究，希望能对解决这个问题有所帮助。

豚 鼠

53. 豚鼠能在多大程度上保有个性？

在许多网站上，我们可以看到养豚鼠的人普遍认为自家宠物有很鲜明的个性，但动物行为学家们对此存疑。如果想要有个性，动物必须表现出不同于同类中其他个体的行为模式，且随着时间推移也能保持稳定。2013年开展的一项研究对成年雄性豚鼠的社会行为和情绪进行了两次调查，前后相隔8周，分别在两个场合进行。对比两次调查之后，研究人员发现豚鼠在社会行为方面存在个体稳定性，在情感行为方面则不然。

研究人员表示，他们的研究结果表明“动物性格的概念也适用于家养豚鼠”。但如果缺乏情感因素，那么豚鼠的个性表达似乎也是有限的。

袋 鼠

54. 巨型袋鼠的体型会大到无法跳跃吗？

直到大约3万年前，一种巨型袋鼠（sthenurines）漫步在澳大利亚，而人们对它们是如何行走的一直存在争议。对现代袋鼠的研究表明，如果移动速度超过 29 千米每小时，那么跳着跑对它们来说是最省力的。然而，巨型袋鼠的体重是现今体型最大的袋鼠的 3 倍，而最近一项对现代物种和已灭绝物种的骨骼的研究表明，比起跳跃，巨型袋鼠可能更适合走路。

该研究的作者认为，巨型袋鼠用于弯曲脊椎的肌肉太少，所以无法有效地跳跃。他们得出的结论是，随着袋鼠体型的增大，它们会开始用两足行走，而不是弯腰弹跳。但如果这是真的，那新的问题就出现了：袋鼠的体型最初为什么会进化到能影响其主要移动方式呢？

狐　猴

55. 为什么肥尾矮狐猴会冬眠？

肥尾矮狐猴是已知的唯一会冬眠的灵长类动物。2013 年发表的研究表明，它也是目前已知的唯一会在冬眠时完全沉睡的动物，也是目前已知的唯一冬眠的热带哺乳动物。其他动物在冬眠时，新陈代谢会近乎停止，进入休眠状态。而狐猴则是正常入睡，新陈代谢仍会进行。与其他动物不同，狐猴冬眠似乎是为了适应干旱、食物和水资源匮乏，而不是因为寒冷。在 6 个到 7 个月的冬眠期里，它们靠尾巴里储存的脂肪为生。更不寻常的是，它们的体温在冬眠期间并不是保持在较低水平，而会有相当剧烈的波动。

最近人们也发现了其他会冬眠的狐猴，但它们的冬眠性质更接近别的哺乳动物。马达加斯加的肥尾矮狐猴是如何进化出这种独特的行为的，又是什么使它们决定蜷在树上沉睡半年之久，目前我们还不清楚。

豹

56. 豹子为什么要杀死它们的幼崽?

最近，南非克鲁格国家公园一项为期 13 年的调查显示，在研究人员记录的 280 只死豹幼崽中，有 45 只是被雄豹杀死后吃掉的。虽然也有雌豹吃掉幼崽的记录，但这种情况十分罕见。那么这种行为有什么进化优势呢？相关的理论有以下几种：

- 它们可能是被食物短缺所驱使。
- 它们可能是为了将家族规模维持在可控范围内。
- 它们也许是出于压力才这么做，而这种压力可能是由人类活动造成的。
- 它们可能就是生性好斗，幼崽只是被成年豹之间的打斗波及而死。
- 雄性可能会杀死潜在配偶的幼崽，为自己将来的后代提供更好的生存机会。

考虑到大多数幼崽都是被雄性杀死，最后一种理论的可能性是最大的。吃掉幼崽获得的营养只是杀戮带来的投机取巧的副产品。但如果雌性单纯是不太愿意杀死幼崽的，那么另外几个理论也同样说得通。

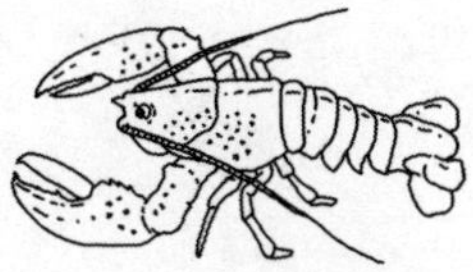

龙　虾

57. 龙虾的寿命有多长?

龙虾的寿命很长。很长一段时间内，有些人甚至认为龙虾根本不会死。它们好像不会变老，也不会随着年龄的增长丧失体力或是繁殖能力。原因似乎在于龙虾的一个习性，即它们会频繁蜕壳，然后长出新壳。这种换壳活动使得它们能够在生长的同时更新自身可能容易老化的部分。

然而，这种换壳过程也使得估算龙虾年龄变得十分困难。与树木和其他动物不同，龙虾没有明显的生长年轮，比如在恐龙骨骼和鱼鳞上都有所发现，这些年轮标志着它们的生长年份。直到最近，判断龙虾年龄的最佳方法还是以体型为依据：将其体重的磅数乘以 4，再加上 3，就能得到其年龄的近似值。

然而，在 2012 年，一种更为科学的估算龙虾年龄的方法开始发展起来。尽管蜕壳破坏了龙虾的外骨骼和身上所有坚硬的部位，而这些部分通常带有年龄的痕迹，但我们可以从它们的眼柄和胃里用来磨碎食物的胃磨上发现年轮。从龙虾大脑里神经脂褐素的堆积也能看出它们的年龄。不过专家们还在就这些方法的可靠性进行研究，以确定通过这种年轮测量出的代谢年龄是否与实际年龄相关。

随着龙虾体型的增大，蜕壳就需要越来越多的体力，最终它们会停止蜕壳并死亡，所以龙虾肯定不会长生不老，但它们的寿命到底有多长还不得而知。1977 年，人们在加拿大新斯科舍省捕获一只重达 20 多千克的龙虾，按照之前的公式，这只龙虾被捕时至少已经活了 179 年了，不过当时并没有人数它眼柄上的年轮。

哺乳动物

58. 为什么只有胎盘类哺乳动物有胼胝体?

哺乳动物分为三类：单孔类哺乳动物，如鸭嘴兽和针鼹，它们会产卵；袋类哺乳动物，如袋鼠和考拉，它们有育儿袋；胎盘类哺乳动物，如人类和老鼠，这类哺乳动物在胎盘内滋养胎儿直到其完全发育。所有胎盘类哺乳动物（并且也只有此类哺乳动物）的大脑分为左右大脑半球，并由称作“胼胝体”的神经纤维束连接在一起。

人们认为，哺乳动物于6500万年至1亿年前进化为上述三种类型，胼胝体大概也就是在这个时期进化的。那么胎盘的进化是否在某种程度上与胼胝体的进化有关呢？

目前还没有人提出这两者之间的联系，但所有哺乳动物中，要么两者都有，要么两者都没有，这一事实似乎需要一个解释。

狐獴

59. 狐獴为什么停止乞食?

狐獴幼崽会发出乞食声，而成年狐獴则会以带给它们食物作为回应。最终，小狐獴不再乞食，成年狐獴不再给它们带食物，小狐獴也开始自己寻找食物。人们认为小狐獴停止乞食的原因可能有以下三点：

- 成年狐獴认为是时候让孩子们独立了，所以不再回应它们的叫声。
- 小狐獴认为，如果它们自己觅食的话，可能会有更多的选择。
- 小狐獴只是单纯地失去了发出乞食声的能力。

2008 年的一项研究显示，放一段狐獴幼崽乞食声的录音，已经停止给小狐獴带食物的成年狐獴又会继续给它们带食物。这说明并不是成年狐獴强迫幼崽开始觅食的。研究人员还发现，随着年龄的增长，幼崽的乞食声也会有所不同，而成年狐獴对年龄较小的幼崽发出的叫声反应更大。他们总结道："我们认为年龄较大的幼崽无法发出能刺激成年狐獴的乞食声。"

60．狐獴会说些什么？

狐獴用大约 30 种不同的声音来相互交流。它们会唧唧叫、尖叫、低吼，甚至还会呜呜叫。它们似乎在满足的时候呜呜叫，在寻找食物的时候低吼，在不安的时候持续唧唧叫，在有危险的时候尖叫。还有种种迹象表明狐獴能够识别彼此的声音。

狐獴也通过气味和姿势进行交流，但它们的语言中至少有 30 个单词，而且记录下来的每句话里明显包含 1 个到 4 个音节，所以它们一定有能力传达相当详细的信息。我们只是还没有学会它们的语言而已。

鼠

61．家鼠是乘囚犯船到达澳大利亚的吗？

1770 年，詹姆斯 · 库克宣称澳大利亚是大英帝国的一部分。1788

年，英国运送罪犯的船开始抵达植物学湾。然而，荷兰探险家早在 1606 年就已经发现了“新荷兰”（即现在的澳大利亚），那么，家鼠究竟是英国人还是荷兰人带来的，还是说它们在欧洲人到来前就已经从亚洲来到澳大利亚了？

2011 年，人们分别对澳大利亚、英国和荷兰家鼠的线粒体 DNA 进行了研究，并将研究结果相互比较，也同日本家鼠进行了比较。结果显示，比起亚洲老鼠，澳大利亚家鼠与欧洲家鼠有更多的相似之处，并且有强烈的迹象表明它们属于英国品种而非荷兰。

研究人员表示，该分析“并不完全排除荷兰是澳大利亚家鼠来源地的可能性”，但是“在我们拥有更大的样本量以及更详细的基因数据之前，澳大利亚家鼠源自不列颠群岛是对我们研究结果最合理的解释”。

我想，也有可能是英国家鼠在英国船队到达澳大利亚之前，就已经设法登上了荷兰的船只，并乘坐它们来到了澳大利亚。

62. 老鼠喜欢粪便吗？

或者，换一种委婉的问法，野生老鼠有避开粪便的卫生习惯吗？这是 2013 年的一篇研究论文中提出的问题，该论文研究了野生老鼠是否会采取措施，以规避接触同类物种的粪便所带来的潜在健康风险。据观察，实验室老鼠会远离这种粪便，但几乎没有在野外进行过同样的研究。

接触粪便会传播寄生虫并导致感染。然而，粪便可能也会成为某种向导，指引其他老鼠成功觅食或是找到安全的筑窝点，因为有粪便就表明同类的其他成员已经来过这片区域。

研究结果表明，与实验室的同类相比，野生老鼠并没有表现出对粪便的回避。事实上，它们更喜欢靠近粪便，甚至不去区分有寄生虫寄生和未受感染的样本。

保持健康显然是一种良好的行为策略，但就避开粪便而言，找一个地方吃好睡好似乎更重要。

猴　子

63．卷尾猴之间会进行性交易吗？

在 2005 年美国耶鲁大学的一项经典实验中，研究人员教卷尾猴用代币换取食物，看它们是否能理解金钱的概念。结果显示，它们不仅能理解这一概念，而且能像人类一样明智地做出经济决策。

然而，其中一名研究人员报告说，看到一只猴子用代币换取性行为，并且雌猴在收下代币之后，用其换了一颗葡萄，这便进一步证明了它们当时是知道自己在做什么的。

遗憾的是，这条研究路线并没有继续下去，因为研究人员觉得把猴子实验室变成“妓院”可能不太符合他们的研究伦理。因此这是目前已知的唯一一个猴子之间进行性交易的例子。

64．卷尾猴为什么说谎？

2009 年人们进行了一项实验，测试卷尾猴是否会为了得到更多的食物而对其他猴子撒谎。具体来说，研究人员想看看这些猴子是否会发出欺骗性警报声，以引诱地位较高的猴子离开餐桌，这样它们就能霸占更多的食物。

实验方式为，给猴子们提供几盘香蕉片，然后计算它们发出的警报次数。实验人员预测：

- 地位较低者发出的欺骗性警报次数要比地位较高者发出的多。
- 当食物的放置点较少时（更容易引起对食物的争夺），警报声会更频繁。
- 食物越少，警报声会越频繁。
- 当猴子所处位置很容易抓取食物时，它们就会发出警报。

除了第三条的实验结果在统计上不显著，其他预测都得到了证实。

研究人员总结道："实验结果基本支持了这一假设，即卷尾猴通过发出警报声来减少食物的竞争。但它们是否是有意发出警报的，还需要进一步调查。"换句话说，我们还不确定它们是否是故意说谎的。至于卷尾猴是否会在性交易上撒谎，这个问题十分复杂，只有未来的研究才能解决。

飞　蛾

65. 为什么飞蛾会飞向灯光？

大多数试图解释这一现象的人认为，这与靠星星或月亮导航有关。我们知道，有几种昆虫是通过一个被称为"横定向"的过程来进行导航的，在这一过程中，它们与远处的光源保持一个恒定的角度。然而，当光源离它们很近时，据说会让其完全偏离方向。如果你设法保持自己和月亮或星星之间的角度恒定，那么或多或少会走一条直线，但如果将对象换成灯泡，你就会绕着它打转。

然而，从进化论的角度看，这种解释就遇到了麻烦。灯泡可能是一个相对现代的发明，飞蛾还没有时间去适应，但人类生火已经有10万年左右的历史了。我们都能想到，往火里飞肯定会导致飞蛾的灭绝。

在发现雌蛾的信息素会发出微光后，有人提出了另一种相当奇怪的观点。雄蛾被光吸引是不是因为光让它们想起了雌蛾的性激素？它们是不是想要与我们的蜡烛和灯泡交配？如果雌蛾的信息素和此类人造光源发出的光的频率相同，也许还有这种可能，但它们的频率完全不同，所以这似乎不太可能。

章 鱼

66. 章鱼是如何认出彼此的?

当两只章鱼第一次相遇时，它们会用触手上的吸盘相互触碰。如果这两只章鱼不久后再次相遇，它们就会远离彼此。2011年发表的一项研究利用了这种行为来观察章鱼是否能认出彼此。

实验的第一阶段是将章鱼成对地放在水箱中。它们会像预期的那样靠近对方，用触手感觉对方，然后分开。第二天，再次将这些章鱼成对地放在一起，但其中一些是与前一天碰过面的章鱼放在一起，而另一些则与不同的章鱼放在一起。研究发现，比起与前一天见过的章鱼放在一起，与新章鱼待在一起的实验对象更有可能去接近并感受对方。研究还发现，那些换了新同伴的章鱼更有可能喷射墨汁，这是它们感受到威胁的一种迹象。

结论是，章鱼确实能够认出之前遇到的其他章鱼，但它们是如何识别的尚不清楚。有趣的是，触觉似乎在它们的熟悉过程中起着重要作用，但在识别过程中没有发挥作用。研究人员认为，它们的触觉、视觉和嗅觉可能都起到了作用。

水　獭

67. 水獭在说些什么?

2014年，一份关于巨型水獭叫声的声学分析报告称，巨型水獭的叫声是“复杂的声乐表演”，其中包括成年水獭发出的22种不同声音，以及新生水獭发出的11种不同声音。它们吠叫、嚎叫、鸣叫、咆哮或低哼，发出可以彼此识别的乞食声、求偶声或孤独的叫声（当它们离群时）。新生水獭发出的声音则被视为“成年水獭表演曲目的引子”或“咿呀学语”。

通过比较水獭和其他海洋或河流生物的叫声，研究人员得出结论：“巨型水獭的社会复杂性似乎反映在它们叫声的复杂性上。”它们对不同叫声的分析似乎主要是提供了声音类型与社会行为类型之间的一般联系，而不是对水獭声音交流的本质提供更精确的见解。

它们拥有22种不同的叫声，所以彼此间应该可以进行很多的交流，但我们还是不知道它们具体说了些什么。

熊　猫

68. 爱丁堡动物园的大熊猫在 2014 年流过产吗?

2014 年 4 月 13 日，英国爱丁堡动物园的大熊猫“甜甜”接受了人工授精。8 月，动物园宣布，检查结果确认“甜甜”怀孕了，预计 9 月初会产下一只幼崽。然而，9 月 1 日又宣布，它看起来好像根本没有怀孕，一定是流产了。而 9 月 22 日爱丁堡动物园宣告说，“甜甜”产崽无望，现在根本没有证据表明它曾经怀孕。大熊猫专家说，他们被平时所依赖的数据误导了。甚至有人认为，“甜甜”为了获得更舒适的生活条件而伪造了自己的激素水平。

那么到底发生了什么? 前一年，在一次被认为成功的交配后，也发生了类似的事情。“甜甜”被宣布怀孕；然后，就在幼崽预产期，其激素水平又恢复正常，于是被宣布流产。后来，据说“甜甜”并没有流产，而是“重新吸收了胎儿”，显然熊猫有时确实会这样做。

如果数据会对熊猫是否怀孕的判断产生误导（甚至直到预产期），那么如何依靠其判断它是否流产，是否重新吸收了胎儿，或者是否从一开始就没有怀孕呢?

69. 大熊猫的妊娠期有多长?

另一件关于熊猫怀孕的奇怪之处是“延迟着床”。几乎与其他所有哺乳动物的妊娠都不同，大熊猫的受精卵不会立即着床在母体的子宫壁，而可能会留在其阴道里，两个月或更长时间内都不会发育。正因为如此，我们不能说我们可以确切地知道大熊猫实际的妊娠期有多长。根据对熊猫成功分娩案例的观察，我们只能说从交配到分娩，整个过程在95天到160天以内。

穿山甲

70．穿山甲鳞片的进化起源是什么？

鸟类长有羽毛，爬行动物长有鳞片，哺乳动物长有毛发或皮毛。那么穿山甲呢？穿山甲不仅是世界上最可爱、最濒危的动物之一，也是最神秘的一种动物，因为它是唯一一种全身长满鳞片的哺乳动物。这些鳞片可以作为一种非常有用的防御机制，因为它们能让穿山甲在受到威胁时蜷缩成一个球，重叠的锋利鳞片便构成了一层无法穿透的外壳，将其身体完全覆盖。穿山甲的英文名“pangolin”实际上源自马来语“pengguling”，意为“卷起来的东西”。然而，从进化的角度来看，穿山甲的鳞片从何而来仍有待研究。

羽毛、鳞片和毛发主要是由各类角蛋白构成的，指甲、爪子和喙也是如此。人们认为鸟类的羽毛是由恐龙的鳞片进化而来的，而穿山甲的鳞片则是反向进化的结果。然而，由于穿山甲既不是鸟类也不是爬行动物，关于它们长出鳞片，然后变成哺乳动物，或者说是在保持自身鳞片的同时变成哺乳动物（没有其他哺乳动物是这样的）的想法，似乎需要某种解释。

对穿山甲鳞片中角蛋白类型的研究引出了另一种观点，即它们的鳞片不是源于压缩的羽毛，而是源于指甲或爪子，但这就又提出了一个问题：为什么穿山甲是唯一一种会玩这种“把戏”的哺乳动物？

71．穿山甲是剑龙的后代吗?

美国遗传学家尤金·M. 麦卡锡在他的网站（www.macroevolution.net）上提出了一个关于穿山甲鳞片的完全不同的理论。他首先针对人们对剑龙外形的共识提出异议。“我们所熟悉的剑龙图像，”他说，“呈现的是这样一种生物——尾巴带有尖刺，脊柱上长有直立的骨板。”但他继续指出，这样的图像是在零散残骸以及人们猜测基础上的一种重建。他说:“假设……这些骨板实际上是以重叠的方式平铺在皮肤上的。”他指出这样的构造可以更好地防御捕食者。再假设“尾巴”上的尖刺不是在尾巴上，而是脚上巨大的爪子。“这样的动物看起来怎么样？”他问，然后给出了答案，“很明显，它和现存的穿山甲非常像。”

剑龙的牙齿很小，穿山甲根本没有牙齿，它们都是通过在胃里磨碎食物来进行消化的。他还列举了其他相似之处，但最重要的一点是，迄今发现的最小的剑龙只比最大的穿山甲化石稍大一点。也许剑龙根本没有灭绝：它只是变得更小了，作为一种矮小的物种幸存了下来，变成了我们现在称为穿山甲的动物。

72．蟒蛇经常以穿山甲为食吗?

除了这些进化问题，我们对穿山甲还有很多不了解的地方：

- 还有多少穿山甲在野外生存?
- 穿山甲正常的雌雄比例是多少?
- 穿山甲的妊娠期是什么时候?
- 对于已知的 8 种穿山甲，这些问题的答案有何不同?
- 亚洲穿山甲和非洲穿山甲，哪种更早出现?

2007 年，新加坡国立大学开始有人探索这种难以捉摸的生物。为了获得理学硕士学位，诺曼·迪龙·林捕获了 21 只马来亚穿山甲（也称“爪哇穿山甲”或“巽他穿山甲”），给它们装上无线电发射器，然后把它们放回野外。不幸的是，有17个发射器掉落或被穿山甲摆脱，最后只留下了4只穿山甲样本可供追踪。

17个丢弃的发射器中，有一个后来经追踪被发现在一条网纹蟒的胃里，并且胃里还残留着穿山甲的鳞片，说明蛇已经把这个可怜的小家伙给吃掉了。林写道："目前还不清楚蟒蛇是否能够盘绕并收紧蜷缩着的穿山甲。"他引用了早期的一项研究报告，此报告是基于对苏门答腊岛1070条网纹蟒胃中残留物而做的考察，他说其中有229条网纹蟒的胃中残留物可以识别，其中观察到内有穿山甲残留物的只有6条，有田鼠的148条，有长尾大老鼠的31条，有银叶猴的11条，有家养鸡的8条。于是得出结论："目前还不清楚蟒蛇捕食穿山甲在野外是否常见。"

事实上，到目前为止最常见的捕食者其实是人类，是人类导致8种穿山甲都被列为濒危物种，他们非法捕获穿山甲卖到越南，在那里人们将穿山甲肉视为一种珍贵的美味佳肴，或者是将它们的鳞片卖到其他国家，用作药材。

企鹅

73．为什么冠企鹅要把第一枚蛋踢出巢？

冠企鹅一次会生两枚蛋，通常第二枚蛋会比较大。如果它们都能得到孵化，那么第二枚通常会先孵化，或者与另一枚同时孵化，并且生出更大的雏鸟。然而，在大多数情况下，第一枚蛋在孵化前就被成年企鹅踢出了巢。

以直立冠企鹅为例，第二枚蛋平均比第一枚大81%，几乎所有直立冠企鹅父母都会在第二枚蛋生下来的时候丢掉较小的第一枚蛋。第一枚蛋的意义是什么，以及是什么进化怪癖导致了这一现象尚不清楚。也许，在某些阶段，企鹅的蛋容易受到捕食者的攻击，所以多生一枚蛋是一种很好的生存策略，但我们并没有证据证明这种猜测。

种　子

74. 种子能存活多久?

园丁们都知道，如果种子储存在低温干燥的环境中，可以存活数年，但 2005 年以色列科学家宣布，他们已将一粒种子培育成了一棵椰枣树，而放射性碳年代测定结果显示，这粒种子已有 2000 年的历史。在此约 10 年前，有报道称一株中国莲花是由一粒保存了 1288 年的种子培育而成的。

椰枣树的种子是在挖掘过程中发现的，所以它一直保存在低温条件下，远离阳光和空气，而莲花的种子则一直保存在草炭[①]中。莲花很容易发芽，但其幼苗生长畸形，这可能是土壤中的放射性物质造成的损害。

这些例子表明，种子确实可以存活很久，但确切的存活时间还未知。

① 草炭是沼泽发育过程中的产物，又名“泥炭”。——译者注

鸭嘴兽

75．为什么塔斯马尼亚的鸭嘴兽要比北澳大利亚的鸭嘴兽大得多？

澳大利亚塔斯马尼亚岛上的鸭嘴兽要比澳大利亚大陆上的鸭嘴兽大得多，但澳大利亚北部的鸭嘴兽通常比南部的鸭嘴兽还要小。为什么会这样？解答这个问题对于很多动物来说都很重要，不仅仅是鸭嘴兽。

1847年，德国生物学家卡尔·伯格曼提出，来自寒冷气候的物种比来自温暖气候的同一物种要小，这是一条普遍规律。它似乎可以解释澳大利亚大陆上的鸭嘴兽和塔斯马尼亚岛上的鸭嘴兽之间的体型差异，但似乎不适用于澳大利亚大陆不同地区动物的体型差异。1986年，乌克兰籍美裔环保主义者瓦列里乌斯·盖斯特认为伯格曼总结的规律是不正确的。重要的不是气温，而是生长期的食物供应。

然而在2012年，一项研究比较了不同地区鸭嘴兽的体型并得出结论，影响鸭嘴兽体型的主要因素是降雨，体型较大的鸭嘴兽通常生活在降雨量较少的环境中。显然，环境对鸭嘴兽体型的影响比想象中更复杂。

76．为什么鸵鸟的睡眠状态和鸭嘴兽很像？

大多数哺乳动物或鸟类睡着后，会表现出两种不同的睡眠状态：慢波睡眠和快速眼动睡眠。慢波睡眠的脑电波特征是高振幅的慢波；快速眼动睡眠的脑电波特征是低振幅的快波，且伴随着眼球的快速运动。然而，鸭嘴兽和针鼹等卵生哺乳动物只有一种单一的睡眠状态，但是结合了慢波睡眠和快速眼动睡眠的特征。

2011 年，人们发现鸵鸟有自己的睡眠模式。像在其他鸟类和哺乳动物身上观察到的那样，鸵鸟的快速眼动睡眠伴随着眼球的快速运动，但与此同时，它们的前脑活动会在快速眼动睡眠的快波和类似慢波睡眠的慢波之间切换，与鸭嘴兽十分相像。

为什么只有鸵鸟和鸭嘴兽睡着后有这样的大脑活动，而它俩还是完全不同的动物，这是一个未解之谜。

北极熊

77. 雄性北极熊会跟随雌性的足臭寻找配偶吗?

北极熊是独居动物，长期以来，人们一直在猜测它们是如何寻找配偶的。据了解，在交配季节，雄性会循着雌性的踪迹走上 160 千米甚至更远，人们推测，气味在其中起到了一定作用。2015 年发表的一项研究表明，在这个过程中，足臭可能非常重要。

研究人员用棉签从北极熊的足部采集了气味样本，对动物园里的许多北极熊进行观察并看其反应。研究发现，在春季，雌性更倾向于靠近足臭味。而雄性通过性别和繁殖条件来区分气味供体。

然而，足臭是否是雄性北极熊择偶的主要依据，这个问题还没有答案。

78. 污染物会危害北极熊的阴茎吗?

2015 年，一篇论文占据了各大媒体的头条，内容是关于污染物可能会对北极熊的阴茎骨密度产生的影响。“污染物会危害北极熊的生殖器吗？”他们问道。“化学污染会导致北极熊的阴茎断裂”“北极熊的阴茎正在萎缩”，他们写道。但这是真的吗？

这篇论文背后的研究发现，北极熊的阴茎骨密度与其脂肪中叫作“多氯联苯”的有机化学物质的含量呈负相关。没有任何机制可以解释这种化学物质是如何影响骨密度的，也没有任何证据表明骨密度低会更容易骨折，并且在调查中并没有发现北极熊阴茎骨折的例子。

鼠海豚

79. 鼠海豚会挑选自己的朋友吗？

据了解，鼠海豚并不是标准的群居动物，1999年的一份报告指出，它们的母子组合可能是唯一稳定的社会单位。然而，这一发现是基于对水面上的鼠海豚的观察，2011年的一些研究监测了其水下行为，并对这一发现提出了质疑。

研究人员对6只鼠海豚的潜水行为进行了记录，以观察它们是否会表现出某种模式，暗示它们更偏好于与哪一只一起潜水。研究发现，相比其他配对的潜水伙伴，有两种组合一起潜水的频率更高，而且这两对一起潜水的时间也更长。其中一对是未成年雌性和成年雄性，另一对是雄性幼崽和成年雄性。

研究人员得出结论：“某些个体之间即使不存在母子关系，也会一起行动。”然而，这项研究的对象只有6只鼠海豚，在我们得出鼠海豚会挑选朋友的结论之前，显然还有更多的工作要做。

老 鼠

80. 给老鼠挠痒痒会让它变得乐观吗?

给老鼠挠痒痒的科学研究始于20世纪90年代，当时美国马萨诸塞州的一项研究发现，当老鼠看起来很开心的时候，它们会发出类似于人类笑声的超声波。这就很自然地引出了这样的问题：给老鼠挠痒痒的时候，它们会笑吗？与它们开心的时候发出的笑声是一样的吗？实验表明答案似乎是肯定的。

下一阶段是观察与笑相关的积极情绪是否会像影响人一样影响老鼠。尤其是，笑能让老鼠变得更乐观吗？2012年，为了探索这个问题，人们设计了一个巧妙的实验。

首先，实验人员训练老鼠分辨两种声音。听到任意一种声音后，老鼠面前都有一个控制杆可以按压。对于其中一种声音，按下控制杆会得到食物作为奖励；而对于另一种声音，如果它们按下控制杆，就会遭到痛苦的电击。然后实验人员将这些老鼠分为两组：给其中一组挠痒痒；对于另一组，触摸它们而不给它们挠痒痒。最后，将老鼠放回有声音和控制杆的装置中，但是现在给它们播放的声音介于它们之前训练时听到的两种声音之间。那么，它们是持乐观态度，按下控制杆，还是持悲观态度，不按控制杆呢？

结果显示，被挠痒痒的那组老鼠按控制杆的次数明显多于没有被挠痒痒的那组。实验人员将此看作挠痒痒和笑能激发老鼠乐观情绪的证据，不过其他解释也是有可能的。例如，可能是被挠痒痒的老鼠更加信任实验人员，而被触摸的老鼠则不信任他们。在这个问题上，显然还需要进一步地研究并继续给老鼠挠痒痒。

81．为什么跳鼠不在月夜外出？

根据“月光回避学说”，小型哺乳动物不会在月光明亮的夜晚出来觅食。这似乎讲得通：天色越暗，捕食者发现它们的可能性就越小。事实上，人们觉得这个说法非常有道理，所以之前一直没有人费心去验证，直到最近，研究结果表明事情并非如此简单。

2013年在美国大盆地沙漠的一项研究表明，大多数小型哺乳动物在明亮的月夜和在其他时候一样活跃。唯一一种似乎遵循“月光回避学说”的哺乳动物是跳鼠，这是一种巨大的啮齿动物，用两条腿跳来跳去。

有一种说法认为，跳鼠比其他啮齿动物的体型更大，通常可以打败它们，并抢走食物。因此在月夜，跳鼠可以安心地待在家里，而其他动物由于食物耗尽，不得不冒着风险外出。另一种说法是，小型哺乳动物的捕食者本身也是大型动物的猎物，所以它们也会避开明亮的月夜以免被发现，这样小型哺乳动物外出就安全了。

然而，在美国新墨西哥州等其他地方的研究却显示，跳鼠在月夜外出要比在黑暗的夜晚更为频繁。显然，月光对啮齿动物行为的影响比我们想象的要复杂得多，并且除了光线之外，还取决于更多因素。

蝾　螈

82．成年蝾螈的四肢是如何再生的？

如果成年蝾螈失去了四肢或尾巴，它还能再长出新的。蝾螈是唯一能以这种方式再生四肢的脊椎动物。近年来，人们进行了大量的研究，试图发现是什么让它们如此特别，但至今还没有得出结果。

当人类胚胎在子宫中发育时，其干细胞会分化为身体不同部位具体类型的细胞。然而，出生后不久，我们就失去了创造“万能细胞”的能力，这种细胞可以被送至任何缺失部位的区域，发育为任意所需细胞。这基本上就是蝾螈所做的事，其过程非常复杂。不仅需要动物将“万能细胞”输送到受影响的区域，而且当细胞到达时，它们必须识别自己的位置，这样才能知道该发育成什么细胞。

近来人们发现了一种叫作“细胞外调节蛋白激酶”信号通路的结构，它在这一过程中发挥了重要作用。细胞外调节蛋白激酶信号通路是将信号从细胞表面传导至细胞核的关键，而细胞核中含有细胞的遗传物质。细胞外调节蛋白激酶信号通路在成年哺乳动物体内不是很活跃，如果该通路在蝾螈体内关闭的话，它们将失去再生四肢的能力。

为何蝾螈能够保持该通路开启而人类却做不到，这一定是解释它们再生能力的一个关键问题。

鲑 鱼

83. 鲑鱼是如何游回其出生地产卵的?

鲑鱼在河里出生后，会游向大海，在那里待上两三年后，再回到其出生地产卵。然而它们是如何找到回家的路的？这一直是个谜。2013年，美国俄勒冈州立大学的一项研究表明，地球磁场可能起到了一定的作用。

他们研究了56年的渔场数据，这些数据监测了红鲑鱼返回加拿大不列颠哥伦比亚省弗雷泽河的情况。为了回到河里，它们必须在加拿大温哥华岛周围选择一条路线。研究发现，它们选择北方还是南方的路线与地球磁场的变化有关。研究人员得出结论，可能是鲑鱼远行时将某种磁场地图铭记于心，因此它们选择了最近地图的线路。然而，离目的地多远时地磁数据才有用，目前还不清楚。人们认为鲑鱼也有可能利用太阳作为指南针，还有可能会利用次声追踪拍打在海滩上的海浪，或是利用它们的嗅觉。

鲨 鱼

84．大白鲨的寿命有多长?

众所周知，我们很难说出鲨鱼的年龄。人们曾试图计算它们椎骨上的生长纹，但不知道这些纹路是否每年都会沉积。据了解，圈养鲨鱼的寿命也比野生鲨鱼要短得多，因此对它们的研究并没有获得多少关于寿命的有用信息。长时间追踪鲨鱼也被证明十分困难，因为它们的活动范围太大，不过随着卫星数据和全球定位系统跟踪技术的使用，这种情况有所改善。

直到最近，人们对大白鲨寿命的估计还在30年不到和40年之间变化。然而在2013年，一项涉及放射性碳测年法的新技术表明，大白鲨的寿命可能比人们想象的要长得多。这种新方法基于对鲨鱼椎骨中的放射性碳值与海洋吸收放射性碳同位素的年份进行比较，此放射性碳同位素由热核反应装置的大气试验产生。根据对大西洋西北海域4只雄性鲨鱼和4只雌性鲨鱼的测量，估计最大的雌性鲨鱼有40岁，最大的雄性鲨鱼有70岁。如果这些数字准确，一些雄性鲨鱼可能会活到100岁或100岁以上。

绵 羊

85. 绵羊死后的体重会增加吗?

1901年，美国马萨诸塞州的邓肯·麦克杜格尔医生进行了一项奇怪的实验，以确定人类灵魂的重量。他的想法是称量6名病人死亡前后的体重，两者的差值就是灵魂的重量，因为灵魂在死亡时离开了身体。他负责管理一个收治了晚期肺结核病人的病房，当他意识到这些病人离死亡只剩2个小时的时候，便开始了他的实验。

由于“技术上的困难”，麦克杜格尔医生放弃了6次实验中的5次实验结果，但剩下的一位病人，也是第一次实验中的病人，在死亡的那一刻减少了3/4盎司[①]的体重。因此麦克杜格尔自豪地宣布，3/4盎司就是人类灵魂的重量。后来，他在狗的身上进行了同样的实验，结果发现狗的体重并没有下降。他认为这是狗没有灵魂的证据。

2001年，来自美国俄勒冈州雷德蒙德的刘易斯·霍兰德重复了麦克杜格尔的实验，对象不是人和狗，而是绵羊和山羊。他报告说：“一共研究了12只动物（1只公绵羊、7只母绵羊、3只绵羊羊羔和1只山羊）。在死亡的那一刻，有7只成年绵羊的体重在1秒到6秒内莫名其妙地增加了18克到780克，但在羊羔和山羊身上没有发现这种情况。”

换句话说，绵羊死后体重会增加，但几秒钟后又会下降。对此有3种可能的解释：

- 绵羊的灵魂是负值。

① 1盎司=28.35克。——译者注

- 死亡时，生物力学过程的停止或过程中发生的改变，都有可能导致所记录体重的微小变化。
- 麦克杜格尔和霍兰德的实验装置都不够精准，测量结果可信度不高。

2003 年上映的由亚利桑德罗·冈萨雷斯·伊纳里图导演的电影《21 克》便是受到了麦克杜格尔实验的启发。3/4 盎司转换成公制单位就是 21 克。

水生有壳动物

86. 小龙虾会忧虑吗？

2014 年之前，人们一直认为小龙虾是一种没有感情的古老而简单的生物。然而之后的一个实验似乎表明，小龙虾可能要比我们想象的复杂得多。

首先，实验人员对一些小龙虾进行大约 20 分钟的电击以诱发压力。然后，将它们放置在一个十字形的容器中，容器两端明亮，两端黑暗。实验人员观察到，这些小龙虾会避开明亮区域，待在黑暗里。

其他没有受到电击的小龙虾探索了十字形容器的所有区域（明亮及黑暗）。然而，给这些小龙虾注射血清素后，它们的表现和遭到电击的小龙虾一样，会远离明亮区域。血清素是一种与人类焦虑有关的神经递质，而紧张的小龙虾会自然地产生血清素。在给它们使用治疗人类焦虑的药物后，它们对明亮区域的恐惧便消失了。

实验并没有显示小龙虾会忧虑，但无疑表明了它们对于压力的反应与人类有许多相似之处。

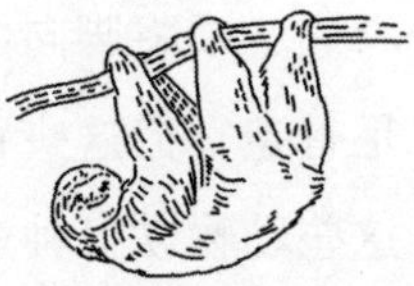

树 懒

87. 三趾树懒是从哪一种地懒进化而来的?

直到大约1万年前，大地懒还生活在南美洲。自1796年发现它的第一副骨架以来，化石记录已经揭示了100多个属的大地懒。现在仅存的种类是二趾树懒和三趾树懒。

对古代和现代树懒骨骼的详细分析表明，二趾树懒与二趾树懒科的已灭绝成员有联系，但三趾树懒的来源就很难说了。分析结果显示，这两种现代树懒之间的分化可能要追溯到4000万年前，二趾树懒是由已知的大地懒进化而来的，而在更早的时候，三趾树懒可能与这种大地懒有一个未知的共同祖先。在雨林的树冠上倒挂的习惯，对于体型大得多的地懒来说当然是不可能做到的，所以是后来在每个物种中独立进化的。

88. 大地懒能跑多快?

现代树懒（sloths），顾名思义，在地面上移动非常缓慢（slow）。它们的前肢和后肢经过进化，能够完美地倒挂在树冠的树枝上，必要时还能以同样的倒挂姿势在树枝上奔跑。而在地面上，它们最多只能用前爪拖着自己慢慢地走，但情况并非总是如此。

大地懒的体型和大象差不多，走路的姿势和熊很像，不是四肢着地就是后肢着地。由于几乎没有什么事物可以让它逃跑，所以它的身体看起来更像是为了稳定而不是速度，它短短的后腿里有粗壮的骨头，和厚实的尾巴一起，降低了它的重心。其前腿又长又壮，既能承重又能伸展，可以帮助它从高高的树枝上剥下树叶。

大地懒的巨大爪子意味着它必须将脚向内转动才能行走，尽管一些化石脚印证实它们有时是双足行走，但这些脚印之间的距离不够远，不能表明它们那时是在奔跑。这些动物以何种速度或者能够以何种速度移动仍然是未知的。

89．为什么树懒的背上有橙色的斑块？

哥斯达黎加的树懒保护区有很多研究项目，其中之一就是试图发现为什么雄性三趾树懒的背上有亮黄色或橙色的斑块。树懒在3岁左右达到性成熟，也就是在这个时候，这种被称为“反射镜”的斑块开始形成。该斑块被中央的黑色条纹以及其他黑色斑纹（每只树懒的斑纹不一样）分割开来。与树懒其他部分的毛皮不同的是，这片橙色的斑块里没有藻类生长，而且这部分的毛发与其他毛发的手感也不一样。上面还覆盖着一层油性分泌物，一旦擦掉，黄色或橙色的色素就会随之消失。

这片斑块在择偶过程中是否具有重要意义尚不清楚，但由于树懒的其余部分在雨林的背景色中伪装得很好，出现一片明亮的橙色斑块似乎很奇怪。

90．为什么三趾树懒在地面上排便？

三趾树懒每周从树上爬下来一次，在地上排尿、排便后，再慢慢爬上树。有一些二趾树懒也会这样做，但其他种类的树懒则懒得费劲爬上爬下，而是让排泄物顺着树往下掉。

2014年，人们发现了树懒的排便习惯和它的营养补给之间的联系。树懒的毛皮上覆盖着藻类和飞蛾。当树懒在地上大小便时，研究人员发现飞蛾会在树懒的粪便中产卵，当卵孵化后，新生的飞蛾会飞回树懒的毛皮上。研究人员还在树懒的胃里发现了营养藻类的成分，这些藻类很可能是树懒从其毛皮上舔下来的。爬下树排便的习惯使得三趾树懒身上的飞蛾要比它们“挂哪儿拉哪儿”的二趾表亲身上的飞蛾更多；飞蛾越多，氮的浓度就越高，可供舔食的藻类也就越多。

而另一方面，对树懒来说，从树上爬下来需要消耗大量的能量。仅用两个脚趾爬树是否会消耗更多的能量尚不清楚，但这可能会打破平衡，也许这就是二趾树懒悬挂在树冠上排便，而三趾树懒却要长途跋涉爬下树排便的原因。

91．树懒之间是如何交流的？

我们对树懒之间是如何交流的，以及它们交流的频率知之甚少。树懒通常是独居动物；人们曾观察到一些它们相互梳理毛发的现象，但这仅限于母亲和幼崽之间。虽然树懒通常很安静，但它们有时也会发出声音。与母亲分开的幼崽会发出响亮的咩咩声，可能持续 1 分钟左右。人们还注意到它们会发出一种戒备的嘶嘶声，不过它们的呼救声十分低沉，这与树懒的耳朵最擅长捕捉低频声音的发现一致。

似乎很少有人研究树懒声音的种类或含义，但这些动物肯定有某种交流方式。2012 年，一只名叫利安德的雄性树懒被从德国送至英国伦敦，希望它能和伦敦动物园的雌性树懒玛丽莲进行交配。2013 年，动物园管理员有些惊讶地宣布，玛丽莲怀孕了。管理员不仅不知道它们已经交配了，而且甚至没觉得它们承认了彼此的存在。

蜗　牛

92．左旋蜗牛比右旋蜗牛更有生存优势吗？

东南亚的大多数蜗牛的壳都是右旋。也就是说，它们的壳圈是顺时针盘绕。这就使得左旋蜗牛的生活变得十分困难，因为左旋蜗牛和右旋蜗牛之间的交配就算有可能，也是非常麻烦的。然而，研究人员在检查钝头蛇的牙齿时发现，左旋对蜗牛来说有一个巨大的潜在优势。

由于这些蛇非常喜欢偶尔吃一口蜗牛，所以它们的进化方式使其最容易从右旋蜗牛的壳中将蜗牛取出。它们的牙齿排列和捕食策略都让左旋蜗牛对它们来说更为棘手。研究已经证实，事实上，在钝头蛇最多的地区，左旋蜗牛占比更高。

然而，是什么导致了右旋蜗牛一开始的数量优势，目前还不清楚。也不知道需要多长时间才能够进化出专门以左旋蜗牛为食的蛇。

93. 巧克力可以增强蜗牛的记忆力吗?

2012年，加拿大卡尔加里大学的研究人员对两组蜗牛进行了一项有趣的实验。他们将一组蜗牛置于普通池水中；将另一组蜗牛也置于池水中，但往水里添加了巧克力中含有的一种叫作“表儿茶素”的类黄酮。

随后，研究人员对这些蜗牛进行了30分钟的训练，教它们在脱氧水中保持呼吸管关闭。蜗牛通常通过皮肤呼吸，但当缺氧时，它们会将呼吸管伸出水面，以增加氧气供应。在这个实验中，如果蜗牛试图将呼吸管伸出水面，研究人员就会轻敲其呼吸管。因此，蜗牛很快就学会了保持其呼吸管关闭。

第二天，研究人员将蜗牛放回脱氧水中，看看它们是否还能记得这一课。总体来说，前一天待在普通池水中的蜗牛并不记得这一课，而是还会将呼吸管伸出水面呼吸，但前一天待在含有表儿茶素的水中的蜗牛则保持其呼吸管处于关闭状态。

后来的实验得出结论，巧克力并不能增强人类的记忆力，但是对于蜗牛的实验结果，既无人证实也无人反驳。

蛇

94．蛇是右利手吗?

谈论那些没有手的生物的用手习惯听起来可能很奇怪，但是1999年发表的一项研究表明，束带蛇并不是完全对称的，它们可能更喜欢使用身体的某一侧。

雄束带蛇身体的两侧各有一个睾丸、一根半阴茎和一个肾，这些都是不对称的。特别是，右边的半阴茎和睾丸都比左边的大。当束带蛇交配时，只有一根半阴茎进入雌性体内，而雄性往往会交替使用左右半阴茎。然而，使用右半阴茎是有优势的，尤其是在交配结束时，雄性可以在雌性体内放置一个凝胶状的“交配栓”来阻止或至少延迟雌性与其他蛇的交配。因此，雄性偏爱右边的身体可能具有进化上的优势，因为这样会有更多的繁殖机会。

研究发现，雄性体温较高时，也会更喜欢在交配中使用右半阴茎，研究人员认为，这可能与它们做出“轻微姿势调整”的能力有关。然而，他们的结论是，这些都只是他们推测的结果。

研究人员说：“我们没有直接证据表明较大的半阴茎要比较小的半阴茎在交配过程中更为有效。然而，半阴茎的非随机使用表明这种不对称不是无关紧要的，进一步阐明这些问题的工作将会非常有趣。”

蜘　蛛

95．蜘蛛如何在夜里找到回家的路？

雄性纳米布沙漠蜘蛛会在夜间长途跋涉寻找雌性蜘蛛，并且总能找到回家的路。然而，它是如何导航的尚不清楚。2003年的研究表明，它们可以在没有特征的沙丘表面以不规则的路径徘徊很长一段距离，然后径直返回洞穴。

2007年的进一步研究表明，它们没有利用嗅觉寻找回家的路，但是2012年的计算机追踪报告称，它们会在离开洞穴时，爬来爬去进行记忆。通过在不熟悉的区域做出固定的移动，它们似乎记住了家的样子。但我们仍然不知道它们是如何将一片沙地和另一片沙地区分开的，也不知道它们是怎样从远处准确无误地导航回家的。

鱿　鱼

96．鱿鱼是如何受孕的？

雌性鱿鱼找到了她真正喜欢的雄性鱿鱼，然后……这一切变得有点复杂，因为鱿鱼的性行为是动物世界中最神秘的事情之一。有一点让它不同寻常，那就是雌性鱿鱼没有阴道；另一点是雄性鱿鱼的阴茎不会碰到雌性鱿鱼。相反，阴茎会将被称作“精子包囊”的针状结构挤进自己体内。然后，它伸进去一只叫作“交接腕”的手臂，取回它放在雌性鱿鱼身体上或者体内的精子包囊。接着精子包囊射精，在雌性鱿鱼的皮肤上留下一种叫作“精子囊”的黏性物质。有时，精子囊似乎会渗入皮肤。

接下来会发生什么就取决于雌性鱿鱼了，因为她会把精子囊保存在特殊的器官里，直到她准备好使卵细胞受精为止。雌性鱿鱼甚至可能储存不同雄性鱿鱼的精子囊，然后选择她想使用的一个。然而，精子囊中的精子必须先转移到叫作“受精囊”的部位，然后才能使卵受精。

没有人知道雌性鱿鱼如何选择其储存的精子用于受精，如何将精子与卵子结合，以及是使用精子囊还是受精囊。事实上，从来没有人观察到雌性鱿鱼挑选精子或移动精子，所以精子甚至有可能是自己和卵细胞结合。

松　鼠

97．为什么松鼠要接近响尾蛇？

在美国加利福尼亚州，响尾蛇是地松鼠的最大威胁。那么，为什么松鼠在看到响尾蛇时，会高高举起尾巴，径直朝响尾蛇走去呢？

对松鼠与蛇之间交流的观察表明，当松鼠摇尾巴时，响尾蛇通常不会攻击它，甚至可能离开这个区域，到其他地方碰碰运气。或许是响尾蛇知道，如果松鼠没有看到它的话，它抓住松鼠的概率会大得多，所以它可能会将松鼠的这种举动理解为“我知道你在那里，如果你再靠近一步，我就要逃跑了”。摇尾巴也可以作为对其他松鼠的警告信号，可能是这一点说服了响尾蛇去其他地方试试。尽管如此，走到你最大的敌人面前摇尾巴似乎仍是一种相当危险的行为。

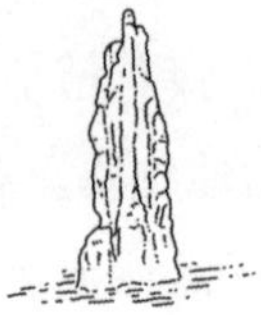

白 蚁

98. “自爆白蚁”如何合成有毒晶体?

到目前为止，昆虫世界里威力最强的自杀式炸弹是“自爆白蚁”（Neocapritermes taracua）。人们发现该物种中的年长者背着两包有毒化学晶体。这些年长白蚁被送往“战场”，当它们受到其他种群白蚁的攻击时，身上的背囊就会爆炸，储存的两种晶体混合，白蚁的体壁破裂，其产生的化学反应会将有毒物质喷洒到敌人的身体上。

这种晶体是如何合成的，以及该物种的双组分爆炸防御系统是如何进化出来的，这两个问题都还没有答案。

乌 龟

99. 马路对乌龟有害吗?

北美洲的许多地方都开展了帮助乌龟过马路的活动。甚至有一项研究报告显示，一些司机为了从乌龟身上碾过而将车急转弯。然而，2014年加拿大的一项调查却得出了一个自相矛盾的结论：尽管发生了很多起乌龟死于马路的事故，但马路对于乌龟来说可能并不是有害的。

这项研究是基于对加拿大安大略省东部20个池塘中彩色龟数量的分析。其中10处尽可能靠近交通繁忙的道路，而另外10处则尽可能远离交通繁忙的道路。研究人员报告说："马路对彩色龟的相对丰度①并没有显著影响。此外，我们的数据并不支持其他关于乌龟在马路上死亡率假设的预测；我们观察到，就雄龟与雌龟的相对比率而言，靠近道路池塘中的并不比远离道路池塘中的高，就彩色龟的平均体型而言，靠近道路池塘中的也并不比远离道路池塘中的小。"

他们认为，虽然马路会导致大量乌龟的死亡，但其他因素可能也起到了相反的作用。例如，很多捕食乌龟的生物可能倾向于避开马路，这就使得靠近马路的地点更为安全。然而，他们强调，这些发现不应该推及其他种类的乌龟身上。

霸王龙

100. 新生的霸王龙有多大?

霸王龙幼崽的化石极其罕见，这极大地限制了我们对霸王龙的了解。此外，至今还没有发现霸王龙蛋。更糟糕的是，兰斯矮暴龙还给科学家造成了困惑。在很长一段时间里，科学家都认为矮暴龙的化石是霸王龙幼崽，但是在2010年，经过对矮暴龙头骨的仔细检查，科学家发现了明显的差异，这表明它是一个不同的物种。

① 相对丰度：群落内物种数目的多少。不同的群落中物种丰度是不同的，从赤道到南北极，群落的物种丰度逐渐减少。——译者注

所以现在，除了要估算霸王龙化石的年龄，在很多情况下，我们甚至不能确定之前归类为霸王龙幼崽的化石是否属于这个物种。

101. 霸王龙的前肢有什么用?

即使是霸王龙自己可能也会承认，就其巨大的体型而言，它的前肢短得可笑。目前对于其前肢的用处仍然存在争议。有一种说法是，霸王龙在交配时用前肢抓住配偶；第二种说法是，前肢是霸王龙用来固定猎物的；第三种说法是，前肢的主要功能是提供升力，帮助霸王龙从坐姿站起来——尽管没有证据可以表明霸王龙有坐的习惯。

对骨骼形状和肌肉布局的研究可能有助于解决这个问题，但也许最有可能的答案是，霸王龙的前肢几乎毫无用处。

102. 霸王龙的寿命有多长?

在恐龙研究的早期，人们认为恐龙一定是寿命很长的生物，有些人甚至估计它们的寿命有一两百年。这些猜测是基于大型爬行动物比小型爬行动物寿命长这一普遍规律，以及霸王龙和现代鳄鱼之间的比较。

然而在20世纪80年代，科学家在一些恐龙骨骼中发现了生长纹，这使他们可以根据恐龙的骨骼对这些生物的寿命做出更精确的估算。通过比较死于不同年龄的霸王龙的体型，科学家也得出了关于霸王龙生长速度的结论。最终的结果就是，他们对霸王龙的寿命进行了严格的重新估算，使其从100岁左右缩短到接近30岁。

但问题是，我们无法比较同一只霸王龙在某一年龄以及几年之后的体型。关于生长速度的结论是通过比较不同的霸王龙，并假设它们在相同年龄时的体型大致相等而得出的。我们还没有足够的霸王龙标本来证明这个假设的正确性。

海 象

103．为什么海象的阴茎骨这么大？

人类和鬣狗是极少数没有阴茎骨的哺乳动物。狗、猫、蝙蝠、老鼠、小鼠、熊、鼬、狮子、海狮、黑猩猩和大猩猩等动物都有阴茎骨。它位于阴茎顶端，大小从大猩猩和小鼠的几毫米到大型犬的8厘米不等。其中最大的是海象的阴茎骨，长达60厘米。

为什么海象的阴茎骨这么长？其功能还不清楚。据推测，它可以帮助雄性保持勃起状态，也可以协助其将阴茎送入雌性体内。它也可能在指引雄性射精中发挥作用，但人类似乎在没有阴茎骨的情况下也能很好地生存，所以海象为什么进化出了这么长的阴茎骨还是一个谜。

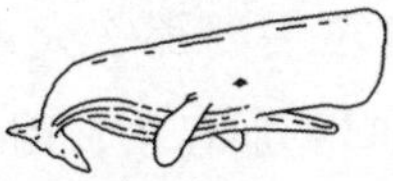

鲸 鱼

104．抹香鲸如何捕获鱿鱼？

抹香鲸每年要吃掉50万吨鱿鱼，但它们是如何捕获鱿鱼的尚不清楚。鱿鱼比鲸鱼游得更快，也更加灵活，所以鲸鱼这种庞大笨重的生物是如何如此频繁且轻易地捕获鱿鱼的，这还是个谜。

一种古老的理论认为，鲸鱼突然爆发的声呐使鱿鱼陷入昏迷，但研究显示，鱿鱼似乎对鲸鱼发出的声音无动于衷，即使是用喇叭以很大的音量播放也是如此。另一种观点认为，鲸鱼倾向于在很深的地方捕捉鱿鱼，那里冰冷的海水可能会使它们行动迟缓，而还有一种观点则认为，鱿鱼可能会被鲸鱼体内苍白的色素吸引到鲸鱼的嘴里。

鲸鱼曾在几十厘米外用强有力的吸吮动作将鱿鱼吸进嘴里，但即便如此，鱿鱼也有可能会看到鲸鱼过来，然后闪开。

105. 为什么蓝鲸叫声的音调越来越低？

从北太平洋到南太平洋，雄性蓝鲸叫声的音调一直在降低，据研究，这种叫声在它们寻找配偶时发挥了作用。科学家们对蓝鲸的叫声进行了40多年的监测，他们报告说，蓝鲸叫声的音调在这段时间里降低了大约30%。

一种观点认为这是择偶竞争的结果。众所周知，雌性蓝鲸更喜欢体型较大的雄性。低沉的声音可能意味着鲸鱼的体型更大，这将给声音较低沉的雄性带来生存优势。

另一种观点认为，这可能是禁止捕杀蓝鲸后蓝鲸数量恢复的结果。这样一来，它们的分布就不那么稀疏了，所以雄性蓝鲸可以在更短的距离内找到雌性蓝鲸，也就不需要那么大声地唱歌了。对鲸鱼来说，由于其以更高的频率大声歌唱更加轻松，因此以高频率歌唱的需求就会减少。

106. 鲸鱼的体形为什么这么大？

蓝鲸是有史以来地球上最大的动物，甚至比最大的恐龙还要大，体重是大象的30倍，事实上，鲸鱼的一条舌头就和一头大象一样重了。鲸鱼十分巨大，但却很难知晓其原因。

从进化的角度来看，体型庞大并不总是一种优势。这可能有助于对抗竞争对手，但大型动物需要更多的食物来维持生存。当食物变得稀缺时，更大的动物就会灭绝，就像大约1万年前灭绝的几种巨型动物一样。

鲸鱼是如何变得如此巨大的，这比解释它们为什么会这么大更容易：北极磷虾是多种鲸鱼的主要食物，它们长期以来数量充足，所以鲸鱼可以吃到大量的北极磷虾。漂浮在海上也比在陆地上笨重地移动耗能少得多。像鲸鱼这样大的生物离开水就生存不下去了：它的“腿”无法支撑它庞大的身躯，如果有的话。

尽管如此，一旦一种生物的体型达到足以支配潜在捕食者的程度，在此基础上长得更大的进化优势似乎就会被劣势所压倒。

野 猪

107. 为什么野猪要将橡子分散贮存？

动物贮存食物时，面临着食物被同类偷走的风险，这就给了它们两种选择：集中贮存或者分散贮存。第一种方法是将所有食物都藏在一个贮存处，第二种方法是将食物分散藏在许多小一点的贮存处。野猪喜欢将橡子分散贮存，但目前还不清楚这是否是最佳策略。

2014 年，研究人员进行了一项实验，在固定区域内将固定数量的橡子埋在固定数量的小块土地里，贮存处的大小和深度各不相同。然后他们记录了野猪是如何成功地从不同的贮存处找到并偷走橡子的。不出所料，他们发现在分散贮存时，野猪偶然发现第一个贮存处并偷走橡子所需的时间最短，而偷走分散贮存所有贮存处的橡子比偷走集中贮存的所有橡子所需的时间稍长一些。总体而言，野猪在分散贮存和集中贮存之间的盗窃速度并没有什么差异。

因此，为什么野猪要费时费力去分散贮存食物而不选择集中贮存，这一问题仍然没有答案。

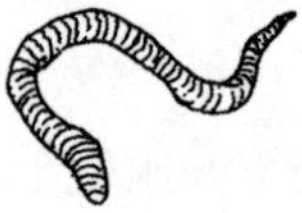

蠕　虫

108．知识可以食用吗？

20世纪60年代初，为了测试一种新的记忆理论，人们对扁虫进行了一系列不同寻常的实验。该理论预测，每一个新的记忆都对应一个新的RNA分子，该RNA分子可以复制并储存在身体各处。这一理论在涡虫（一种扁虫）身上进行了测试：先让这些涡虫适应以特定的方式活动，然后将它们切成两半，让其再生，然后再切成两半，再次再生；最后就是形成了一种不再表现出最初活动方式的虫子。值得注意的是，它似乎仍然保留了所学知识。更令人惊奇的是，后来的实验似乎证实，如果一条蠕虫学到了一些知识，将这条蠕虫剁碎喂给另一条蠕虫，吃了它的蠕虫就可以吸收这些知识。遗憾的是，RNA记忆理论后来被证明是错误的，对蠕虫的实验也因此停止，并且找到了其他解释来说明为什么知识似乎是可以食用的。

然而2013年，在美国塔夫茨大学的干细胞实验中，研究人员又继续让蠕虫学习知识。这项研究的重点不是记忆存储的机制，而是蠕虫在被切成两半后如何再生头部和大脑。细胞是如何知道在何时及如何长成大脑的呢？不过，这项研究确实证实了50年前的一项研究发现：如果教蠕虫一些东西，然后将其大脑切除，一旦大脑长回来，它仍会记得所学到的东西。换句话说，记忆一定以某种方式储存在了它的普通细胞中，而不是储存在大脑里。这又提出了一个问题，即是否可以从一种生物的体内获取记忆并移植到另一种生物的体内，甚至可能通过进食来实现。毕竟知识可能是可食用的。

109. 年龄最大的扁虫有多少岁?

据报道，2012 年英国诺丁汉大学的一项研究表明，蠕虫能够反复再生且没有衰老迹象，这也许表明了它们可以永生。通过连续的分裂和再生，蠕虫从最初的一条变成了两万条，之后研究人员报告称，此证据表明了蠕虫可以长生不老。

如果这一说法准确，那么就意味着我们无法得知扁虫的年龄：它们可以反复再生，还能保持初生般年轻。因此，我们也无法得知年龄最大的扁虫有多少岁。

斑　马

110. 斑马身上为什么有条纹?

很久以前，我还在上学的时候，大家都知道斑马身上为什么有条纹：显然，这是为了在茂盛的草丛中进行伪装。实际上，这种看法在达尔文的时代就被摒弃了，因为斑马的周围根本就没有足够长的草可以让伪装显得逼真。达尔文本人曾提出，美丽的条纹可能是为了选择配偶，而艾尔弗雷德·拉塞尔·华莱士则认为，条纹可以作为一种防御捕食者的手段。他写道：“在暮色中，(斑马)一点都不显眼，黑白相间的条纹融合在一起变成了灰色，隔着一点距离就很难发现它们。”

最近又出现了两种新的看法。2014年发布的一份报告显示，非洲不同地区斑马身上的条纹数量与舌蝇的流行程度相关。研究人员得出结论，条纹的存在是为了迷惑蝇类。然而在2015年，另一项研究表明，条纹具有重要功能，可以帮助斑马在非洲酷暑中保持凉爽。斑马背上的条纹与舌蝇的数量并不相关，而是与温度和降雨有关。浅色和深色条纹以不同的速度升温，这可能会在斑马的皮肤上产生冷却气流。

然而，是否真的能产生这种气流还没有经过实验检验，所以目前我们只能接受斑马条纹的问题又是一件无人知晓的事情。

太空篇

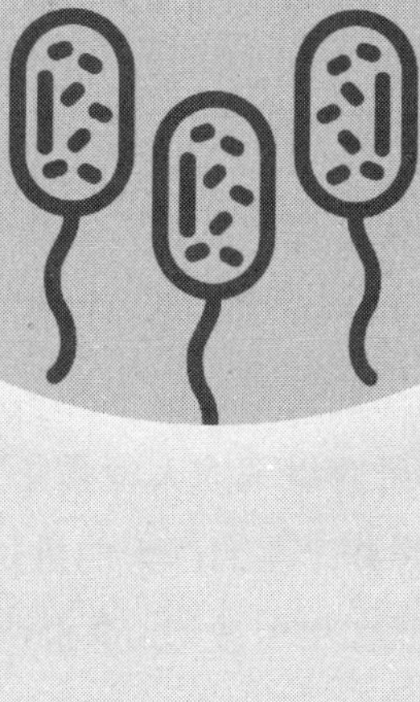

宇宙大爆炸

1. 宇宙大爆炸后的 10^{-37} 秒里发生了什么？

直到50多年前，人们还在为宇宙是稳定的还是膨胀的问题争论不休。直到最近才终于达成了共识，大多数天文学家都同意宇宙始于138亿年前的一次大爆炸。但实际上，“宇宙大爆炸”这个词是由天文学家弗雷德·霍伊尔在1949年发明的，本意是用来讽刺那些认为宇宙是从虚无中产生的人。

不过，现在又有越来越多的证据开始支持宇宙膨胀论。一旦星系之间的距离拉得足够远，宇宙就有可能回溯到138亿年前开始膨胀的时刻。爱因斯坦已经向我们揭示过能量和物质的等价性，再加上大量的实验，比如欧洲核子研究组织的大型强子对撞机实验，这些都帮助我们进一步了解宇宙大爆炸产生的巨大能量是如何造就今天的宇宙的。

测量宇宙微波背景①和引力波②，这也使得宇宙第一时刻的图景越来越清晰。

让我们推理一下。它一定是在难以想象的高温下开始的，高压和能量密度使得宇宙急速膨胀和冷却。根据当下普遍认可的模型，在大约 10^{-37}（即小数点后有37个0和1个1）秒后，宇宙的尺度开始呈指数增长，该阶段被称为“宇宙膨胀”。夸克③和胶子④等基本粒子开始出

① 宇宙微波背景是宇宙大爆炸遗留的一种热辐射。——译者注

② 引力波的存在可被一些大爆炸后状态的模型所预测。——译者注

③ 夸克是一种参与强相互作用的基本粒子，也是构成物质的基本单元。——译者注

④ 胶子是传递夸克之间强相互作用的粒子。——译者注

现，第一个质子和中子在大爆炸后约一百万分之一秒时出现。电子和正电子是在大约 1 秒钟后出现的，之后只用了大约 40 万年的时间就形成了原子。

但是在基本粒子形成前的 10^{-37} 秒里发生了什么呢？这就引出了下一个问题……

2. 宇宙大爆炸时，充斥其中的能量究竟是什么？

当我们回溯到宇宙大爆炸的那一刻，面临的最大疑团就是当时究竟发生了什么。我们已经知道宇宙诞生后不到 1 微秒内就发生了膨胀，但如果再把时刻往前调到 0，我们就到达了一个包含无限温度和密度、不受物理法则限制的点。数学家将这个无法估量的点称为“奇点”，它就像是你试图用某个数除以零时得到的结果一样。

探究大爆炸以前发生的事情是没有意义的，因为我们必须穿过奇点才能到达那个“以前”，但所有的数学运算都表明时间是从大爆炸的那一刻才开始的，所以“大爆炸以前”本身就是不存在的。

毫无疑问，这一切都始于巨大能量的爆发，但我们无法知道这种能量的来源和性质，只能将其描述为某种未知形式的能量，正是它使得年轻的宇宙以超过光速的速度膨胀。虽然差强人意，但这就是我们目前理论的上限了。

3. 物质与反物质不平衡的原因是什么？

物理世界，也就是我们所理解的物质世界，是由物质和反物质组成的。反物质粒子与其对应的物质粒子质量相同，电荷相反。比如带正电荷的正电子，就相当于带负电荷的电子的反物质。当相应的物质粒子和反物质粒子接触时，就会相互湮灭，并释放巨大的能量。

反过来说也一样，比如宇宙大爆炸开始那一刻，应该就是有同等数量的物质和反物质粒子释放出来，然后立刻互相湮灭，进而释放出了大爆炸的能量。然而，无论我们往哪里看，物质的总量似乎都大大超过了反物质。从最微小的生命体到巨大的星系，一切似乎都是由物质构成的。即使只探测到几个反物质的粒子，那也是物理学界一项了不起的成就了。

在宇宙大爆炸后不久的某个时刻一定发生过什么，导致物质数量略微超过反物质。以至于所有的反物质湮灭后，剩下的物质就形成了我们现在所知的宇宙。但根据物理学定律，一切应该都是对等的：如果反物质粒子减少了，那么物质粒子也应该相应地减少。

除了被相应的对象湮灭之外，粒子还可以通过衰变自行消失。按这种说法，应该是有什么导致了反物质的衰变多于物质的衰变。但那究竟是什么，我们还不得而知。

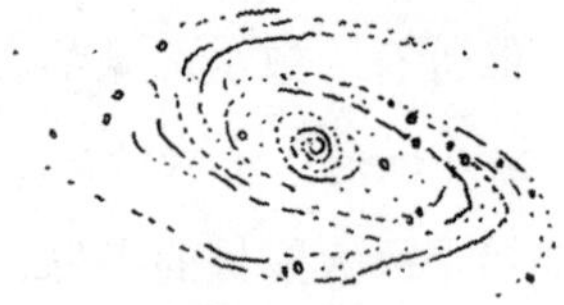

黑　洞

4. 黑洞中的信息究竟会怎样？

传统观点认为，任何被黑洞吞噬的东西都将永远消失，它们巨大的质量被压缩进一个无穷小的空间，形成了强大的引力，连光也无法从中逃脱。但也正因为没有任何东西能从中出来，外部观测者也完全无法得到任何黑洞内部的信息。

但在1975年，史蒂芬·霍金指出，量子物理定律意味着黑洞会泄漏辐射，并最终导致黑洞自身的蒸发，尽管这可能需要数万亿年的时间。

那么问题就来了，霍金的辐射理论又能告诉我们黑洞中发生了什么呢？是黑洞泄露的辐射取决于进入黑洞的物质吗？若是如此，那么就不能说形成黑洞的物质的信息完全丢失了。

从那时起，科学界就在回答这个问题上出现了分歧。真正的问题在于，广义相对论坚持认为进入黑洞的信息永远不可能出来；而量子理论则认为黑洞的未来，包括从黑洞中产生的辐射，将取决于它的历史，这意味着它所包含的信息根本没有丢失。

连霍金自己都曾改变过看法，每隔几年就会出现新的理论来解释黑洞信息悖论，从而左右顶尖物理学家的观点。但他们在这个问题上仍存在根本的分歧。

5．黑洞可以变回白洞吗？

2014 年，有一个激进的新观点被提出来，以此来解释黑洞的相关问题。正如黑洞是吸入物质、使其永远无法逃脱的区域一样，新观点认为可能也存在完全相反的情况：比如在宇宙大爆炸中喷出大量物质的白洞。黑洞有进无回，白洞有出无入。

“圈量子引力论”认为宇宙是由振动环形式的基本粒子组成的，根据该理论，黑洞会在自身不断增加的引力下被压得越来越小，直到达到这些基本循环的尺寸。之后它就无法再缩小，并受到一种名为“量子反弹”的力量影响，使一切进入黑洞的能量和物质再次被甩出。

白洞的存在只停留在理论层面，因为它们至今还未被观测到。一种说法认为它们可能已经被发现过，只是被误认为是超新星。另一种说法是它们没有被观测到，因为黑洞变成的白洞将处于一个平行宇宙中。

彗 星

6. 为什么 P/2013 P5 有 6 条彗星状的尾巴?

2013 年 8 月 27 日，在夏威夷工作的天文学家宣布在小行星带发现了一个奇怪的天体。小行星一般以光点的形式出现，但这个天体模糊得有些怪异，于是他们用哈勃空间望远镜进行了进一步观察。当收到哈勃空间望远镜在 9 月 10 日拍下的图像时，他们变得更加困惑了。令人惊讶的是，这个天体拥有 6 条彗星状的尾巴。9 月 23 日，当哈勃空间望远镜再次观察该天体时，它的外观发生了更大的变化，看上去像是整个旋转了一圈。

由于彗尾的存在，P/2013 P5 被界定为彗星，尽管事实上它被认为是一颗主要由岩石构成的小行星，而彗星主要是由冰构成的。一般认为它的彗尾由其表面的尘埃构成，在太阳辐射的作用下留下了痕迹，而它的多条尾巴则是因为不同的尘埃喷射而成。P/2013 P5 本身可能也在分裂，应该是其旋转速度不断增加造成的。但以前从未见过像这样的六尾彗星或小行星，所以在发现进一步的证据之前，它的彗尾的产生方式依然是个谜。

7. 为什么 67P/ 丘留莫夫 – 格拉西缅科彗星会“唱歌”？

2014 年 11 月，当罗塞塔号探测器成功将其机械着陆器“菲莱”发射到 67P/ 丘留莫夫 – 格拉西缅科彗星表面时，发现了一个奇怪的现象：这颗彗星正在“唱歌”。这种“歌声”以彗星周围磁场振动的形式出现，频率为 40 毫赫兹至 50 毫赫兹。这种频率需要加强约 1 万倍才能被人耳听到，但罗塞塔号探测器上的监测设备已经清楚地将其识别了出来。

这种振荡被认为是由彗星释放的粒子电离引起的，但这种现象以前从未被发现过，其背后的物理过程也完全未知。

8. 长周期彗星的起源是什么？

太阳系被认为是大约在46亿年前，随着巨大的分子云的坍缩而形成的。大部分坍缩物质形成了太阳，大量的剩余物形成了行星，除此之外依旧有不少残余的“碎屑”（相对其他天体的大小而言），现在它们被认为是彗星的前身。

这些彗星比行星小得多，围绕太阳进行偏心轨道运动。彗星可分为两种：短周期彗星和长周期彗星。这些短周期彗星在200年的时间内绕太阳运行，它们发源于柯伊伯带，柯伊伯带是一个圆盘状的空间区域，经过海王星的轨道，距离太阳约30个至100个天文单位。1个天文单位的定义是地球到太阳的平均距离，所以30个至100个天文单位是十分遥远的。柯伊伯带是以荷兰裔美国天文学家杰勒德·柯伊伯的名字命名的，他在1951年预测了柯伊伯带的存在，而预测直到1992年才得到证实。据推测，在柯伊伯带中大约有7万个小型冰状天体，其中一些天体在其他恒星的引力作用下被抛向太阳系内部时变成了彗星。

长周期彗星则神秘得多。它们的彗星轨道周期被认为在200年到几百万年之间，它们并非来自柯伊伯带那样平坦的圆盘状区域，而是被观测到从各个方向飞入我们的天空。1950年，荷兰天文学家简·H.奥尔特（Jan H. Oort）根据自己的计算预言，认为这些彗星源自太阳系边缘一个由上万亿块岩石组成的球状星云——奥尔特云，它包裹住了太阳系内其他的天体，与太阳的距离估计在10万个天文单位，如此遥远的距离，这几乎是太阳到邻近恒星距离的一半了。

唯一的问题是，迄今还没有人对奥尔特云进行过直接的证实或观测。其存在的证据完全是基于对彗星运动的计算。所以一般关于长周期彗星起源的理论都还没有得到证实。

地 球

9. 为什么地球的磁场在变弱？

2014年7月，欧洲航天局的卫星数据显示，地球的磁场正在减弱。虽然一些地区（主要在印度洋）的磁场有所加强，但远远比不上美洲的大部分及其周边地区磁场减弱的程度。

在此之前，估计地球磁场每100年都会减弱5%；但新的结果表明这个减弱速度可能快了10倍。造成这种情况的原因尚不清楚；有人认为这是因为美洲下方地核里的液态金属流速减慢了，也有人认为这是地球磁极可能要反转的征兆，就像过去曾发生过的一样。地球的磁极每隔几万年就会反转一次，南北极会互换位置，但造成反转的原因和所需时间均不明。

10. 下一次超级火山喷发将发生在何时何地？

大约64万年前，在现在的美国怀俄明州发生了一次大规模的火山喷发，将超过1000立方千米的火山灰和熔岩喷射到大气中。它在后来的黄石公园里形成了一个巨大的火山口，即“破火山口”。相比之下，最近最大的一次火山喷发是1991年在菲律宾的皮纳图博火山喷发，喷出的火山灰和熔岩只有大约10立方千米。皮纳图博的火山喷发使全球气温在几个月内降低了0.4摄氏度，而美国怀俄明州的超级火山喷发预计会导致地球气温下降10摄氏度，并持续10年之久。简而言之，超级火山爆发比人类经历过的任何自然现象都要可怕得多，但我们却难以预料这种事情会在何时何地发生。

火山的燃料由地下的岩浆室提供，当岩浆室的压力过大时，岩浆就会从地壳的裂缝中被推上去，喷发爆炸开来。超级火山的岩浆室要大得多也深得多，这种深度使得它们很难被探测和测量。

2013 年底，一项研究报告称黄石公园下方的岩浆室大小是之前预想的 2.5 倍。它长 88.5 千米，宽 29 千米，在地下 5 千米到 15 千米间流动，其包含的岩浆量至少与上次喷发时相同。世界上其他地方也有古代超级火山喷发的地点，但大多数情况下，我们都不知道它们的岩浆室的大小，甚至都不知道它们是否还存在。我们也不知道它们是如何长时间储存如此大量的岩浆的，更无从得知喷发的原因。

能　量

11. 能量是什么?

几个世纪以来，物理学家、数学家和工程师都在进行和能量有关的运算。静止的物体可能具有势能，而势能可以转化为动能。温度的上升会增加物体的热能，而物体本身的原子被核能连接在一起。多亏了爱因斯坦，我们知道了 $E=mc^2$ 的质能方程，也大致明白了能量形式的转化如何计算。但是，这并不能解释能量本身是什么。如果把能量看作一种状态或条件，会有助于解决这个问题，但依旧有其他待解决的谜团，比如……

12．宇宙中包含了多少能量？

自宇宙大爆炸以来，宇宙就一直在膨胀。一方面，膨胀的能量拉开了星系间的距离；另一方面，引力又不断将它们聚拢。1998年，哈勃空间望远镜对遥远星系的观测表明，宇宙膨胀的速度正不断加快，而这种情况已经持续了75亿年。

对这种现象的唯一解释就是太空本身包含一种“暗能量”，它会迫使星系分离。但是，如果我们试图计算它究竟包含多少能量，就会面临巨大的难题。根据爱因斯坦的引力理论，我们可以计算出可测量到的膨胀率所需的能量。我们也可以使用物质的量子理论，根据该理论，宇宙的能量是由不断出现和消失的虚拟粒子提供的。但问题来了，那就是第二种方法给出的答案与第一种方法的计算结果相差约10120倍。

13．黑暗流是否存在？

2008年，一项对星系团的广泛调查有了一个惊人的发现，那就是它们都朝着同一个方向前进。宇宙大爆炸后不久，一束被称为宇宙微波背景辐射的闪光就充斥了整个宇宙。平均来说，相对于宇宙微波背景辐射，所有星系应该都没有明显的偏向，但是这个新发现似乎提供了一个意想不到的线索，那就是星团在沿着太阳系与半人马座和九头蛇座之间某点的连线流动。

自从有了这种“黑暗流”可以影响星系运动的证据，就有好几篇论文对其最初的发现提出了质疑，但也对其进行了证实。如果黑暗流真的存在，以我们目前的宇宙观是无法解释它的。甚至有人称它是其他宇宙存在的首个证据，后者会在黑暗流背后提供引力。就像暗物质和暗能量一样，黑暗流的秘密也隐藏在暗处。

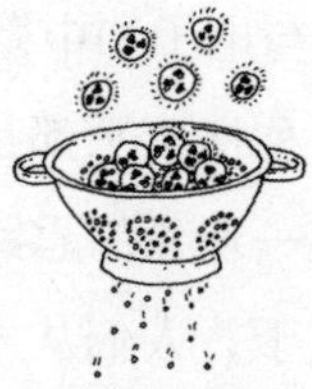

基本粒子

14．欧洲核子研究中心发现的粒子真的是希格斯玻色子吗？

2012年，研究者们在瑞士的欧洲核子研究中心宣布，他们利用大型强子对撞机发现了难以捉摸的希格斯玻色子，并举行了盛大的庆祝活动。希格斯玻色子是一种基本粒子，据说可以用来解释为何一些粒子有质量，而一些粒子却没有。但他们真的发现了希格斯玻色子吗？

在宣布这一发现后不久，欧洲核子研究中心的科学家承认，虽说他们发现的粒子完全符合对希格斯玻色子的预测，但并不能排除它是具有相同性质的其他粒子的可能性。另一个主要的怀疑对象是一种被称为“技希格斯”的粒子。它与希格斯玻色子之间的区别在于希格斯玻色子是基本粒子，这意味着它无法被分割成更小的粒子；而技希格斯则是由被认为是基本粒子的技夸克组成的。

2013年3月14日，欧洲核子研究中心表示，先前探测到的新粒子是希格斯玻色子。

15．质子会衰变吗？

如果想要找到一个“大统一理论”来解释物理学中所有已知的基本力，其难点之一就在于宇宙似乎并不总按照它该有的方式运行。任何大统一理论都依赖于各种基本粒子与力之间的对称性。我们知道物质和反物质、电子和反电子、中微子和反中微子，还有各种甲乙丙丁和反甲乙丙丁相匹配。特别需要注意的是，强相互作用应该与弱相互作用匹配，像质子和中子这样的重子应当与电子和中微子这样的轻子相平衡。

在大部分情况下，这种对称性似乎都是存在的，但质子的表现却十分异常。如果跟着大多数大统一理论的思路走，质子最终会衰变成一个正电子和一个介子，但问题在于，人们从未观测到质子衰变的迹象。而如果质子真的会衰变，根据计算，这个过程会十分漫长：实际上，可能平均会花上 10^{33} 年左右。由于宇宙也只存在了 10^{10} 年，所以可能只是没有足够的时间让极少的质子衰变，但对质子衰变的研究仍在继续。

16．有没有比夸克和胶子还小的粒子？

一个世纪前，原子还被认为是物质的最小组成单位，原子的英文名“atom”源自古希腊哲学家的论点，意为“无法被分割的东西”，当时他们认为物质必定有一个极限，超过这个极限它就无法再被分割。而在1917年，欧内斯特·卢瑟福在J. J. 汤姆孙等同时代人的理论基础上，提出了原子分裂理论。

亚原子物理学的世界始于质子、中子和电子，人们认为它们组成了原子。等到了20世纪60年代，亚原子世界的粒子已经变得种类繁多，令人眼花缭乱。这个时候，莫里·盖尔曼提出了夸克的概念。夸克可分为6种，并被证明是其他粒子的基础构件。

但夸克本身可以被分割吗？目前还没有直接证据证明夸克是复合粒子，但在1974年，理论物理学家乔杰什·帕蒂和阿卜杜勒·萨拉姆假设了一种名为“前子”的粒子。他们的计算结果表明，如果夸克真的由前子构成，那么粒子物理学中的一些问题就可以得到解释。

在那之后，从20世纪60年代到80年代，前子一直有着与夸克相当的地位：它的存在确实可以解决很多问题，但是没有确凿的证据证明它存在。所以，目前夸克依旧是最小的粒子，但没人能排除更小的粒子存在的可能性。

17. 中微子的质量是多少？

中微子是所有亚原子粒子中最令人困惑的。每秒都有数以万亿计的中微子悄无声息地穿过我们的身体，它们当中有些可以追溯到宇宙大爆炸时期，另一些则是最近由太阳中的核反应产生的。中微子与电子十分相似，但并不带电荷。

根据基本粒子的标准模型，中微子应当是没有质量的。但在 20 世纪 80 年代，发现中微子可以振荡，这表明它具有质量。到了 1988 年，人们证明了中微子不仅有质量，而且 3 种已知的中微子的质量还各不相同。但是它们的质量微乎其微，几乎无法检测，目前试图精确测量其质量的研究都还没有得出答案。

引 力

18. 引力的强度是多少？

300 多年前，艾萨克·牛顿发现了万有引力定律：宇宙中的任意两个物体之间都存在相互吸引的力，其大小与它们的质量的乘积除以它们之间距离的平方成正比：

$$F_{引} = G\frac{Mm}{r^2}$$

接下来只要计算出公式中 G 的值就可以了，但从那时起，科学家对此就存在争议。对其他科学常数值的研究都日趋精确，使得公式计算结果也越来越准确。但研究人员们还是会持续得出各种不同的 G 值，这些值间的差异跟实验的局限性关系不大。在一些情况下，相同的实验在不同的时间进行也会产生略有不同的结果。

2010年，国际科学理事会给出了新的推荐 G 值，更增加了该数值的不确定性。

19．量子理论和万有引力要如何协调？

物理学面临的最大问题，就是解释为何我们常识中的世界与包含原子和亚原子粒子的微观世界似乎存在着不同的规则。牛顿首先用万有引力理论解释了微观世界；接着爱因斯坦用相对论修改了牛顿的理论；但不久之后量子理论便出现了，它并不是用有形的物质和确定性，而是运用了波和概率来解释世界。

任何万物理论，或大统一理论，都需要想办法协调牛顿的物理学和爱因斯坦的量子力学。具体来说，它需要一个能够结合所有基本力的单一理论。但问题在于，电磁力、强相互作用和弱相互作用都适合用量子力学来描述，而弱得多的引力则更适合用经典物理学来解释。

木　星

20．为什么木星的云层如此绚丽？

从艺术的角度来看，木星无疑是美丽的。从大气中的大红斑到云层的各种色彩，从白到黄再到赤褐色，其间偶尔会点缀些许蓝色与绿色，就像不断变化的绚丽彩虹。但从科学的角度看，它就是一团谜，我们还不清楚产生这些颜色的化学成分。

我们知道，木星的大气主要由冰冻的氨构成，但氨冰是白色的，所以并不能解释这一现象。木星也含有很多别的化学物质，也许它们能生成这些色彩，但关于它们如何生成颜色的理论，与 20 世纪 90 年代红外线空间观测站或 2000 年“卡西尼号”土星探测器飞过木星时获得的数据不一致。

甚至连大红斑的出现原因科学家都很难解释。它的存在表明木星大气中有吸收蓝光的物质，但我们并不知道那是什么。

火　星

21. 是什么把火星变成了一个干燥的星球？

来自太空研究的证据显示，火星的大气层中含有水汽，火星表面有大量的冰，甚至还有一个淡水湖。这颗行星虽然现在十分干燥，但人们认为，在大约 40 亿年前，当太阳系还处于幼年期时，火星曾被一层厚厚的大气层笼罩来保持其温度，还曾有河流流入湖泊和海洋。美国国家航空航天局的“火星大气与挥发物演化任务”轨道飞行器目前正设法弄清究竟是什么使得火星干涸，而那时的火星似乎就要和曾经的地球一样开始出现生命体了。

一种观点认为，火星的大气层可能在数十亿年的时间里被太阳风吹散了。这种情况没有发生在地球上，是因为有地球磁场在保护我们。而火星就只有几个区域能受到自身磁场的保护。

另一种说法是，温室气体二氧化碳可能已经被火星表面吸收，因而产生冷却效果。人们希望“火星大气与挥发物演化任务”能够测量出火星上二氧化碳及其他气体的逸出率，并将这个数字向前推算，从而了解在过去的40亿年里火星到底发生了什么。

22．火星上的甲烷是从哪里来的？

自1909年以来，我们就知道火星的大气中含有少量甲烷。这不可能是古代残留的甲烷，因为甲烷分子在被太阳光分解前只能在火星的空气中存留三四百年。所以火星一定还在释放甲烷。2014年12月，美国国家航空航天局的“好奇号”火星探测器报告，火星表面会周期性地喷出甲烷云，这样火星上的甲烷问题就变得更加有趣了。

在地球上，大部分甲烷是生物体在消化食物时所产生的废气，因此火星上的甲烷也许可视作火星上存在生命的一条线索。它们也有可能是由早已灭绝的生物体的遗骸在火星内部受热并蒸发而产生的。

然而，不涉及任何生命形式产生甲烷的方法有很多，甲烷本身永远不足以证明火星上是否有生命存在。尽管如此，对火星上的岩石和大气层中的气体进行调查，可能会显示或排除甲烷产生的其他可能原因。

水　星

23．水星上卡洛里盆地内的潘提翁槽沟是怎么形成的？

当“信使号”水星探测器进入水星轨道时，它传回的照片上显示有一组槽沟，从一个中心的陨石坑向外呈放射状分布。最初人们非正式地将其称为“蜘蛛”，但后来国际天文学联合会正式将其命名为“潘提翁槽沟”，因为它的凹槽，或者说沟渠（fossae，在拉丁语中是“沟渠”的意思）的结构很像罗马万神庙的穹顶。他们还以万神庙建筑师的名字将中心陨石坑命名为“阿波罗多罗斯”。

究竟是什么造成了这种凹槽结构，它的形成是否与阿波罗多罗斯陨石坑有关，这些都存在争议。由于该陨石坑没有处于放射状凹槽的正中心，并且有证据表明其形成时间要晚于凹槽，所以它们位于相同的位置可能只是个巧合。

24．为什么水星的密度这么大?

我们知道水星的大小，通过计算它的引力，便能得到其质量。通过这些数字，又可以计算出它的密度。结果显示，其密度要比金星、地球和火星的密度高得多。最后得出的结论是，水星的富铁核约占其质量的60%，是其他三颗行星的两倍。

这说明水星一定在形成初期就已经失去了一些较轻的元素。可能是在水星形成之前，太阳星云的气体带走了较轻的硅酸盐，留下的主要是较重的金属元素；也可能是在水星形成的早期阶段，太阳的热量使其部分外壳蒸发；还可能水星曾经和其他行星是相似的，但是一次巨大的撞击使其外壳脱落。

每一种观点都对水星表面的岩石成分进行了不同的预测，希望“信使号”水星探测器提供的信息将足以确定哪一种情况是最有可能发生的。

银河系

25．银河系将会在什么时候和仙女星系相撞?

直到最近，对于预计的银河系与仙女星系之间的碰撞，天文学家们表示还不能确定。有人说它会在20亿年后发生；其他人则表示，这可能根本不会发生。这两个星系确实在靠近，但是仙女星系也有一个横向分量，可以使它经过银河系而不发生碰撞。想要精确地估算这一横向分量还是很困难的，直到2012年，天文学家们通过哈勃空间望远镜拍摄的照片对其进行了估算，并用计算机模拟出了星系未来的发展。新的预测是银河系和仙女星系肯定会在40亿年后发生碰撞。

也许是觉得40亿年这个数字听起来有点模糊，一些报告表示此次碰撞将于37.5亿年后发生。另一些报告则指出，这两个星系只会在40亿年之后发生接触，而要完全合并还需要再过20亿年。

然而，从那以后，人们发现宇宙膨胀的速度比想象中要快，而一些神秘的发现，如所谓的巨引源和沙普利超星系团，正在吸引本星系群中的所有星系。此外，在2015年，人们发现有一片巨大的氢云正朝这里移动，可能会在3000万年后与我们的星系相撞，给银河系增添外来物质。

目前的观测结果可能仍与2012年基于哈勃空间望远镜的预测一致，但未来的40亿年里可能会发生很多事情，从而改变我们对这一结论的看法。

26. 仙女星系和银河系相撞时会发生什么？

美国国家航空航天局基于哈勃空间望远镜的观测结果而进行的计算机模拟显示，这两个星系在碰撞时，穿过彼此之后减速，然后相互的引力将它们拉向对方。这种振荡将持续到它们合并为止。他们称，恒星将被抛到环绕新星系中心的不同轨道上。为了让我们安心，美国国家航空航天局表示："我们的太阳系可能会落到离星系核更远的地方，比现在要远得多。"他们还说："尽管这些星系会相互撞击，但每个星系内的恒星之间距离太远，所以在星系碰撞过程中恒星之间不会相撞。"

虽然单独的两个恒星之间相撞可能性也许是真的很小，但仙女星系内大约有1万亿颗恒星，银河系内大约有3000亿颗。一个粗略的计算表明，恒星之间的距离就类似于乒乓球之间相距 3 千米。因此，两个特定乒乓球相撞的概率非常小，但有 1 万亿颗乒乓球朝一个方向运动，有 3000 亿颗乒乓球朝另一个方向运动，那么在某个地方发生恒星碰撞的概率肯定很高。

27. 100 亿年前银河系和仙女星系之间发生过碰撞吗？

1981 年，以色列物理学家莫迪凯·米尔格龙提出，宇宙学中的一些主要问题可以通过对牛顿第二运动定律做一个小小的调整来解决。米尔格龙的修正牛顿动力学理论表明，引力在很大范围内的表现不同，如果我们应用他的理论，就没有必要假设暗物质的存在（暗物质至今还没有被证实）来解释星系的异常转速等问题。

2013 年，一群欧洲天文学家应用修正牛顿动力学理论计算了银河系和仙女星系所属本星系群中星系的移动轨迹。他们的计算表明，100 亿年前这两个星系曾有过一次近距离接触。根据传统的牛顿–爱因斯坦理论和暗物质假说，它们可能已经合并了，但根据米尔格龙的理论，这两个星系可能穿过了彼此而没有造成任何伤害。它们现在可能正在返回的路上，准备进行另一次碰撞，但碰撞的结果可能与牛顿和爱因斯坦所预测的结果大不相同。

外太空

28. 为什么外太空在朝我们“咆哮”？

2009 年，美国国家航空航天局的科学家们发现了一个来自外太空的无线电信号，其强度是应有强度的6倍。当时，他们正设法通过监测最远星系的辐射来探索宇宙最古老的部分。你所看到的宇宙越遥远，时间就越久远，这是因为光的传播需要时间。然而，由于宇宙的不断膨胀，来自最遥远地方的光的波长在到达我们这里时已被拉长，我们探测到的不是光，而是无线电波。因此，通过射电望远镜可以听到它们，而不是看到它们。

然而，当他们把望远镜对准最远的恒星时，实际上听到的是一种强烈的嘶嘶声，声音大小是预期的6倍。在排除设备故障的可能性后，科学家们一直无法解释为什么会出现这种强烈的嘶嘶声。在已知的宇宙中，没有任何事物有可能产生如此强大的无线电信号。这种被称作“太空咆哮”的现象，是宇宙学中的未解之谜之一。

类星体

29．类星体的能量来源是什么？

类星体是“类星射电源”的简称，20世纪50年代，它们作为无线电波源首次被观测到，但很快就被证明是一片极其明亮而紧凑的区域，位于巨大且遥远的星系中心。事实上，除了超新星爆发这样的爆炸事件之外，类星体是宇宙中最明亮的天体，它们所释放的能量要比看上去更多。一个类星体的能量输出可能是整个银河系的好几倍。

目前最可信的理论是，每一个类星体的能量来源都是其中心区域的超大质量黑洞。黑洞被一团巨大的旋转气体云所包围，当其落入黑洞，温度骤升。气体发出热辐射，这可能就是类星体能量的来源。

然而，是否所有类星体的中心都有黑洞，超大质量黑洞产生的方式是什么，目前都还不清楚。人们假设它为类星体能量来源的原因更多是由于默认，而不是通过证据证明的：因为也没有人能想出其他足够强大的能量源。

30．类星体都去哪儿了？

据我们所知，每一个类星体都离我们很遥远。目前已经发现了20多万个类星体，但最近的一个距离我们也有大约6亿光年。这表明类星体在大约6亿年前就停止形成了，或是它们在那个时候耗尽了燃料，因为它们的黑洞吸收了所有提供其能量来源的气体。事实上，现在的宇宙中可能没有类星体，我们所观测到的只是古老宇宙的痕迹，它花了5亿多年才到达我们这里。

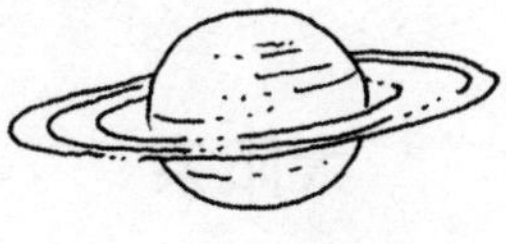

土　星

31．为什么土星北极周围的云层呈六边形？

1981年至1982年，“旅行者号”行星际探测器传回了一些土星北极周围六边形云体的照片。2006年，经过“卡西尼号”土星探测器的确认，它仍然在那个位置。六边形云体的边长约为1.38万千米，它旋转的周期为10小时39分24秒，与土星内部的射电辐射周期相同。

关于这个规则的几何图形的成因，唯一线索是一些研究表明，在两种以不同速度旋转的流体之间的湍流区域，可能会出现规则多边形。土星的大气风暴以及它的自转可能为这个六边形云体的形成创造了条件。

32．土卫一表面温度异常的原因是什么？

威廉·赫歇尔于1789年发现了土卫一，长期以来，人们一直认为它只是一个由岩石和冰体构成的天体，又小又无趣。然而，在2010年，“卡西尼号”土星探测器的测量结果显示，土卫一表面的温度分布非常奇怪。和地球上一样，不同地方的温度可能与所接收到的太阳光有关，但在土卫一上观察到的模式却截然不同。

土卫一表面热导率的巨大差异可以解释这种意想不到的模式，此差异导致一些表面区域直接被太阳加热，而对于另一些区域，太阳的热度却渗透进表面。温度最低的区域是在巨大的赫歇尔陨石坑的周围，但温差是否与这个陨石坑有关还不清楚。

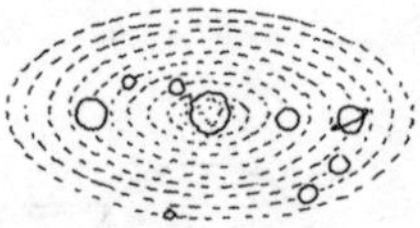

太阳系

33．为什么小行星“女凯龙星”有光环？

直到2013年，太阳系中已知仅有的有光环系统的天体是土星、木星、天王星和海王星这几颗巨大的行星。然后天文学家们在小行星“女凯龙星”周围发现了第五个光环系统，该行星在土星和天王星之间围绕太阳运行。据估计，“女凯龙星”的直径约为250千米，天文学家们认为它太小了，不足以支持一个光环系统。其光环由两条宽约7千米和3千米的明亮窄带组成，两者之间的距离约为9千米。它们围绕“女凯龙星”运行，距离约为400千米，但它们是什么，它们是如何到达那里的，以及它们可能在那里停留多久，这些都还有待确定。

由于天文学家们认为“女凯龙星”的引力太弱了，无法将光环保持几百万年，所以它们要么非常年轻，要么是由尚未发现的所谓“牧羊卫星”[①]保持的。这种光环最有可能的形成原因是，它们是碰撞产生的碎片，但是，是某天体与“女凯龙星”发生碰撞，还是与“女凯龙星”的一颗不知名卫星（可能已经不存在了）发生碰撞，这还不清楚。

2015年，天文学家们宣布一颗更小的行星“喀戎”可能也有一个光环系统。

34．为什么“柯伊伯带”的天体在一定距离后会迅速减少？

天文学家于1930年发现冥王星，它绕太阳运行的距离比之前发现的任何行星都要远，天文学家们开始猜测，在更远处可能还有什么其他的天体。1951年，荷兰籍美裔天文学家杰勒德·柯伊伯提出，在太阳系的外围区域存在一个圆盘状天体群。他的许多假设后来经证明是不正确的，但是当这样一个由小天体组成的区域后来被证实时，天文学家们将其命名为“柯伊伯带”。它主要由彗星组成，天文学家们认为在它距离太阳3万到5万个天文单位的区域内有超过10万个直径超过100千米的天体。由于1个天文单位是地球到太阳的平均距离，所以这是一个非常远的距离。

现在已经发现了超过1000个大型“柯伊伯带”天体，但是当距离太阳超过50个天文单位时，数字就突然下降了。这个距离叫作“柯伊伯峭壁”，所有“柯伊伯带”的形成理论都未能解释这个距离。据了解，这种数量上的迅速减少不是由于观测偏差造成的。最有可能的说法是，在这种距离下，物质过于分散，无法形成大的天体，又或者是发生了什么事情，移动或摧毁了已经形成的天体。唯一的其他说法是，一个尚未

① 所谓牧羊卫星是指能给环以力学影响，保护光环使之不致破裂四散的卫星，其作用就像牧羊人管理羊群那样，故取名为牧羊卫星。——译者注

发现的大质量天体的引力使这个区域失去了物质。

35. 在早期的太阳系中，地球是否曾与一颗名为“忒伊亚”的行星相撞?

月球绕地球运行时始终是同一面面向我们，这一事实支持了地球和月球曾经是一体的观点。这个理论认为，大约45亿年前，在太阳系生命的早期阶段，地球曾与一个火星大小的天体相撞。天文学家们将这个假想的天体称作“忒伊亚”，以希腊泰坦女神忒伊亚（月亮女神塞勒涅的母亲）的名字命名。

天文学家们认为，如果曾发生撞击，“忒伊亚”应该已经毁灭了。它的一部分与地球融合，另一部分与地球分离出的部分一起形成了月球，还有一部分脱离到太空中。虽然一些地球和月球成分的对比结果支持了它们曾经是一体的说法，但其他测量结果很难与人们所知的“大碰撞假说”相一致。

评估假设真实性的一个主要问题是，同样的发现经常会有支持和反对两种不同的解释。一些人引用月球岩石和地球成分之间的差异作为证据，以证明它们从来都不是一体，而另一些人则认为这是“忒伊亚”贡献了月球的非地球部分的证据。同样，地球和月球之间的相似性可以看作是它们曾经一体的证据，也可以看作是“忒伊亚”没有做出贡献的证据。

36. 明天太阳升起的概率是多少?

18世纪，法国数学家皮埃尔－西蒙·拉普拉斯提出了这个问题作为应用概率论的早期例子。他解决这个问题的方法是运用其“接续规则”，这是一种在观察之后修改最初预期的方法。如果我们只看过一次日出，我们可能会对明天太阳是否还会升起持开放态度，但如果它日复一日地升起，我们就会更加确信它明天还会升起。根据《圣经》

中创世论的解读，可以得知地球的年龄是6000岁，拉普拉斯计算出大约已经有6000×365=2190000次日出，所以他估计明天太阳升起的概率为2190001/2190002=0.9999995。

然而，根据我们的现代科学知识，我们可能会坚持使用一种不同的计算方法。例如，我们可以问，什么会阻止太阳的升起。因为我们所看到的日出仅仅是由地球绕轴自转引起的，所以太阳不会升起的原因就只有太阳爆炸或者地球停止自转。后者只有在某个非常大的物体在早晨之前与地球相撞时才会发生，而我们认为这是不可能发生的。但我们可能漏掉了一些东西。在我们没有注意到的情况下，某个非常大的物体从哈勃空间望远镜旁边滑过的可能性有多大？如果，我们自牛顿以来的所有天文学理论都是完全错误的，太阳在明天之前就要爆炸的可能性又有多大？我们对科学知识发展的信念，是否与拉普拉斯的概率计算遵循同样的接续规则？

计算出明天太阳升起的概率其实并不像看上去那么容易。

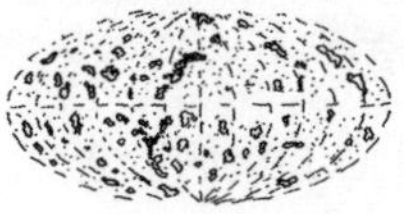

宇 宙

37. 宇宙是不稳定的吗？

希格斯玻色子的发现使我们更加相信宇宙可能是不稳定的。根据粒子物理学标准模型（预言了希格斯玻色子的存在），宇宙中的真空并非真正的空无一物，而是充满了粒子和反粒子，它们刚一产生，就在极短的时间内相互湮灭了。只要它们的速度足够快，这种不断地产生和湮灭就不会违背任何物理定律。问题是这个混乱的真空是否稳定。

根据我们对标准模型的理解，真空稳定的必要条件是我们宇宙的势能达到最小。希格斯玻色子和顶夸克这两种基本粒子的质量可以很好地帮助我们判断是否达到了这一条件。目前对它们质量的估算表明，情况还很难说。两者似乎都非常接近宇宙稳定的极限。因此，一次随机的量子涨落可能就会导致一个真空泡横扫太空并摧毁宇宙——在这种情况下，第二天的太阳将不会升起。但即便如此，至少在几十亿年内是不会发生的。

38．宇宙有起源吗？

我们目前认为的宇宙起源可以追溯到大约138亿年前，从宇宙大爆炸开始。确切地说，这是一次从单一点产生的巨大能量爆炸，从此推动了宇宙的膨胀。138亿年这个数字来自对星系分离的计算。通过追踪它们的运动轨迹，我们不仅能预测它们未来的去向，还能算出它们从哪里来，数据似乎表明138亿年前这些星系都在同一个地方。

这就是数学上不成立的地方。回到宇宙大爆炸的那一刻，我们达到了一个奇点：宇宙中所有的能量都在同一个地方，时间停止了，所有的物理定律也都失效了。有以下几种方法可以解释这个问题。

- 宗教："起初上帝创造了……"这是我们一直在说的。我们很高兴你们科学家终于同意了我们的说法。上帝说的"要有光"就是你们所说的宇宙大爆炸。
- 多重宇宙论：宇宙大爆炸理论只适用于我们的三维宇宙。在我们的宇宙出现之前，可能还有很多其他的宇宙。弦理论认为我们的宇宙可能只是一个十维或十一维宇宙的一部分，这样的话又有什么问题呢？
- 无边界：就像地球表面一样，时空本身是有限的，但没有边界。宇宙有一个开端，但它的开端是由物理定律决定的。奇点并不是问题。
- 实际上，我们的理解有点错误，并不是所有事物都同时存在于同一地点。如果我们准确地追溯星系的运动轨迹，会发现它们彼此错过。从来就没有什么奇点。

39. 我们能通过实验获得更高空间维度的证据吗?

超弦理论认为存在十维时空。它源于更基础、基于十一维空间的M理论。如果这些理论所需的额外维度存在，那么它们一定是被某种物理机制隐藏了起来。有一种说法是，额外的维度可能“蜷缩”到了一个非常微小的尺度，因此它们实际上是不可见的。如果这些额外的维度无法测量，那么我们该如何检验它们是否存在呢?

在弦理论提出的早期，这便引发了一个哲学问题。如果作出的预测不可检验，该理论就不满足卡尔·波普主张的可证伪条件，只有满足这个条件，该理论才有资格作为一种科学假设来考虑。然而最近，超弦理论似乎最有可能产生一个大统一理论来解释物理学中的所有基本力。一直以来的问题是，引力相对其他力来说太弱了，但是，如果我们将引力看作是一个十维或十一维的力中较弱的三维组成部分，这就可以解释为什么它在我们的宇宙中如此之弱。这些额外的维度便可以通过我们可检验的宇宙范围内的引力变化反映出来。

这个想法已经存在十多年了，但是我们仍然没有发现任何关于更高维度的真实证据。不过，这并非没有可能。

40. 我们生活在一个循环的宇宙中吗?

宇宙不仅在膨胀，而且还在加速膨胀。我们不知道是什么导致了这种加速，所以我们也不知道它会持续多久，但宇宙不太可能是能循环存在的。在那种情况下，宇宙会继续膨胀直到能量耗尽，之后由于引力将所有物质拉近，宇宙就会开始缩小。最后，就像宇宙大爆炸一样，一切会在“宇宙大收缩”中结束。这就导致了循环宇宙理论的产生，所有的物质都被吸入一个巨大的黑洞，并在另一场宇宙大爆炸中再次出现，爆炸和收缩循环往复，永无休止。

这种想法有一个问题是，它似乎与热力学第二定律相矛盾，后者主张无序状态或混乱状态持续加深。随着宇宙变得越来越混乱，它便无法回到宇宙大爆炸时的完美秩序状态。

最近，修正后的循环宇宙理论出现了，它认为宇宙中的所有物质的分布会越来越稀疏，并且持续衰变直到一切都变成能量。当这种情况发生时，将会发生另一场宇宙大爆炸，或者多场宇宙大爆炸（取决于你读的是谁的理论），其中每一场爆炸都创造出了自己的宇宙。无论是哪种情况，每次循环所用的时间将在1万亿年内。

41. 宇宙早期的快速膨胀与当前的膨胀有关吗？

宇宙大爆炸后的一刹那，宇宙以惊人的速度膨胀，可能比光速还要快。关于推动宇宙膨胀的机制，有一种提议是有一个假设的场，叫作“暴胀场”，它是由至今尚未发现的叫作“暴胀子”的粒子引起的。暴胀场创造了一种暗能量，这种暗能量是宇宙早期膨胀背后的驱动力。之后膨胀速度的变化可能是由暴胀场与引力的相互作用以及宇宙大爆炸的残余动量引起的。

导致宇宙当前膨胀加速的暗能量，可能与推动其早期膨胀的暗能量来自同一能量场。

金　星

42. 金星上有活火山吗？

太阳系的所有行星中，金星上的火山最多。1600多处大型火山及火山特征已被确认，小火山的数量估计在10万到100万处之间。金星虽然和地球的大小差不多，但它的表面温度却要高得多，它的大气非常不同，气压也要高得多。它似乎也没有致使地球上大多数地震和火山爆发的板块构造。所有这些特征都有可能极大地影响火山活动的频率和类型。

然而，一个重要的问题是金星上是否仍有活火山。虽然至今从未有过金星火山活动的记录，但关于那里正在发生什么，我们掌握的数据太少，所以无法准确推断。

43. 为什么金星上的风越来越强?

金星上的大气非常稠密，并且富含二氧化碳，这导致金星被一层淡黄色的云所覆盖。对此云层运动轨迹的追踪显示，在金星表面的上方约70千米处有着极强的高空风。

不仅是探测器，科学家们也直接从地球上观测并测量了这些风，但是“金星快车”的最新观测结果显示了一些令人惊讶的特征。在对云层的运动轨迹监测了10个金星年之后，科学家发现风速随着时间和纬度的变化而变化，但最显著的发现是，总体来说，这些超级飓风的风速一直在增加。

是什么驱动了这种奇怪的大气模式，目前还没有答案。

生理篇

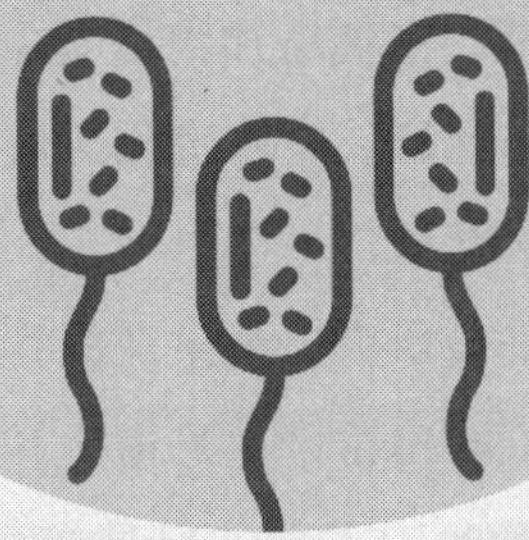

自闭症

1．疫苗会导致自闭症吗？

20 世纪 90 年代，人们就儿童常规接种的某些疫苗是否会增加患自闭症的概率展开了一场大辩论。在美国，人们的主要存疑对象是硫柳汞，它是一种含汞防腐剂，常被添加到疫苗中用于延长其保质期。而在英国，问题则聚焦在预防麻疹、腮腺炎和风疹的 MMR 疫苗上，有些人认为其会影响孩子的大脑发育。

争论双方都进行了许多研究，但主流医学观点似乎并不支持疫苗会导致自闭症的说法。人们对疫苗产生恐慌，其实是因为儿童自闭症首次发作时间经常与疫苗接种时间重合。但是在 1999 年，美国儿科学会还是和疫苗制造商达成了协议，即 6 岁及以下儿童接种的所有疫苗中应减少或不使用硫柳汞。

自那之后，进一步研究表明，接种含硫柳汞疫苗的儿童患自闭症比例并不比接种无硫柳汞疫苗的儿童高。尽管如此，一些国家的法院还是裁定，据称因疫苗接种导致自闭症的儿童应获得赔偿。2012 年，意大利法院就曾裁定一名儿童的自闭症是由 MMR 疫苗引起的；2014 年，米兰某法院也判定一名接种了含硫柳汞疫苗的儿童“极有可能”遭受了脑损伤并患有自闭症，因为这种疫苗中所含的铝和汞具有神经毒性。

可能医生和政客们比较确信疫苗不会导致自闭症，但法律界人士明显不那么肯定。

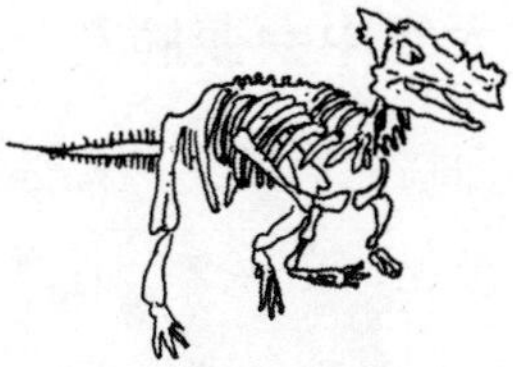

骨骼

2. 为什么人类男性没有阴茎骨?

- 食肉哺乳动物中只有人类和鬣狗没有阴茎骨。
- 灵长类动物中只有人类和蜘蛛猴没有阴茎骨。
- 海象的阴茎骨比其他动物都要大。

当然，我们谈论的是阴茎骨，至于人类男性为什么没有阴茎骨，其原因已经遗失在我们的进化史中了。

阴茎骨的主要好处，就是能让雄性进行快速而频繁地交配。拥有阴茎骨的生物不必等血压升高才能勃起，只需将阴茎骨从体内推入阴茎，就可以进行下一步了。有理论认为我们的男性祖先很擅长坚守在自己的配偶身边，使她免受竞争对手的骚扰，同时确保只要他需要她，她就会在身边。结果就是，男性可以等待自己勃起，因为他知道他的配偶也会等着他。

另一种说法指出，这是因为灵长类动物的阴茎比其他哺乳动物要短。阴茎越短，其中的骨头就越短，最后到了人类这儿，它就消失了。但为什么绝大多数其他灵长类都有阴茎骨，依旧无法解释。

最后，还有一个说法认为，阴茎骨是上帝从亚当身上取下用来创造夏娃的“肋骨”。2001 年发表在《美国医学遗传学杂志》(*American Journal of Medical Genetics*)上的一封信就主张这个观点，不过这封信的重点可能是，人类阴茎骨的缺失是整个人类故事的源头，而不是说阴茎骨的消失可以追溯到伊甸园时期。

3．为什么人的骨头在太空中会变脆？

航天员在国际空间站面临的问题之一就是骨质疏松。这种情况在进入太空后的几天内就开始出现，在第2个月到5个月期间会逐渐恶化。长期驻留导致的骨量①损失则高达20%。

航天员血液中钙含量的增加证实了骨质疏松是因为骨骼中的钙被分解并释放到了血液中。这就是所谓的“废用性骨质疏松症”，它会使骨骼变得脆弱易碎。据推测，由于在太空微重力下是近乎失重的状态，骨骼从平时支撑身体重量的任务中解放出来，因此会造成这个现象。

美国国家航空航天局表示，造成这种钙质流失的机制尚不清楚。有说法认为微重力可能会导致骨骼的分解速度远快于其形成的速度，但“引起这种速度变化的确切诱因尚未找到”。

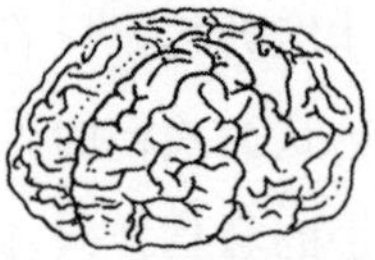

大　脑

4．我们如何识别人脸？

人脑最了不起的功能之一，就是即使我们很久没见过的人，也还是能认出他们的脸。有证据表明，我们可以记住多达1万张面孔；而实验表明，即使十年或更久未见，我们一般也能认出对方的面孔。研究者认为，大脑颞叶、右梭状回、颞前皮层、枕下脑回、颞上沟和杏仁核都是与人脸识别有关的脑区，对人面失认症（即脸盲症）的研究表明，梭状

① 骨量是指单位体积内，骨组织（骨矿物质和骨基质）含量，常用来代表骨骼的健康情况。——译者注

回的损伤会导致我们无法识别人脸。

从人脸上可以同时读取年龄、性别、情绪以及身份信息，只要看一眼，我们的大脑就要处理大量的数据。这种高效的处理能力也是我们最了不起的本领之一，连我们自己都不知道是如何做到的。

5．大脑是如何将各种感官信息整合在一起的?

我们都知道人有五感：视觉、听觉、触觉、嗅觉和味觉。另外还有其他感觉，如平衡、痛觉、温度和方位等。一直以来，它们都被看作是接收外界信息的独立手段，大脑的任务就是从各种感官输入中建立起一个完整的画面。我们可以感知某种东西的外形、声音、触感、气味和味道，并将其组合为完整的画面。然而，最近的研究表明事实并非如此简单。

心理学和脑科学都表明，感觉并不是独立起作用的，一种感觉能以意想不到的方式影响其他感官。英国牛津大学心理学家查尔斯·斯彭斯给出了一种较为清晰的论证，他的研究得出了惊人的结论，即我们的味觉可以被其他感官所欺骗。比如草莓放在白色盘子里比放在黑色盘子里吃上去更甜美；而白色的墙纸会让红酒的味道变差；另外，不同的声音可以使食物尝起来味道不同。除了味觉，也有研究表明我们自认为听到的东西也会被看到的东西所改变。

脑部扫描结果也支持这些发现，它们识别出单个神经元能同时对多个感官感知到的信息做出反应。这种能力并非与生俱来，而是在初期发育时出现的。大脑不仅会将信息堆放在一起，还会将感官重叠起来，以某种方式发展出一种联系，让它们以动态的方式自行组织到一起工作。但是，如果感觉可以相互重叠和改变，那如何描绘出一个精确且一致的画面呢？这点我们尚不清楚。

6．大脑中的信息是如何编码的？

关于大脑的功能仍有许多未解的问题，但最基本的问题之一就是信息是如何编码，又是如何在大脑区域间传递的。我们的大脑被视为包含神经元连接的庞杂网络，但我们尚不清楚神经元之间的交流方式。测量神经元细胞膜上电压的波动提出了两个基本组成部分：脉冲波动的平均速率和单个脉冲的时间模式。

至于哪个更重要，人们已经争论了半个世纪。德国的一个研究小组在2010年提出，脉冲和时间模式可以同时运作。随后在2014年，另一个德国的研究团队表示共振可能也起到了一定作用，不同的细胞网络具有不同的频率，使得它们能够相互沟通或抑制其他细胞的活动。

如果想理解大脑内信息的模样，或者搞清楚神经元是如何懂得彼此的，以上这些理论都没有显著的帮助。但至少我们可以更清楚地了解神经元之间的交流机制。

7．大脑是如何集中注意力的？

1999年，心理学家丹尼尔·西蒙斯和克里斯托弗·查布里斯进行了一次非同寻常的人类注意力实验。受试者观看一段6个人在篮球场上练习的影片，其中3个人穿白色队服，另外3个人穿黑色队服，每支队伍都有自己的球，在场上走动时把球传给队友，之后受试者需要计算白队成员之间的传球次数。传球进行了15次，很多人都给出了正确答案。但被问及影片中有什么不寻常之处时，只有少数人注意到一个穿着猩猩装的人横穿了球场，还中途停下对着镜头捶打胸口。在各类试验中，察觉到这只“大猩猩”的人数占比为0到20%。

我们的大脑在寻找某物的时候，别的东西不管有多显眼，也有可能被忽略。这个实验中显示的“无意失明”就像人们所想的那样清楚地证明了这一点。同时，自我保护的重点在于注意那些可能预示着威胁的意想不到的声音和景象。但是我们的大脑是如何决定什么是值得关注的呢？

这可能与其他我们还不理解的东西有关，比如自由意志和意识。而我们清楚的事情，就是大脑可以在我们意识到对这些决策有影响之前，选择关注什么和忽略什么。

8．为什么我们的大脑会分为两个半球？

所有的哺乳动物，甚至连鱼类的大脑都分成两个几乎完全相同的部分，并不断地相互交流。这证实了大脑的分割发生在我们进化的初期，但它的优势究竟在哪里，目前还只是猜测。

由于左脑控制右半边身体，反之亦然，所以人们普遍认为分裂的大脑与侧向特化有关。但对这种有着明显生理分界、中间只靠一根粗纤维管连接的两半脑，为什么会是一种优势呢？我们依旧不得而知。

2000 年，有人在未孵化的小鸡身上做了一个实验，试图确定大脑偏侧化[①]的优势。一组小鸡在黑暗中孵化，而另一组小鸡则暴露在光照下，这种光照方式已在一些视觉测试中被证明会导致大脑偏侧化。当它们孵化后，小鸡同时接受两项任务测试，一项是啄食种子，另一项是探知捕食者。结果显示，大脑偏侧化的小鸡执行任务的能力更强。这就印证了一个理论，即两个半脑在同时做两件事时，其平行处理能力比单个大脑强。

不过，从这个单一结果到了解大脑进化的理论，对鸡来说已经是一大步，更别说是对人了。

---

① 大脑偏侧化是指大脑的左半球和右半球的神经－心理分化，即左半球负责句法和语音信息的识解分析，右半球负责语调、非语言信号和语用的识别理解。——译者注

9．催眠状态下的大脑中发生了什么？

当人处于催眠状态时，可能会做一些平时不会做的事情，当他们从催眠状态中醒来，很可能对自己做过的事情没有任何记忆。那么当时大脑中发生了什么呢？

大部分相关硬性数据来自脑电图仪测量到的催眠状态下的脑电波。一些研究显示，大脑低频波的增加和高频波的下降，这与睡眠和做梦的模式类似。另一些研究则表明了大脑皮层左半球的活动水平较低，而同时右半球的活动却增加了。这个研究结果正好和以下观点相一致，即左脑与有意识的逻辑和推理相关，右脑与潜意识和创造力相关。催眠因此被看作是征服了主观意识抑制的现象。

然而，我们仍然无法解释人是如何进入催眠状态的。人们普遍认为，催眠师的工作仅是引导被催眠者放松并进入状态，但是，对于被催眠者如何在不入睡的情况下关闭意识，则是完全未知的。虽然催眠状态和梦境状态大不相同，但其生理学上的区别依旧不明。

10．道德是大脑中固有的吗？

进食、生存、交配和哺育后代是绝大多数人与生俱来的欲望。我们的大脑对其有着根深蒂固的认知，对我们这个种族的生存至关重要。然而，不管是古代哲学家还是现代神经学家，都一直在争论这是否同样适用于道德判断及善恶观。道德准则是从教育和文化中习得的，还是大脑中固有的呢？

有两个道德困境的问题经常被作为支持本能道德论的论据：

- 假设你是一名铁路工人，站在铁轨旁，铁轨上的火车正在失控地超速行驶。如果你什么都不做，它将顺着这个轨道直接轧过前面的五个人。而你如果拨动控制杆，将它送到另一个轨道上，这时只能轧死一个人。你会怎么做？

- 假设有一名医生负责一个五人病房，如果不立即接受移植手术，病人将全部死亡。这时一个健康的陌生人走进病房，如果医生杀死陌生人，就可以摘取他的器官，挽救这五个病人。那么他应该这样做吗?

大多数人认为在第一种情况中，拨动控制杆是正确的，而在第二种情况中则不应该杀死陌生人，但两种情况下，其实都是牺牲一人救下五人。这种道德判断似乎是普遍的，因此这一事实也被认为是支持了道德是普遍本能的观点。

但有人可能会说，拨动控制杆和冷血杀人是两种大不相同的决定，而且毫不奇怪，不同的文化都能通过理性而非本能演绎得出相同的道德结论。

11. 小脑中的神经元为什么这么多?

小脑（其英文名“cerebellum”源自一个拉丁词，意为“小大脑”）包含人类大脑中约半数的神经元，但只占大脑体积的1/10。它位于大脑底部半球下方，过去人们认为它主要是大脑的运动调节中枢，在保持平衡、协调运动和运动学习方面起着重要作用。它还被认为在某些认知功能中发挥作用，比如语言，它还可能涉及运动技能，至少在口语方面是如此。在上述所有例子中，小脑虽不是动作的起始部位，但对于动作的执行似乎起着至关重要的作用。

最近对一些灵长类物种的比较研究表明，在类人猿和猴子产生分化时，小脑的体积迅速扩大了，甚至有人提出变大的小脑是人类认知能力的核心。小脑包含的大量神经元和连接表明它在大脑的功能中起着重要作用，但是我们对其作用和作用方式仍知之甚少。英国杜伦大学的人类学教授罗伯特·巴顿在2014年10月写道：“没人真正了解这些神经元的作用，但它们肯定是在做一些重要的事情。”

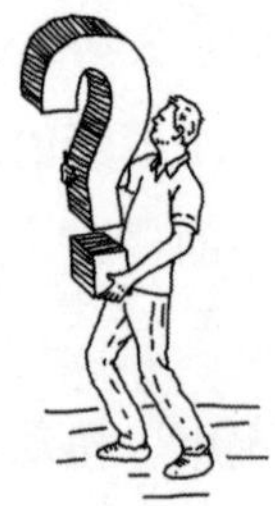

癌 症

12. 盲鼹鼠是如何抵御癌症的?

盲鼹鼠生活在地下，用牙齿挖洞，眼睛上覆有皮肤，在缺氧无光的环境下生存，但从未被发现过患癌症。即使暴露在致癌的化学品中，它也表现出对癌症的完全抵抗力。这也是为什么在2014年，对其基因组测序被视为可能在癌症研究方面向前迈出的一步。

基因适应性使盲鼹鼠能够在极低的氧气水平下生存，这被认为是能够高效抵御癌症的原因。它是否适用人类癌症治疗还有待研究，但盲鼹鼠基因组的公布肯定会提升其在医学研究中的地位。

13. 为什么有些痣会癌变?

以前我们曾将痣称作“美人痣”，直到它的美因与皮肤癌有关而变味。痣是一种良性（非癌性）的色素沉着皮肤肿瘤，大多数痣不会引起任何问题，但有的也会发生癌变。至于癌变为何会发生，我们尚不清楚。

目前已经发现许多因素会增加痣变成恶性黑色素瘤的概率。其中一个风险因素是过度暴露在阳光下，尤其是在人年轻的时候。来自太阳或日光浴床的紫外线（尤其是UVB射线）会破坏皮肤细胞中的DNA，从而引发癌变；痣多的人似乎比痣少的人更容易患癌症；还有一种大而扁平且形状不规则的痣，被称为“发育不良痣”（或“非典型痣”），这种痣更容易发生癌变。

但即使有上述情况，在它开始癌变前，我们也无法判断特定的良性痣是否会发展为黑色素瘤。

14．运动是如何影响患癌风险的?

2011 年 12 月发表的一项研究估计，英国约有 1% 的癌患与运动量低于政府指南建议量有关。那些经常进行体育锻炼的人患肠癌的概率要低得多，女性乳腺癌的病例也是如此。

缺乏运动的生活方式将导致许多健康问题，包括中风、心脏病、糖尿病、骨质疏松和一系列与体重增加相关的毛病。据说定期进行体育锻炼不仅能影响体重，还能预防癌症。不过我们并不能确定这一点，除非以后对癌症的成因有更好的了解。正如统计学家经常提醒我们的那样，相关性并不意味着因果关系。如果不运动的人更容易患癌症，那也可能是癌症导致了不爱运动的生活方式，而不是相反。

运动会影响胰岛素、某些激素和类激素的前列腺素的分泌水平，这些都可能都对抗击癌症产生作用。但这也只是对癌症和运动之间关系的推测性解释——假设它们之间确实有联系的话。

死　亡

15．死刑有威慑作用吗?

这个问题已经成为犯罪学家和统计学家进行的几十个或者几百个研

究的主题，但得出的结论差异巨大，所以至今依然备受争议。

认为死刑没有威慑作用的人常常提到的论点是，美国有死刑的州比没有死刑的州的谋杀率要高得多。而反对者辩称，高谋杀率正是这些州保留死刑的原因，他们表示，如果没有死刑，就会有更多的谋杀案件发生。

一些研究甚至确定了（或者他们声称确定了）执行一次死刑能防止多少起谋杀。但是它们给出的具体数目在3起到42起不等，这说明它们的计算方法是不精确的。

英国自1964年废除死刑以来，非法杀人的比例增加了一倍多，但这些是否能全部或部分归咎于死刑废除，依旧存在争议，因为在这一时期，社会的总体性质，尤其是犯罪的性质发生了巨大的变化。例如，与毒品有关的枪支犯罪大大增加，街头斗殴中持刀伤人和实际上毫无动机的杀人也在增加。也许是因为离婚变得更加容易，家庭谋杀案有所减少。

如果没有关于死刑对潜在谋杀者意图影响的可靠资料，数据统计似乎永远无法回答这个问题，而这是我们寻找答案的唯一途径。

16．西古德·艾斯坦森真的是被砍掉的人头咬伤而死的吗?

西古德·艾斯坦森，又名强大的西古德，是奥克尼的第二个维京领主，也是9世纪征服苏格兰北部的维京领袖。根据1230年左右一位佚名冰岛作家所写的《奥克尼恩加传奇》（*Orkneyinga Saga*）记载，他因为被死人头咬伤而死。

这个传奇故事讲述了西古德向当地的统治者——龅牙马尔·布里特发起了挑战，约定各带40人进行决斗。但西古德违反了约定，带来了80人参战。赢得战斗后，西古德割下了马尔·布里特的头颅，将其绑在马鞍上作为战利品带回去。但在回去的路上，他的腿被马尔·布里特的龅牙划伤了，最后他死于伤口感染。

这个故事似乎被普遍接受为真实事件，但斯堪的纳维亚传奇一般是历史真相、传说和浪漫主义的混合体，我们可能永远都没法知晓其真假。

17. 哈罗德国王是在黑斯廷斯战役中被箭射中眼睛的吗?

从贝叶挂毯（Bayeux Tapestry，但它其实并不是挂毯而是刺绣）中大家都能看出来，英格兰国王哈罗德二世在 1066 年的黑斯廷斯战役中被一箭射中眼睛而死。但事实果真如此吗？如今，人们对这一长久以来从未改变的观点逐渐产生了怀疑。

首先，关于哈罗德二世之死的记载存在问题。最早的记载在贝叶挂毯出现前就已经写好了。朱米格斯的威廉在 1070 年左右撰写的《诺曼国王纪事》（*The Gesta Normannorum Ducum*）中写道“哈罗德‘浑身都是致命伤’地倒下了”，但并没有提到他的眼睛中箭。

其次，来自贝叶挂毯中的证据，针对那个被射中眼睛的旗手的调查，提出了各种各样的问题。它的上面绣着“HAROLD REX INTERFECTUS EST”（哈罗德国王被杀）的字样，但这句话也许指的是图中的另一个角色，很可能是那个倒在斧头旁边的士兵。另外，也有人认为“箭”的图案可能是刺绣修复中产生的失误，而在原图中它不过是一条虚线——是一道缝合的痕迹。

2014 年底，在大英博物馆发现了一份 12 世纪的文献，其中有更令人惊讶的记载，声称哈罗德二世从这场战争中幸存了下来，在度过了 40 年默默无闻的生活后，悄然长辞了。

18. 英格兰国王爱德华二世是怎么死的?

1327 年，爱德华二世在维持了 20 年饱受争议的失败统治后，他的妻子——法国的伊莎贝拉（12岁时与爱德华结婚）和她的情人罗杰·莫蒂默用武力逼迫爱德华二世退位。这位国王先是被囚禁在凯尼尔沃思城堡，然后又被转移到格勒斯特郡的巴克利城堡。9月23日，爱德华二世的儿子被告知了他的死讯，继位成为爱德华三世。在接下来的15年里，关于爱德华二世的死因出现了各种截然不同的说法。

在1330年之前，这些故事都遵照了官方的说法，认为爱德华二世是自然死亡的。但在那之后，谋杀的说法变得普遍起来。1340年左右，开始有记录表明谋杀的方式是将一块金属插进他的肛门，这样就可以破坏他的内脏，又不在体表留下痕迹。早期的版本说这块金属是一根铜棒，但很快又成了烧红的铁钳。这种说法可能是想将人们的注意力引到国王和皮尔斯·加韦斯顿之间长期的同性恋关系上。

大多数现代历史学家都认为烧红的铁钳的事是虚构的，但接受他是在1327年9月被谋杀的说法。但是最近，又有证据称爱德华二世在1330年还活着，这逐渐引起了人们的注意。那个时候确实有人试图把他从狱中救出来。而且可以说，如果解救成功了，那么假装死掉可能对他的同伙和对手都有好处。

19．圣埃克絮佩里发生了什么？

安东尼·马里·让－巴蒂斯特·罗歇，即圣埃克絮佩里伯爵是一位法国贵族，同时也是飞行员、作家和诗人，因其创作的幻想小说《小王子》而闻名，该书被翻译成250多种语言，据说销量在小说中仅次于《指环王》。

第二次世界大战爆发时，圣埃克絮佩里在欧洲的航空邮递航线上驾驶飞机，并报名参加了法国空军。法国向德国投降后，他前往美国执行一项任务，说服美国人参与反纳粹的战争。在此期间，他写出了《小王子》一书，又回到北非加入了自由法国空军，尽管此时他已经远超官方规定的飞行员年龄。

1944 年 7 月，他从法国科西嘉岛起飞执行侦察任务，却在地中海上空失去了踪迹。1998 年 9 月，人们在马赛南部的里奥岛附近发现了一只刻有他本人、他的妻子及出版商名字的身份手镯。但该地距离他的飞行路线很远，因此其真实性存在着争议。

2000 年 5 月，一名潜水员又在马赛南部发现了散落的洛克希德 P-38 闪电战斗机的残骸，后来被证实来自圣埃克絮佩里驾驶的飞机，残骸中没有任何迹象表明飞机是被击落的。至于这架飞机为什么坠毁，以及它是如何在距离飞行路线这么远的地方被发现的，我们依旧没有答案。

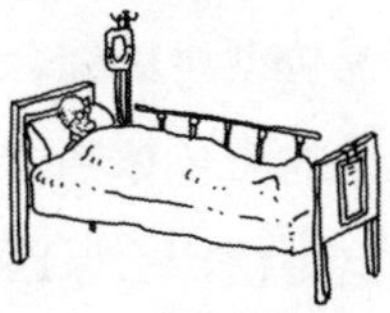

疾　病

20. 是海豹将结核杆菌带到了美洲吗?

2014 年，有人提出了一个有趣的理论，认为海豹是将结核杆菌传播到美洲的罪魁祸首。在此之前，由于美洲和欧洲的结核杆菌的菌株间存在相似性，导致人们认为是欧洲人将结核杆菌带到美洲。而这个新理论则是根据古人类学的调查研究提出的。

该检测技术会对所有的已知结核杆菌进行检查，对比它们之间的差异，并估计这种差异需要多长时间才能演变出来。结果表明，结核病大约始于 7 万年前的非洲，而现代的欧洲结核变体历史则不超过 6000 年。但是，人们在 1000 年的秘鲁木乃伊中也发现了结核病的痕迹。

把这些日期放在一起，就可以看出结核病早在哥伦布之前就到达了美洲，不过这也是亚欧大陆桥消失很久之后的事了，所以它肯定是通过海路到达的。根据《自然》杂志的一篇文章，结核杆菌很可能是从非洲来到南美洲的，携带病毒的首要怀疑对象则是海豹。

21. 为什么会出现唐氏综合征?

大多数人生来就有46条染色体，其中23条来自母亲，23条来自父亲。然而，患有唐氏综合征的婴儿有一条额外的染色体，即21号染色体。通常这会导致孩子的每个细胞里都有3条21号染色体，而不是正常情况下的两条。但也有更罕见的状况，那就是多余的染色体只出现在部分细胞中，甚至“转移”到其他染色体上，而不是显示为一个额外的21号染色体。

只有最后这种形式，即易位型唐氏综合征是可以遗传的。在其他所有情况下（约占98%），多出的染色体都被视为胎儿发育早期细胞分裂时的随机事件。我们不知道这是由什么原因触发的，也不知道多出的染色体与唐氏综合征相关的多种生理及心理特征之间有什么联系。

22. 是什么导致了1518年的“舞蹈瘟疫”?

1518年7月，一场“舞蹈热”侵袭了法国的阿尔萨斯州斯特拉堡。起先是一名叫特罗菲亚的妇女开始在街上疯狂地跳舞，她一连跳了4天到6天，一周之内又有34个人加入了她的行列。据报道，一个月内参与者规模达到了400人左右，其中一些人死于心脏病发作、中风或器官衰竭。

奇怪的是，当地的医生认为这场跳舞瘟疫是血热引发的“自然疾病”，最好的治疗方法就是让患者继续跳下去。为此，人们特意设立了两个市政厅、一个谷物市场和一个特制的舞台，并雇佣乐师为他们伴奏。

而这场“舞蹈瘟疫”产生的原因从未得到过解释。

23. 图雷特综合征的病因是什么?

在大脑深处，有一组被称为“基底神经节”的特殊细胞，它有重要的运动调节功能，同时也被认为在决策和行动中起着一定的作用。因此，如果人突然想做一个本人的意识既不希望也无法解释的动作（就像图雷特综合征的表现那样），那么可能就是受到了基底神经节的影响。其表现是患者在说话或行动时无法控制地抽搐，有时还会重复说一个不相干的或者粗鲁的词。但我们所知道的也只有这些了。

图雷特综合征患者基底神经节的结构与正常人不同，但尚不清楚这是否就是病因。对双胞胎的研究则表明该病可能与基因有关，但目前还没有找到具体的图雷特综合征致病基因。

24. 阿尔茨海默病可以在多大程度上被避免?

一天三杯咖啡可以预防阿尔茨海默病。

——英国《每日电讯报》

冥想可以帮助抵御阿尔茨海默病。

——英国《每日快报》

伟哥可以预防阿尔茨海默病。

——英国《每日邮报》

尼古丁贴片可能有助于对抗阿尔茨海默病。

——英国《每日镜报》

曾经，从著名科学期刊到大众媒体，都把对抗阿尔茨海默病的钱花在食用鱼、蔬菜、红葡萄、学习第二语言，或者种子、坚果和橄榄油的作用上了。

但是，得出上述结论的实验大都是基于对老鼠和果蝇的研究。至于这些方法是否能降低人患阿尔茨海默病的概率，又能降低多少，正如研究者们喜欢说的那样——依旧是个有待探讨的问题。

25．朊病毒有什么作用？

我们已经探讨过朊病毒的繁殖之谜，但其功能也一样是个谜。朊病毒是蛋白质的一种，是人类和动物所患的一些致命疾病的病因。羊的瘙痒症、牛的牛海绵状脑病以及人类的克雅氏病都被证明是由朊病毒引起的。还有一种库鲁病也是如此，它是在巴布亚新几内亚通过人类相食传播的。

我们在所有研究过的哺乳动物的大脑中都发现过朊病毒。正常情况下它们都没有危害，但是一旦出现问题，它们就会通过奇特的方式传播，并且极具传染性。和所有蛋白质一样，朊病毒是由一串折叠成三维形态的氨基酸构成的。致病朊病毒的折叠方式存在错误，尽管没有一般生物繁殖所需的DNA或RNA，但它却有能力劫持其他蛋白质并使它们错误折叠。这种情况发生的机制尚不清楚，但当朊病毒开始攻击宿主大脑中的神经元时，就会导致致命的结果——细胞死亡和更多朊病毒的释放。

所有的哺乳动物体内都有朊病毒，这说明它们一定是为了某种目的而进化的，而不是为了控制我们的大脑并杀死我们，但这种目的究竟是什么还有待确定。对老鼠的研究表明，朊病毒可能在帮助神经元沟通方面发挥了作用，甚至可能在延缓精神退化方面有一定作用。但这种作用具体是什么，又是如何发挥的，我们尚不得而知。

26．有多少人身上携带潜在的克雅氏病？

20世纪90年代初，英国爆发了一场疯牛病疫情，并且与几例人类克雅氏病有关联，当时对朊病毒的研究也急剧增加。牛患病是因为吃了患羊瘙痒症的羊吃过的饲料。我们知道，羊瘙痒症是不能从羊直接传染给人类的，所以就有了这种假设，即它也不能通过牛或羊传染给人。但新出现的变异型克雅氏病证明了该假设是个不幸的错误。

我们知道，朊病毒疾病会在动物和人类的大脑中潜伏很长一段时间。2006年，一项基于巴布亚新几内亚库鲁病病例的研究发表了，其中提到吃食人脑的食人行为会引发这种朊病毒疾病。这种做法早在几十年前已经消失，但现在仍有关于库鲁病病例的报道。人们的结论是，这种病的潜伏期可长达40年之久。由于跨物种传播的疾病的潜伏期一般更长，有说法认为变异型克雅氏病在发病前能潜伏50年。

2006年的一份报告显示，仅在英国就可能有“上百万人”受该病影响。首例变异型克雅氏病是在1996年通报的，截至2014年共有229个确诊病例，其中177个都来自英国。近年来，新增病例速度减缓到每年两例左右。这究竟是携带者少的征兆，还是说该病有很长的潜伏期，只能交给时间去判断了。

27. 精神分裂症的病因是什么？

精神分裂症是一种长期精神疾病，可能导致思想和认识紊乱、妄想，以及与现实脱节，但病因尚不清楚。一些强有力的证据表明精神分裂与基因有关：人有1%的概率会终身罹患精神分裂症，而如果有近亲患精神分裂症，这个数据则会上升到10%。如果这个近亲是同卵双胞胎，那么患病概率就能达到50%以上。不过，精神分裂症不大可能是由单个基因或者一小组基因引发的。

我们在确定精神分裂症患者的大脑（或其脑内化学物质）差异方面已经取得了一些进展，但如果精神分裂症是在基因和社会心理因素的双重作用下引发的（这种可能性很大），那么在预测人是否会患精神分裂症的工作上，我们还有很长的路要走。

28. 维生素D和抑郁症之间有什么联系？

2013年的一项广泛调查显示，人体内的维生素D水平与是否患抑郁症之间存在很强的统计相关性。研究发现，低水平维生素与抑郁症和抑郁症风险有关。然而，维生素 D 水平低是否会导致抑郁症并使其恶化，还是说这是抑郁症本身的症状，依旧是一个悬而未决的问题。目前还没有任何机制可以解释补充维生素 D 是如何缓解抑郁症的。

由于我们的身体暴露在阳光下时就会合成维生素 D，所以这种假设的联系有了另一个解释，那就是晒太阳最少的人很容易患抑郁症。

耳　朵

29. 我们的基因是如何影响耳垂的?

有关耳垂遗传学的争议几乎和遗传学本身一样久远。1922 年，也就是在 1905 年威廉·贝特森创造"遗传学"一词的 17 年后，一项研究发表了。它基于一个小而不充分的样本，对耳垂进行了高度简单化的分析。该研究简明但错误的结论形却成了一个延续至今的定式：耳垂可以被分为两种，有耳垂（F）和无耳垂（A），它们由单基因控制，即等位基因 F 和 A，其中 F 是显性基因。

研究确实表明，在父母双方都是 A 的家庭中，孩子就是无耳垂的。但研究没有包括父母双方都是 F 的家庭的孩子，所以没有足够的证据说明 F 等位基因是显性。

更大的问题在于它只将耳垂分为两类。而只要仔细观察过大量的耳朵，就会发现它的附着结构有一个完整的谱系，附着点的高度各有不同（专业上称其为"耳下附着点"），从最高附着点有耳垂到最低附着点（即"耳下点"）无耳垂的情况都有。后来的研究发现，许多有 A 性状的后代来自两个 F 父母，也有 F 性状的后代来自两个 A 父母。对此，研究者得出的结论不尽相同，但他们都同意耳垂不是由单基因控制的。

2011 年，美国特拉华州的遗传学家约翰 · H. 麦克唐纳对研究结果进行了总结。他写道："虽然基因可能对耳垂附着点有一定影响，但家庭研究表明它并不符合单对等位基因的模式。"他又补充了一个谨慎的建议："我们就不应当用耳垂附着点来阐释基础遗传学。"

埃博拉病毒

30. 埃博拉病毒是通过蝙蝠传染给人类的吗？如果是，它是如何传染的？

2014 年西非爆发埃博拉疫情后，人们开始了大量研究，但它的起源仍是个谜。疫情最开始先是在几内亚的梅利安杜有一名蹒跚学步的幼童死于一种未知疾病，不久之后，他的姐姐、母亲和祖母也相继去世，他们被认为是该流行病的第一批受害者。目前尚不清楚这名幼儿最初是如何感染埃博拉病毒的，但蝙蝠是主要的怀疑对象。

几种蝙蝠在实验感染埃博拉病毒后都存活了下来，且至少在 3 种果蝠体内都发现了埃博拉病毒 RNA。据了解，梅利安杜的这名幼童也喜欢在有蝙蝠栖息的树洞里玩耍，但没有证据表明他被蝙蝠咬过，也不知道他的家人是否有吃蝙蝠的习惯。但不巧的是，在研究人员抵达梅利安杜之前，这棵树就被烧毁了。有报道称当时有"蝙蝠雨"从燃烧的树里飞了出来，而且是一种长着长尾、气味难闻的小蝙蝠，除此之外，就再无信息可查了。

31. 有些人是如何从埃博拉病毒的攻击中幸存下来的？

埃博拉病毒通过攻击免疫系统致人死亡。该病毒不仅消耗免疫系统中的白细胞，还会使免疫系统与自己对抗，释放炎症分子，使微小血管破裂，进而导致血压降低和多器官衰竭。在所有感染埃博拉病毒的人中，超过一半的人已经死亡，但剩下的人是如何幸存的，则是我们急需调查的问题。

有一种基因被认为对免疫系统的功能非常重要，而且与埃博拉患者的存活有关。实验室里还发现了另一种基因突变，该突变可以产生抵抗埃博拉病毒感染的细胞。然而，大多数接受测试的幸存者都没有表现出这两种基因，所以一定有其他与此有关的因素尚未被发现。

32. 为什么埃博拉病毒对猪、蝙蝠和老鼠没有不良影响？

在黑猩猩、大猩猩、猴子、羚羊、豪猪、啮齿动物、狗、猪、蝙蝠和人类身上都发现过埃博拉病毒，但它只对灵长类动物是致命的。其他动物，尤其是蝙蝠，似乎已经对病毒产生了免疫反应，能够阻止病毒感染宿主细胞。这种免疫反应是它们的免疫系统自己产生的，还是埃博拉病毒本身的性质导致的，目前尚不清楚。

进 化

33. 大脑是如何进化的？

研究大脑的难点在于，它是由软组织构成的，所以无法在化石中保留下来。我们能通过头骨的大小猜测早期动物大脑的尺寸，也能通过研究细菌和海绵等原始生物，来推断它们与哺乳动物和人类大脑中神经系统和机制的相似之处。细菌中的细胞会通过离子通道相互交流，与大脑中的神经元交流通道相似。而海绵利用的化学信使，也和我们大脑中用来探测周围环境的部分相似。但是，想要真正了解我们所知的大脑的完整的进化过程，还有很长的路要走。

34. 被子植物从何而来?

查尔斯·达尔文一度将开花植物的进化形容成“令人憎恶之谜”。地质记录显示，在相对短的时间内曾涌现过大量的花朵化石，而且也没有证据表明它们从何而来。我们现在已经对其有了更多的了解，但是仍有许多疑问亟待解决。

植物可分为裸子植物和被子植物。裸子植物没有花或果实，种子裸露在鳞片或叶片表面；被子植物则会开花或结果，种子被子房包裹。裸子植物是单性的，它们的种子通过风传播；被子植物则需要通过授粉来繁殖。

现在我们知道，虽然被子植物比裸子植物进化得晚得多，但它们并不是由裸子植物进化而来，而是在大约 1.3 亿年前独立进化出来的。传粉昆虫被认为是在同一时期与它们平行进化的。尽管我们现在知道裸子植物是在古生代（约 3.9 亿年前）从种子蕨类植物进化而来的，但被子植物的祖先是谁则至今没有定论。

尽管不像达尔文时期那么让人憎恶，但现在开花植物的进化可以说依然是个谜。

35. 翅膀是如何进化的?

人们普遍认为，翅膀必定是进化的例证，是先前为了不同的用途而演化出来的一种适应性特征。但翅膀的用途究竟是什么，依旧是个值得推敲的问题。人们对此有以下猜测：

- 翅膀是由前肢进化而来的，当四足动物开始用两条腿奔跑时，前肢就可以自由地抓捕小型猎物。
- 翅膀是前肢为了适应向空中跳跃而进化出来的。
- 进化出翅膀主要是为了求偶，雌性喜欢更大的翅膀。
- 翅膀是在鳞片羽毛之后进化出来的，羽毛用来保暖；飞翔则是由滑翔进化而来，而滑翔本身是羽毛气动性带来的意外收获。

36. 进化过程在多大程度上是恒定不变的？

如果我们能回到宇宙大爆炸的那一刻，或者地球诞生的那一刻，让一切重新开始，会发生什么呢？1989年，斯蒂芬·杰·古尔德在《奇妙的生命》一书中提出了这个问题，他坚信如果真的能够重新开始，世界将变成截然不同的样子。进化过程十分依赖随机突变，以及小行星偶然对地球的撞击，所以任何事情都有可能发生。

但是，进化的某些具体特征似乎是不可避免的。我们倾向于认为，生命早晚都会产生，而且随着时间的推移，越来越多的复杂生命体会出现，并最终进化出有智慧的生命。相信上帝和智慧设计的人会用这个论点来解释上帝创造世界的方式，相信人类必定会按照上帝的形象来进化。

然而，其他人可能会问：如果6500万年前小行星没有碰巧使恐龙灭绝，那么哺乳动物和人类是否还能进化并生存下来呢？

37. 为什么蜥脚类动物进化得如此成功？

侏罗纪和白垩纪时期的蜥脚类恐龙是有史以来最大的陆生动物。它们重达120吨，身长可能超过30米，并且在地球上生存了大约1.5亿年。由于在此后的6500万年里，再没有动物能长到这种尺寸，所以从进化的角度来说，中生代必定有一些特别适合巨型生物存活的环境特性。但事实证明，想要找出与此相关的特性十分困难。2011 年《生物学评论》杂志上的一篇论文指出，蜥脚类的长颈、长尾和小脑袋的结合，也许能使其吸收食物的能力优于别的大型食草动物。蜥脚类不会咀嚼食物，这也被认为是它们的身体相较脑袋显得巨大的原因。但不幸的是，由于它们不咀嚼叶子，所以我们对其消化系统极度缺乏了解，这将影响我们计算其从食物中提取能量的速率。所以即使有了这个新理论，我们也很难进一步弄清楚它们是如何带着这么庞大的身躯生存的。

38. 羽毛和温血，哪个先出现?

有两个关于恐龙的问题人们争论已久，而且几经变化：一个是恐龙的血液温度，另一个是它们是否有羽毛。如果真的像现在普遍认为的那样，一些体型较小的恐龙进化成了鸟类，那么它们一定是有羽毛的。1980 年以来出土的带羽毛的恐龙化石（尤其是在中国和俄罗斯西伯利亚地区出土的化石）也支持了这一观点。

但是，有人认为，如果大型恐龙长有羽毛，那么它的体温很可能会过热，所以大型冷血恐龙可能已经进化成体型更小的温血羽毛恐龙，即最早的鸟类。但羽毛和温血哪个先出现，我们尚不清楚。

2014 年出现了另一种理论，认为恐龙可能既不是冷血也不是温血，而是介于两者之间。羽毛的存在是否符合这个理论尚不明确。

39. 古代不同人种之间杂交过多少次?

最近对尼安德特人的基因研究表明，在早期智人和尼安德特人之间至少杂交过两次。现代亚洲人比欧洲人拥有更多的尼安德特人基因，这表明杂交发生在不同时期的不同移民群体之间。

然而，早期人类并不仅限于尼安德特人和智人。从 300 万年至 400 万年前生活在非洲的南方古猿阿法种，到1.7万年前灭绝的霍比特人和弗洛里斯人，化石证据已经确认了大约20个类人物种。除了尼安德特人外，智人与丹尼索瓦人也有过杂交，后者的化石是在西伯利亚出土的。至于现代人类是否能够，或者甚至曾经与其他人种繁殖，我们尚不清楚。

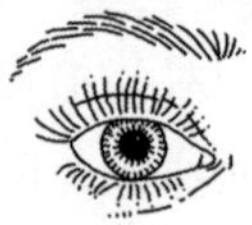

眼 睛

40. 我们是怎么分辨黑白的？

在网上查一下“康士维错觉”和“侧抑制”这两个词，你很可能会看到一系列的视错觉图，在这些图中的黑色看起来像白色，白色看起来像黑色。最典型的是一张棋盘图，其斜对角线投射着一道阴影，在阴影区域，棋盘的黑白格子看上去都要暗一些。但事实上，暗处的白格子和明处的黑格子的色调是完全相同的，但我们的大脑拒绝接受这一点。即使我们知道了真相，暗处的白格子看起来还是要浅得多。

这是因为我们至少在一定程度上受了“侧抑制”的影响，它是指一个兴奋的神经元能够减少其周围神经元的活动。简言之，就是黑色被白色包围时会显得更黑。但也有一些形式的视错觉图无法用生理学理论来解释。分辨黑白也许并不像我们想的那么简单，不能仅仅通过其反射了多少光来判断。

41. 为什么驯鹿的眼睛在冬天会变色？

2013年，一个来自伦敦大学学院和挪威特罗姆瑟大学的团队宣布，他们发现北极驯鹿的眼睛在冬天会变色。和很多动物一样，驯鹿眼睛的视网膜后面有一层叫作“照膜”的组织，它能够反射光线，增加夜视能力。在夏天明亮的阳光下，这层照膜是金色的，而到了冬天就会变成蓝色。

研究人员解释了这种组织有何优势，它们能帮助驯鹿在冬天昏暗的光线中寻找食物和躲避捕食者。但他们不确定照膜的颜色是如何变化的，根据猜测，这可能是瞳孔扩张导致的压力增大造成的。

42. 阿基坦的埃莉诺眼睛是什么颜色的?

阿基坦的埃莉诺是12世纪欧洲最富有、最有权势的一位女性。她先嫁给了法国的路易七世，后来又成了英国亨利二世的妻子，并因她的美貌而广受赞誉。年轻时她曾被称为“perpulchra”——不仅仅是美丽；30岁的时候，吟游诗人贝尔纳·德汪达杜尔曾赞颂过她“可爱的眼睛和高贵的容颜”；即使到了70多岁，迪韦齐斯的理查（修道士兼编年史家）也称其为“美人”。尽管人们对她赞不绝口，但似乎从没人记录过她眼睛和头发的颜色。

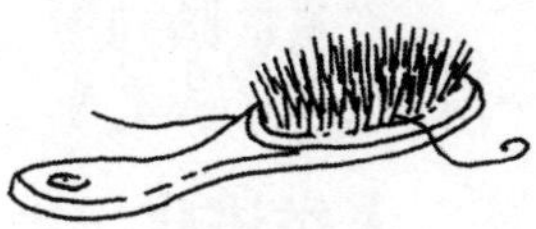

头　发

43. 发旋如何影响人类的用手习惯?

2003年，遗传学家阿马尔·克拉尔发表了一项研究，将人脑袋后面发旋的顺逆时针旋转方向与人的左右利手联系了起来。他报告说，在以右利手为主的正常样本中，只有8.4%的人有逆时针方向的发旋，而在以左利手或双利手为主的样本中，44.9%的人都有逆时针方向的发旋。该发现引发了一种理论，即单个基因既能决定发旋的方向，又能决定一个人是右利手还是左利手。但是，后续研究在试图重现克拉尔的实验时，得到的成果却十分有限。在2005年至2010年间进行的6个实验中，只有2个报告了发旋与用手习惯间的显著相关性。不过将这些研究放在一起，确实能看出左利手与逆时针发旋有一定联系。

44. 发旋方向会影响牛的发育吗？

美国科罗拉多大学的研究发现，几个与牛相关的因素似乎与它们发旋的位置和方向有联系。1995年，研究人员发现发旋位于前额可能跟温顺的性格有关，而发旋在公牛眼睛上方则表明它容易激动。总的来说，动物的发旋越古怪、形状越凌乱，就越难被管束。

2008年，爱尔兰利默里克大学的研究也发现，有顺时针发旋的马明显更倾向于向右移动，或者开始小跑时会先迈右蹄。

有说法认为，发旋的发育与人类和动物的脑部发育有关系，不过这点还需要进一步证实。

人类进化

45. 古因纽特人是谁？

2014年，DNA证据发现了一个此前未知的人种，他们在北美洲极地区生活了4000多年，直到约700年前灭绝。他们被称为“古因纽特人”，与之前生活在那里的印第安人和之后的因纽特人都没有血缘关系。

这3个族群都被认为是从西伯利亚经白令海峡到达北美洲的，但遗传学证据表明，古因纽特人完全生活在与世隔绝的环境中，没有与其他族群繁衍后代。长期的孤立与其文化本身的稳定性，使他们与过去几千年来的其他人类群体完全不同。

奇妙的是，我们所知的古因纽特人与因纽特神话中的巨人族茨尼特十分相似，他们都从未与其他族群联络过，过着与世隔绝的生活。

不过现在也没有证据可以解释为什么古因纽特人灭绝了。

46. 尼安德特人身上发生了什么?

有证据表明，尼安德特人生活在约 50 万年前的欧亚大陆。根据放射性碳年代测定法的最新估计，他们大约在 4 万年前就灭绝了。至于他们为什么会灭绝，长久以来一直存在争议，但很多说法都认为这与 4.5 万至 4.3 万年前欧洲的现代智人到来有关。可能的理论包括以下几种。

- 暴力：智人和尼安德特人之间的关系并不融洽，智商更高的智人杀死了尼安德特人。
- 疾病：智人携带的疾病杀死了对此几乎没有免疫力的尼安德特人。
- 食物短缺：智人有高超的捕猎技巧，导致他们的表亲尼安德特人没有足够的食物维持生存。
- 杂交繁殖：智人和尼安德特人相处十分密切，两个物种简单地杂交融合在一起，结果尼安德特人的基因传播开来，致使纯尼安德特人消失了。

不过，智人也可能与尼安德特人的灭绝并无关联。有大量证据表明，大约 4 万年前的气候变化导致了严重的降温，使得食物减少。尼安德特人可能只是无法调整他们的狩猎方式以适应新环境的要求。

47. 我们为什么有五根手指?

在过去 3.4 亿年的时间里，绝大多数陆地哺乳动物的四肢都进化出了五根手指。在此之前，也有证据表明存在六指、七指和八指的动物，尤其是在海洋中，但进化似乎已经确定了五指是最佳的。但为什么是五指呢？在某些情况下，四指或六指不是更合适吗？

手指形成背后的机制是在2014年被发现的，并在一篇论文中对其进行了概述，论文标题相当令人生畏：《由成形素梯度调节的Bmp-Sox9-Wnt图灵网络控制的手指构成》（*Digit patterning is controlled by a Bmp-Sox9-Wnt Turing network modulated by morphogen gradients*）。该论文的思路源自数学家和密码破译者阿兰·图灵，论文作者表示，动物体内有2组分子，分别叫Bmp、Sox9和Wnt，它们会相互作用、相互启动和关闭，以控制胚胎手指的发育。其中，Bmp和Sox9负责手指的生长，而Wnt也起着重要作用，它负责手指的生长间距，防止Sox9生出多余的手指。

因此，手指的最终数量取决于手的大小。如果我们的手能增大20%，就会多长一个手指，这也是为什么每500人中就会有一人多出一根手指或脚趾。控制生物手指形成和数量的机制似乎被严格固定了下来，即使多长一个手指可能会有好处，它的进化也有可能被排除在外。熊猫其实需要多长一根拇指来抓住竹子，但它并没有进化出第6个可对生的手指，而是将一根腕骨进化为假拇指，以帮助它们拿起竹子。

詹姆斯·夏普是上述论文的作者之一，他将人为什么刚好进化出五指的问题描述为“超越一切的终极元问题”，并表示：“我经常会说，如果能弄清楚为什么人长五根手指，那我们大概就无所不知了。”

48. 人类是何时进化出语言的?

研究语言最难的地方，在于它没有化石可供考据。因此，所有关于语言起源的证据都是间接的，都依赖于解剖学、遗传学或基于语言多样性的计算，而这些都不能给出确切的答案。

解剖学的研究方法基于声道的进化。在声道进化之前，我们是缺乏说话所需的器官的。在10万到5万年前，人的嘴、舌头、咽和喉的形状及功能都发生了改变，这对我们产生了深远的影响，使得我们能发出各种各样的声音。但我们的声音是否适用于原始语言，这一点是存在争议的。尼安德特人的喉咙位置至今仍很难确定，这对他们是否会说话有着重要的影响。

最近，一项对现代语言多样性的研究支持了语言是在 10 万到 5 万年前出现的观点。运用统计技术来估计语言变化发生的时间尺度时，得出的原始语言出现的最早时间也与此吻合。

其他的研究方法可能采取了更宽松的标准来看待此问题，得出的时间是 175 万年前。最近发现的 FOX2P 基因在语言形成中起着重要作用，而黑猩猩也拥有类似的基因，这可以证明人类语言能力的出现可以追溯到与黑猩猩分化后不久。而最近另一项关于大脑血液流动的研究称，与语言相关的心理过程是与使用工具的进化过程同时发生的。

因此，对于人类语言的进化时间，我们能给出的最佳范围是 175 万至 5 万年前，这跨度着实很大。

49. 是什么激发了旧石器时代晚期文化的进化?

从 4 万至 1.1 万年前，旧石器时代晚期文化改变了世界。从这一时期开始，人们就是熟练的猎人了。之后，他们使用的石器工具不仅发展得丰富多样，而且开始在设计中体现出装饰性。这也是最早的象牙雕刻和岩石绘画出现的时期，时间可以追溯到大约 3.5 万年前。在这个时期结束时，人类迎来了农耕时代，并开始掌控他们所在的环境。

是什么原因导致了如此巨大的进步还不得而知，那时候人类大脑的体积并没有增加，也没有任何具体的基因变化可以解释这一点。

50. 丹尼索瓦人是什么样子的?

2010 年 3 月，有人称在西伯利亚阿尔泰山脉偏远的丹尼索瓦洞穴中发现了一块指骨碎片，该洞穴也曾被认为是尼安德特人和现代人居住过的地方。对这块骨头的DNA进行分析后，发现它的基因与上述两个族群都不相同。

通过进一步调查以及在西班牙北部的标本中发现的相似的DNA，得出了这样的结论：大约100万年前，现代人与尼安德特人和丹尼索瓦人（新发现的人类物种）有着共同的祖先。而在大约40万年前，丹尼索瓦人从尼安德特人当中分离出来。

洞内十分寒冷，这使得这块指骨碎片的DNA能够留存下来，科学家也因此构建出了丹尼索瓦人的详细进化史，但我们依旧无法从中了解他们的生活方式和外表。事实上，由于只有一小块骨头和后来发现的两颗牙齿，我们能得出的唯一结论就是，拥有这块指骨的女性可能有棕色的眼睛。

51. 丹尼索瓦人曾与哪些人种交配过?

通过比较尼安德特人、丹尼索瓦人和现代人的基因组，我们对群体间的交配模式有了更多的了解。我们知道，比起现代人，丹尼索瓦人与尼安德特人的血缘更密切；我们也知道他们肯定到达过东南亚，因为DNA表明他们曾与美拉尼西亚人、新几内亚和澳大利亚的土著居民杂交繁衍过。但他们的基因也表明，他们还曾与比尼安德特人更古老的人类物种交配过。

没有人知道这些神秘的早期人类是谁，而他们似乎与尼安德特人和丹尼索瓦人共存过。除了通过丹尼索瓦人将DNA传递到现在仍存在的几个族群人身上之外，还没有发现任何化石或其他能证明他们存在的证据。

52. 现代人和尼安德特人最后的共同祖先是什么?

对不同物种DNA的研究已经揭示了很多有关人类进化路径的信

息，但有一个问题一直没有得到解决，那就是我们与尼安德特人之间进化关系的本质。有理论认为，海德堡人、直立人和先驱人的祖先也是智人和尼安德特人共同的祖先；有些人甚至把尼安德特人归为智人的亚种。然而，最近的研究对尼安德特人与现代人的近亲关系提出了更大的质疑。

2013年，研究人员对不同人种的牙齿形状进行了研究。他们将13种古人类的大约1200颗臼齿和前臼齿进行了比较，发现上述3种古人类的牙齿形状都不符合智人和尼安德特人祖先的预期形状。根据作者的说法，这些牙齿证据表明尼安德特人早在100万年前就与现代人分道扬镳了，比人们之前预期的时间长了两倍多。如果该说法是正确的，那我们之前寻找共同祖先的时间段也许就是错的。

53. 10万年前，地球上共有多少种人类？

智人最早出现在大约20万年前，而在10万年前就开始凌驾于其他人种之上。当时尼安德特人依旧存在，直立人可能也未灭绝，海德堡人估计也没有完全消失。

2003年，人们在印度尼西亚的佛罗勒斯岛上发现了佛罗勒斯人的遗骸，这个时候人们还是普遍接受上文的说法的。由于佛罗勒斯人的身材矮小，所以也被称为“霍比特人”。他们会制造石器、猎杀矮象和大型啮齿类动物，甚至能对付科莫多巨蜥等食肉动物，可能还会使用火。

有些人认为佛罗勒斯人可能是直立人中的一个矮小的人种，但由于这一发现的时间相对较晚，就给我们留下了一个问题：在智人开始发挥其智力优势的时期，是否还有其他人类物种尚未被发现？

54. 人类为什么没有尾巴？

猴子有尾巴，但类人猿没有。在我们脊椎末端的尾骨就是在某个进化节点中失去了尾巴的有力证明。但究竟是什么关键因素导致我们失去了尾巴，这依旧是一个有待探究的问题。

动物的尾巴有很多用途：驱赶苍蝇、辅助移动、在游泳时充当方向舵、保持平衡，而且（如果尾巴可以缠绕）可以让动物空手在树枝间荡来荡去。有人认为，当我们用两足代替四足行走时，就不再需要尾巴了；但同样也有人觉得两足动物有一条尾巴更容易保持平衡。

对现代人来说，有一条尾巴的好处可能不多，但坏处似乎更少。所以我们需要更多信息来解释为什么人会失去尾巴。

催　眠

55．催眠是一种独特的意识状态吗？

清醒和睡眠是我们都知道的两种状态。除此之外，还有可能由冥想引发的恍惚状态，以及药物诱发的状态，这些都能通过行为和生理信号来检测。至于催眠究竟是独立的状态，还是仅仅为上述状态的强化或者弱化，连催眠师都为此争论了一个多世纪。

有一种理论认为，催眠能帮助（或导致）人将意识分为两部分，一部分对外界做出反应，而另一部分只观察不参与。举个例子，假如关闭负责反应的部分，催眠对象可能就不会感觉到疼痛。

另一种说法认为，催眠可以用个体的暗示感受性来解释。该理论认为，好的催眠对象是更容易受暗示的人，他们会按照自己认为的被期望的方式行事，就算是让他们不感到疼痛也是可以的。

“催眠是独立状态”假说的支持者指出，被催眠者在催眠状态下产生的反应是无法解释的，也不能用其他方法再现。但该理论的反对者认为，催眠不同于其他状态的说法缺乏神经学证据。他们还指出，有实验表明，当受试者被要求模拟催眠状态时，他们甚至能更一致地产生类似催眠的结果。

在我们进一步了解大脑功能之前，这似乎也是一个无解的问题。

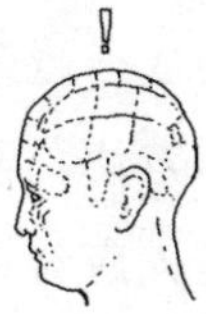

智　力

56．什么是智力？

我们都喜欢用“智力”这个词，但想给它下定义就不是那么容易了。解决问题的能力、学习的能力、语言流畅性、空间能力和记忆力，这些都是智力的不同组成部分吗？或者它们是表现某种潜在特质的不同方式？20 世纪早期，心理学家兼统计学家查尔斯·斯皮尔曼提出了所谓“*g*”因素，其存在于人类的任何能力背后。该理论促进了旨在测量 *g* 值的智力测试的发展，任何 *g* 值高的人只要具备相应的专业技能，就可能对任何脑力劳动如鱼得水；而 *g* 值低的人就算下定了决心，在做脑力劳动时可能也会有困难。

后来，心理学家雷蒙德·卡特尔提出，智力可以分为两种，他将其分别命名为“流体的”和“晶体的”。流体智力可以衡量人的逻辑思维能力和分析解决新问题的能力；而晶体智力则是运用后天知识、技能和经验的能力。

最近的一项基于脑力活动中脑部扫描的研究表明，人可能拥有更多类型的智力，但它们的基础是否都是斯皮尔曼的 *g* 因素呢？这个问题依旧存在争论。

57. 我们变得越来越聪明了吗？

1984年，政治学家詹姆斯·弗林发表了他的研究报告，在报告中比较了世界各地各种智力研究测试的结果。他的研究结果显示，无论在哪个国家，人们的智商平均分每10年都会提高大约3%。这一现象被称为“弗林效应”，曾被作为人类变得越来越聪明的证据。不过，这一结论绝非解释人类智力提升的唯一方法。无论智力测试以什么为标准，我们都不能否认，它首先衡量的是人应对该测试的能力。当这种测试变得普遍，人们可能就会更适应这种测试，并将它做得越来越好。在根据这些证据做出断言之前，我们需要将纯智力（不管它究竟是什么）与应试的智力区分开，而这一点我们目前还做不到。

58. 植物有智力吗？

植物神经生物学领域的研究人员表示，如果动物能做到相同的事，那么植物的一些反应也可以被称为智能。当然，植物并没有大脑和神经元，所以“植物神经学”这个说法多少有点矛盾。但它们确实会收集感觉信息，并作出合乎逻辑的反应。

在最近的实验中，研究人员给植物播放了毛虫啃食树叶的录音，而植物的反应是分泌抗毛虫的防御化学物质。不知为何，植物能“听到”录音，并且将其与毛虫的威胁联系起来，采取适当的行动。还有一项颇具争议的实验表明，含羞草似乎能从经验中学习。

想寻找一个否认植物智力的定义，似乎已经不像以前那么简单了。

59. 海狮比灵长类动物更聪明吗？

经过人类训练，海狮已经学会了表演技巧，甚至能识别一种手语。

而在过去的 20 年里，美国加利福尼亚的研究人员对海狮的研究表明，它们还能展现出非同寻常的逻辑推理能力。在其中一个实验里，海狮需要在两组符号间进行选择，一组是数字，而另一组是字母。每组符号各有 10 个，数字从 0 到 9，字母从 a 到 j。如果海狮用鼻子按下数字，研究员就会奖励它一条鱼；而如果它按下字母，就不会有奖励。于是海狮很快就学会了区分有奖符号（数字）和无奖符号（字母）。

等海狮能一直保持高度的准确性后，研究人员对它玩了一个卑鄙的把戏：把得奖条件反了过来。现在选字母才能得到鱼，而选数字就什么都没有。很自然地，海狮开始做出错误的选择，但过了一会儿它就意识到发生了什么：以前正确的选择现在都是错的，反之亦然。现在，研究人员向它展示了之前没见过的数字和字母，它们也能做出正确的选择——把字母挑出来。在此之前，只有人类和鸽子会表现出判断规则反转的能力。

在另一个实验中，研究人员训练一只海狮，先让它把螃蟹的图片和郁金香的图片联系起来，再把郁金香的图片与一台收音机的图片联系起来。在这之后，海狮就会把螃蟹的图片和收音机的图片联系起来。用数学术语来解释，这就是传递性定律：

如果 $A=B$ 且 $B=C$，那么 $A=C$

海狮是唯一表现出理解此定律的非人类动物。至于其他灵长类是否也有类似的逻辑能力，我们尚不清楚。

60. 人的思想能影响机器吗？

在过去的 30 多年里，美国普林斯顿工程异常研究实验室一直在研究人的思想是否能影响计算机。具体来说，他们用随机数生成器进行了实验，想看看人类是否能让其产生的数字不那么“随机”。

最早的结果表明，有人类参与时，这种机器产生的结果和独自运作时产生的结果有细微的不同。进一步实验发现，当人类被要求集中注意力，用意念要求它们产生更大或更小的数字时，机器产生的结果就会有微小但显著的差异。

该现象的科学依据可能是人类和机器产生的电场会相互作用（如果真的存在的话），但并没有理论说明具体是如何实现的。这个问题对赌徒来说一定特别有趣，因为所有电脑纸牌游戏和老虎机的核心都是随机数生成器。科研人员对这一课题的研究无疑会继续下去。

61．如果宇宙的其他地方有智慧生物，那么他们为什么不和我们联系呢？

根据我们对地球上智慧生物进化的了解，可以推测出宇宙的其他地方应该也存在智慧生物。生命形成可能需要特殊的条件，而智慧的发展则需要很长的时间。但是宇宙有数十亿个星系，每个都包含数十亿颗恒星，其中很多还会有行星系。和宇宙大爆炸后的138亿年相比，太阳系本身的历史只有46亿年左右。所以就算只讨论类地环境下的生命，我们也有充分的理由相信智慧生物已经在许多地方生根发芽。伟大的物理学家恩里科·费米受这一论点启发，在1950年提出了后来被称为“费米悖论”的问题。

“智慧生物都去哪了？”它的答案有以下几种：

- 他们其实一直在同我们联系，但我们不够聪明，无法理解他们的信息。
- 他们对我们了如指掌，但我们不够先进，不值得他们联络。
- 他们是更高维度的存在，而我们是三维的，所以无法察觉他们的存在。
- 他们在很久之前就发展起来了，但在星际战争中毁灭了彼此。
- 我们所认为的智能生命不过是物质发展的一个短暂阶段，而外星生命形式在数十亿年前就已经出现了。

• 可能这些猜测完全是错误的，我们在宇宙里终究是孤独的。

62. 倭黑猩猩比黑猩猩更聪明吗？

2011 年，比利时安特卫普动物园的科学家们让一群黑猩猩和一群倭黑猩猩进行了一场解谜比赛。两组猩猩都要做 6 个定时测试，所有测试都需要用工具打开谜题盒子，才能取出里面的奖品核桃。倭黑猩猩组以 4 ∶ 2 获得了胜利，这要归功于它们组的明星——一只叫德亚诺娃的雌性倭黑猩猩。据说黑猩猩在为主导权打斗时，倭黑猩猩德亚诺娃则一直专注于解谜。

但一直以来，人们都知道黑猩猩比倭黑猩猩更具攻击性，它们生活在雄性主导的社会中，会用争斗来解决问题。而母系社会的倭黑猩猩则会通过性来解决问题。所以，安特卫普的这场比赛很难让我们弄清楚哪种猩猩更聪明。如果当时德亚诺娃肚子不是很饿，或者没那么喜欢吃核桃，结果可能会大不相同。

语　言

63. 语言能力是大脑所固有的吗？

20 世纪 60 年代，美国哲学家兼语言学家诺姆·乔姆斯基普及了语言是人脑固有的观点。该观点并不是指我们天生就能理解和说一种特定语言，而是指我们都具备他所说的“通用语法”，这是所有语言背后的基本结构。

语言能力是与生俱来的这一观点已经争论了半个世纪，支持和反对乔姆斯基观点的论文都相继涌现。先天论的支持者用儿童学习语言的方式作为论据，很明显，儿童不需要教就能理解和概括语言规则。而反对者则质疑通用语法的存在，并在对比不同的语言结构后得出结论，认为它们没有任何共通之处。他们还表示，儿童所谓的先天语言能力并不是语言特有的，而只是我们在概念形成及模式识别方面存在普遍先天技能的例证。

64．所有的语言是否都来自同一个原始母语？

不同的语言之间的相似性使人们得出一个结论，即一些语言必定有共同的起源。我们知道，许多英语单词的词根来自拉丁语和希腊语，而另一些则是从法语或日耳曼语借来的。如果追溯更久远的历史，我们相信这些语言，连同印地语、盖尔语、俄语和许多其他语言，都有一个共同的起源，那就是一种被称为“原始印欧语”的未知的古老语言。

人们通过多种语言之间的类比，构建了所谓的概念语，即所有其他语言（包括如今已经消亡的语言）都是从概念语演变而来的。人类进化的知识表明，发声能力的出现可以追溯到智人早期，连尼安德特人也具备说话的基本解剖结构。因此，在非洲出现最早的现代人之前，可能真的是有某种语言存在的。然而，要把约50种原始语言追溯到一个共同的起源上，目前也只能是纯粹的猜测。

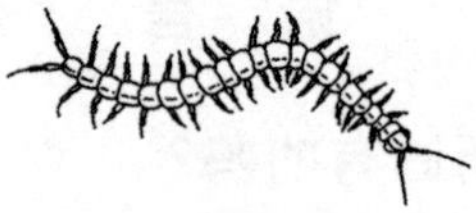

腿

65．蜈蚣为什么有这么多条腿？

根据种类，蜈蚣的腿可能超过300条，也可能不足20条。但拥有这么多条腿在进化上的优势还不清楚。毫无疑问，大量的腿可以帮助它们快速移动，或者在用一部分腿捕获猎物的同时，还能用别的腿抓住更多东西。但如此多的腿也会互相妨碍，即使在最好的情况下，协调这些腿也要耗费大量的精力。

有趣的是，有更多腿的千足虫却比蜈蚣移动得更慢，所以它们为什么有这么多腿的问题就更难回答了。

66. 为什么蜈蚣从来不长 100 条腿?

蜈蚣的身体可以分为若干节，每节都有两条腿，因此腿的数量永远是偶数。但蜈蚣体节的数量永远是奇数，所以腿的对数也永远是奇数，该现象也许可以用蜈蚣身体的生长方式来解释。蜈蚣是通过增加体节来成长的，且每增加一个体节，这个体节就会分裂成两个，所以增加的腿的对数是偶数。如果再加上头部体节上的那对被用作钳子的腿，蜈蚣腿的对数就会一直是奇数。

但是，我们还不知道钳腿是否也是在能分裂的体节上形成的。如果真的是这样，我们就得另找一个理由解释蜈蚣腿的对数为什么是奇数，又为什么不能恰好长 100 条腿（即 50 对腿）。

67. 为什么类人猿开始用双腿代替四肢行走?

1871 年，查尔斯・达尔文在写到两足动物的进化时表示，早期原始人用两条腿走路是为了解放他们的双手。他说：“如果手和胳膊总是用于移动，就无法完美到能制造武器，也不能向目标准确地投掷石头和矛。”

这听起来似乎很有道理，但后来的证据表明，类人猿是在大约 700 万年前开始用后腿直立行走的，比最早使用石器的时间早了约 450 万年。

另一个理论将两足行走与导致树木减少的环境变化关联起来，在开阔地区用双足行走会更省力。也有人认为，两足行走是和一夫一妻制共同进化出来的，这样雄性就可以把食物带回来给照顾幼崽的雌性。

在发现早期原始人类及其生活环境的更多证据之前，类人猿直立行走的起源仍是一个谜。

长 寿

68. 人类的寿命到底有多长？

2004年英国广播公司报道了一篇题为《我们将能活到1000岁》的文章。这篇文章围绕着掌控可忽略衰老策略项目展开，该项目包括“一个非常详细的计划，试图修复随时间流逝发生在我们身上的各种分子与细胞损伤”。报道援引英国剑桥大学遗传学家奥布里·德格雷的话：“我想第一个可以活到1000岁的人现在可能已经60岁了。”

另一些科学家们却认为这种说法更像是幻想而非科学。但在2013年，英国《每日邮报》刊登了一篇在美国加利福尼亚州做的研究报告，题为《人类能活到500岁吗？科学家们认为，基因变异可以显著延长人类寿命》。不过，这项研究的研究对象是蠕虫，而非人类。通过修改秀丽隐杆线虫的基因，研究人员能够将它们的寿命延长至原本的5倍。该报告称，如果类似的技术能应用于延长人类寿命，我们就可以活到四五百岁。报告还提道：“下一步是研究在老鼠身上能否产生同样的效果。”

今天成功的是蠕虫，明天是老鼠，也许有一天就是人类，但在此期间，我们的全球预期寿命仍然是男性68.5岁，女性73.5岁。

69. 人类毫无永生的可能吗？

死亡是人生的必经阶段吗？自从炼金术士开始寻找长生不老药以

来，就一直有人提出这个问题，而端粒的发现是我们迄今为止距答案最近的一次。端粒是DNA分子末端的链，每当细胞复制时，端粒就会变短。当端粒变得极短时，细胞就失去了它重要的DNA密码，其复制能力也被破坏，死亡的过程便开始了。

一个细胞能够毫无损伤进行分裂的次数叫作“海弗利克极限”，这是以美国解剖学家伦纳德·海弗利克的名字命名的。1961年，海弗利克对于细胞繁殖的研究终结了人类细胞原则上是不朽的这一观点。后来，人们发现海弗利克极限与端粒长度相关，于是为了追求永生，人们开始专注于寻找方法来阻止端粒在细胞分裂时缩短。

好消息是，有一种叫作“端粒酶”的酶可以控制端粒的生成。你也许会说，端粒酶可能是我们细胞的长生不老药。然而，坏消息是，也正是端粒酶使得癌细胞不断繁殖。事实上，由于端粒酶的存在，癌细胞才是我们所拥有的最接近永生的物质。任何能促进端粒酶生成、延长端粒并维持细胞繁殖的物质，也都会导致患癌风险增加。

因此，若想通过这种途径获得永生，似乎需要某种物质在阻止端粒酶作用于癌细胞的同时，又不干扰它作用于正常细胞。

70．端粒短是衰老的迹象还是衰老的原因？

2002年，美国犹他大学的一项研究证实，人体DNA分子上的端粒越短，人的寿命就越短。在未来1年里，端粒较短的人死于心脏病的可能性是其他人的3倍，死于传染病的可能性是其他人的8倍。然而研究显示，在健康者体内，由于端粒酶的产生，端粒直到人们进入老年才会显著收缩。最终端粒的缩短似乎是由细胞分裂和端粒酶的减少共同造成的。

2002年的一项研究显示，60岁以上人群死亡风险的变化中，只有37%是由年龄、性别和端粒长度共同造成的。另外63%是由于氧化应激和糖化等其他原因，这是由我们摄入的氧化剂和葡萄糖引起的，它们会破坏DNA、蛋白质和脂肪。

毫无疑问，衰老和端粒缩短是相互关联的，但究竟哪一个是原因，哪一个是结果，还没有得到证实。毕竟，虽然老鼠的端粒比人类长得多，但寿命却要短得多。

71．尖牙鱼的寿命有多长？

俗称“尖牙鱼”的这种鱼类隶属于长有丑陋尖牙的高体金眼鲷科（因此该名称十分贴切），是海洋中鲜为人知的鱼类之一。尖牙鱼分为普通尖牙和短角尖牙两种；它们生活在5000米深的水下（但更多时候生活在500米至2000米深的水下），身体能长到18厘米多一点，并且没有已知的近亲。

尖牙鱼的视力很差，它们似乎是通过自身的化学感受器来定位猎物的，撞上猎物时，它们就会用巨大的牙齿咬住猎物。尖牙鱼嘴的上部有一些小孔，下尖牙穿过这些小孔就可以使它们的嘴巴闭合。

尖牙鱼生活在深海里，这阻碍了人们更多地了解有关它们的信息。关于它们的交配行为，我们所知道的就是，雄性排精的同时，雌性似乎也在水中产卵。似乎没有人知道它们到底能活多久。

鼻　子

72．为什么鼻王龙有一个大鼻子？

2014年，人们发现了鸭嘴龙的新物种，由于它的鼻子实在太大，随即将其命名为“鼻王龙”。一篇报道甚至称它为“恐龙中的吉米·杜兰特[①]”。大多数鸭嘴龙都有从头骨延伸出来的骨冠，但鼻王龙没有。不过它有一个巨大的鼻子，但它的鼻子有什么作用则完全未知。

来自美国北卡罗来纳州立大学的古生物学家特里·盖茨是发现它的小组成员之一，他说：“这种大鼻子的用途仍然是个谜。如果这种恐龙与其亲缘物种有相似之处，那么它的嗅觉可能就没有那么灵敏；但也许它的鼻子是用来吸引配偶、识别同类的，甚至只是为撞击植物的喙提供了一个巨大的附着体。”

截至目前，他们仍在努力地寻找答案。

73. 我们为什么要挖鼻孔?

2001 年发表在《临床精神病学杂志》(*Journal of Clinical Psychiatry*)上的一项研究显示，美国威斯康星州只有 4% 的学生从不挖鼻孔。有一半学生每天挖鼻孔不少于 4 次，还有大约 7% 的学生说他们一天要挖 20 多次。在挖鼻孔的学生中，使用手指的占 80%，使用镊子和铅笔的各占 10%。

过度地挖鼻孔在医学上被称为“强制性挖鼻综合征”，通常被看作是强迫症的一种表现，但是如果 96% 的人都这样做，那是不是意味着我们几乎都有轻度强迫症呢?

因为几乎所有的文化都认为挖鼻孔是不礼貌的，或者至少应该是私底下才能做的事，所以大多数挖鼻孔的人会感到羞愧，但我们还是会继续挖鼻孔，即使只在独自一人的时候才这么做。最简单的解释是，疏通鼻腔通道可以打开气道，帮助呼吸。因为我们不会总是随身携带手帕，所以才会挖鼻孔。根据上述研究，只有 50% 的学生说他们挖鼻孔是为了

① 吉米·杜兰特是一名美国歌手、演员、编剧，作品有《江湖女》等。——译者注

疏通鼻腔，或是为了缓解不适或瘙痒，而11%的学生是为了“美观”，还有11%的学生挖鼻孔是为了消遣。奇怪的是，虽然挖鼻孔是一种社会耻辱行为，但在所有社会阶层的情况都是一样的。

然而，关于挖鼻孔的另一个调查可能有助于回答这个问题……

74．吃鼻屎是否有益健康？

2004年，《安娜诺娃新闻专线》（*Ananova news wires*）上刊登了一篇报道，其中引用了一位奥地利医生的话，说吃鼻屎对我们有好处，并建议社会应该转变态度，鼓励孩子们尝试这一行为。该报道称，吃鼻屎可以把鼻子拦住的细菌转移到胃里，在胃里发挥有益作用，从而增强我们的免疫力。

这篇报道作为一则奇怪的新闻而被广泛引用，甚至有人怀疑这是愚人节的玩笑。报道中除了“用手指挖鼻孔的人很健康，他们更快乐，并且身体可能更协调”这一未经证实的说法外，没有引用其他可以支持这一观点的证据。然而在2013年，据报道，加拿大萨斯喀彻温大学的一名生物化学系教授斯科特·纳珀正在研究“鼻屎对健康的好处”。然而，他的观点并不是说吃鼻屎会把有用的细菌转移到我们的胃里，而是说，这是通过将我们的免疫系统暴露在细菌面前从而训练它的一种方式。他的理论遵循了一些人的观点，即过度良好的卫生状况可能会导致过敏和自身免疫失调。

纳柏教授甚至提出了一种方法来验证他的想法：在一组志愿者的鼻子中放入某种分子，其中一半人挖鼻孔并吃掉鼻屎，另一半人则不用。然后观察对这种分子的免疫应答，看看吃鼻屎的人体内免疫应答是否更高。如果真的进行了这种实验，研究人员也许可以考虑让实验对象也吃对方的鼻屎，看看这样做是否同样有效，甚至可能更有效。

然而，如果吃鼻屎确实对我们有益，这就严重影响了我们文化禁忌的演变，毕竟，根据前一篇中提到的研究，文化禁忌导致挖鼻孔的人中只有 4.5% 的人会吃自己的鼻屎。

75. 匹诺曹蛙的“鼻子”有什么用?

2010 年，人们在新几内亚岛发现了树蛙的新物种。由于它的属还没有被确认，所以目前还没有学名，但是人们非正式地称其为“匹诺曹蛙”，因为它鼻子的末端有一个奇怪的突起。当雄蛙发出有力的鸣叫声时，它的鼻子会膨胀并上扬，而当其不那么兴奋时，鼻子就会收缩并下垂。

鼻子的形状和指向是否对匹诺曹蛙的嗅觉或吸引配偶的能力有所影响，或者是否具有其他功能，还有待确定。

性

76. 有“男同性恋基因”存在吗?

1990 年发表的一项研究表明，男同性恋者和男异性恋者的大脑存在微小差异。1993 年，媒体广泛报道发现了一种男同性恋基因。事实上，即使是负责这项研究的科学家也从未声称发现了同性恋基因，只是发现 X 染色体上的一小段 DNA 与男性同性恋之间存在联系，但这种观点过于复杂，媒体无法报道。

2005 年，美国伊利诺伊大学的研究人员在其他染色体上发现了一些在男同性恋者身上更常见的 DNA 片段。他们得出的结论是，不存在独立的男同性恋基因，“性取向是一个复杂的特征”。

2014 年，一项对 409 对同性恋兄弟的研究（据称是迄今为止规模最大的研究）确认了 5 个指向同性恋的遗传标记，但强调基因和环境等其他因素也会影响性取向。同样，这项研究只确认了染色体上的区域，而不是特定的基因。正如该研究报告的一名主要作者所说："在有人发现（男同性恋）基因之前，我们都不确定。"

各种各样的研究表明，有哥哥的男性更有可能是同性恋，这使得问题变得更加复杂。对于女同性恋者也有同样的问题，在她们身上还没有发现遗传标记。

77. 是谁发明了避孕套？

避孕套的早期历史被蒙上了一层神秘的色彩。一些人声称，法国有一幅可以追溯到 1.2 万年至 1.5 万年前的洞穴壁画描绘了避孕套的使用过程，但这存在争议。据了解，早在古埃及、古罗马和古希腊，人们就已经知道采取避孕措施了，但只有女性的避孕方法有详细记载。也有一些文献提及男性避孕，但缺乏细节，还不清楚他们是使用避孕套还是仅仅中断性交。据了解，埃及和希腊的男性穿的是非常窄小的缠腰布，只能遮住阴茎，但他们性交时是否仍将其裹在身上还不确定。

根据公元 2 世纪的一个传说，克里特岛的米诺斯国王受到诅咒，其精液里出现蝎子和蛇。据说他曾用山羊的膀胱保护其性伴侣的安全，但这可能是用作女性的子宫托而不是男性的避孕套。

罗马帝国灭亡后，似乎没有文献提到欧洲的避孕措施，直到中世纪，出现了一些关于把阴茎浸泡在焦油或洋葱汁中以降低受孕率的说法。

加布里埃勒·法洛皮奥（输卵管的英文"fallopian tube"就是以他的名字命名的）在 1564 年发表的关于梅毒的论文《法国疾病》（*De morbo Gallico*）中第一次明确地提到了避孕套。他所指的避孕套是先将亚麻布在化学溶液中浸泡，晾干后再用丝带系在阴茎上。法洛皮奥声称这是他自己的发明。然而，即使在那个时候，人们也只是将避孕套用于预防梅毒，而不是用于避孕。直到 1655 年，才第一次明确提及用避孕套来预防怀孕。

78．为什么女性会有性高潮？

男性性高潮的生物学原理很容易解释：男性需要传播他们的精子才能有生育的机会。然而，为什么女性会有性高潮，这就不那么容易解释了。主要有以下三种看法。

- 这是配偶结合过程的一部分：良好的性高潮有助于女性选择合适的配偶，并将男性和女性维系起来，以确保子女有双亲。
- 女性性高潮包括子宫收缩，这有助于将精子吸入子宫。
- 女性性高潮实际上没有任何功能，只是男性高潮进化的附属产物。女性性高潮所需的勃起组织和神经组织实际上与男性体内的精子输送系统是一样的，和男性的乳头一样没什么用处，后者是一种类似的进化附属产物。

至于其中哪一种看法是正确的，还存在很大争议。

79．贫穷饥饿的男性会更喜欢胸大的女性吗？

2013年，发表了两项关于男性对女性胸部大小偏好的有趣研究。第一项研究的对象是马来西亚不同社会经济地位的男性。研究人员向这些男性展示了不同胸部大小的女性图像，结果显示，研究对象的经济地位越低，喜欢的女性胸部就越大。第二项研究向英国男性展示了同样的女性图像，但这次研究对象之间的区别是，一组人不久前才吃了东西，而另一组人已经有一段时间没吃东西了。这次的结果显示，饥饿的男性喜欢胸部更大的女性。

研究人员表示，这些结果表明，男性的吸引力评级受到资源安全的影响：贫穷和饥饿的男性会把丰满的胸部视为安全感的来源。

然而，早期的研究表明，对乳房丰满女性的偏爱与性别歧视、物化女性以及对女性怀有敌意的倾向有关。因此，对马来西亚研究结果的另一种解释可能是，社会经济地位较低的男性更有可能存在性别歧视。

80．壮阳药有用吗？

关于壮阳药功效的科学研究几乎一致认为，它们没有显著的生理作用来支持其所宣称的功效。并且一致认同，即便这种药确实有效，也远不及安慰剂效应所带来的心理效果。

黄瓜和香蕉，有时被吹嘘为壮阳药，可能是因为它们的形状与阴茎相似。牛油果的名字甚至来源于阿兹特克语中“睾丸”一词。辣椒和西班牙乌蝇可能会刺激尿道，感觉上可能会引发性唤起。

让人感到鼓舞的是，2005年美国迈阿密和意大利那不勒斯的研究人员向美国化学会宣布了关于牡蛎和其他双壳类软体动物的研究结果。其中包括发现了两种氨基酸，这两种氨基酸曾被发现能引起雄性老鼠体内的睾丸素和雌性老鼠体内的黄体酮这两种性激素的分泌。

然而，在老鼠身上进行的研究是将这两种氨基酸直接注入它们的血液中，尚不清楚人类吃牡蛎是否会有类似的效果。而且该研究所涉及的牡蛎数量也非常少，我们可能要吃大量的牡蛎才能产生明显的效果。因此，卡萨诺瓦（18世纪享誉欧洲的大情圣）推荐的拿50只牡蛎当早餐或许还是有点儿道理的。

性别差异

81．女性比男性更擅长处理多重任务吗？

长期以来，人们普遍认为女性比男性更擅长同时处理多项任务，但这是事实吗？还是仅仅因为女性更容易被看到在同时处理多项任务？直到最近，这方面的研究还很少。事实上，“多任务”这个词在1965年才首次出现，当时该词不是用于人类而是用于计算机。然而在2013年，有报道称一项研究表明，女性确实比男性更擅长多任务处理，不过这种说法是有严格的限制条件的。

“多任务处理”可以有两种解释：同时做两件或两件以上的事情，或者处理多个任务，但不一定要同时进行。这项研究所支持的观点是，女性在第二种情况下比男性做得更好，而不是第一种。他们总结道：“在得出更有力的结论并能区分不同解释之前，我们迫切需要对这个问题进行更多的研究。”

2009年，中国的一项研究报告说，女性更擅长多任务处理，但警告道，他们的测试可能无法反映现实生活中的多任务处理，他们也表示需要进一步的研究。然而，2013年瑞典的一项研究发现，在同时处理多项任务方面，男性的表现实际上优于女性，而且这种表现差距与女性的月经周期有关。

与此同时，2009年法国的一项研究报告说，我们大脑额叶的结构使我们无法同时做两件以上的事情，而2014年美国的一项研究报告说，只有2%的人可以真正进行多任务处理，即同时做两件事而互不影响。

82. 男性和女性的大脑是否存在先天差异?

人们对这个问题的看法大相径庭，并且双方都能提出有力的论据来支持自己的观点。

一方面，激素对大脑发育有很大的影响。男婴在子宫里接触到的睾丸素水平要比女婴高得多，这可能会导致男性的分析能力较强，但社交能力较弱。而另一方面，男性和女性之间的差异在不同的文化中并不一致，这就意味着这些差异是受到了文化的影响而不是先天具有的。此外，女性大脑中的神经连接图谱显示出了与男性非常不同的模式，但这种区别在出生几年后才开始显现，这是男女差异受环境和条件作用影响而非先天的另一个论点。然而，有一个经典实验支持了先天差异的观点，该实验让地中海猕猴在洋娃娃和玩具卡车之间做出选择。结果雌猴拿走了洋娃娃，而雄猴拿走了卡车。

我曾经问过一些心理学家朋友，他们都有年幼的孩子，在这个问题上，他们作为父母的经历与其学术观点是否冲突。他们都笑着说，虽然他们的学术观点是男孩和女孩的大脑天生相同，但他们自己的经历却证实了一种先天差异。一位母亲有一个儿子和一个女儿，她曾执意设法让他们俩不分性别地长大。她说，当他俩在花园里找到一根棍子时，男孩把它当作武器，而女孩却搂抱着玩。另一位母亲说："毫无疑问，Y染色体上有一个'枪型受体'。"

证据似乎表明，男女间可能有微小的先天差异，然后这种差异被不同的文化和教养渐渐放大。

行为篇

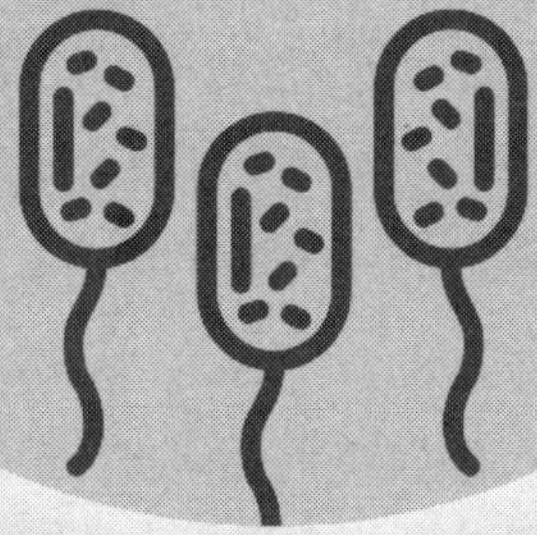

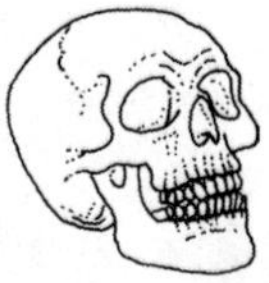

食 人

1. 西班牙的穴居食人族会吃自己部族的成员吗？

早期人类的同类相食，如果不是全部的话，大部分与仪式性杀敌并吃掉其特定身体部位有关，有时也被认为发生在饥荒时期。但在2010年，人们在西班牙的一个洞穴里发现了人骨。这些骨头被当作证据，证明了人肉在80万年前只是我们祖先的另一种盘中餐。

大约十几个人的骨头上的痕迹表明他们的肉被剔除了；被砍下的脑袋和头骨上的痕迹表明他们的大脑被吃掉了；破碎的骨头则被认为是骨髓被吸食的证据。

这些骨头被发现时，是与野牛、鹿、羊和其他动物的骨头混在一起的，这个事实表明在欧洲最早的人属祖先（homo antecessor，先驱人）看来，人肉并无特别之处。而且人们认为该地区气候温和，食物水源充足，这些都与食人是饥荒时期最后的生存手段的论点相悖。

2013年，人们对这些骨头的DNA进行了研究，结果显示被吃掉的都是同一个家庭的成员，包括3名男性、3名女性、3名青少年和3名年龄在2到9岁之间的儿童。但我们尚不清楚这些人和吃他们的人之间是什么关系。至于古人食人的频率，以及他们是否敌友都吃，也存在着争议。

犯 罪

2. 弗兰克·莫里斯和他的同伴在1962年从恶魔岛逃走了吗?

1979年由克林特·伊斯特伍德主演的电影《逃离恶魔岛》[①] 取材于1962年发生的真实事件。当时，美国旧金山湾的恶魔岛监狱是公认的无法逃脱的监狱，几乎所有试图越狱的人都被警卫射杀或很快被抓回。目前已知的唯一逃到陆地上的人，几乎刚到旧金山就被逮捕了。

但是在1962年6月11日那天晚上，弗兰克·莫里斯、约翰·安格林和克拉伦斯·安格林兄弟三人精心策划了一次越狱。为了骗过看守，他们把用肥皂、卫生纸和头发做成的假头放在床上，然后钻进牢房墙上用勺子挖的洞，穿过通风井到达屋顶，翻越篱笆，用雨衣做成筏子，然后划船逃走了。

没有证据表明他们从激流中幸存下来并到达陆地，也没有人再次发现他们的行踪。在搜查了17年后，联邦调查局于1979年结案，结论是这些囚犯死于溺水，但并未发现他们的遗体。

① 电影原名为“Escape from Alcatraz”，译成《逃出亚卡拉》，此处为作者笔误。——译者注

做 梦

3．当我们在梦中“看到”东西时，究竟发生了什么？

有些人说他们的梦是黑白的，也有人称自己的梦是彩色的，经常有盲人报告称自己在梦中能看到东西。但我们在睡觉的时候眼睛是闭着的，那么我们声称自己“看到”的东西究竟是什么呢？

让这个问题如此难解的原因之一，就是我们没法在做梦的同时报告自己的梦。我们对它们的描述，是我们对睡眠时产生的感官刺激和感觉的有意识解释。所谓在梦中看见的东西其实根本是不可见的，因为那时我们的初级视觉皮层已经失灵了。但是，我们用来解释视觉刺激的二级皮层仍然在运作，它试图阐明做梦时大脑所呈现的图像。

至于我们的梦究竟是彩色的还是黑白的，研究表明对这个问题的回答与年龄有关：年轻人报告说自己的梦是彩色的，而老年人是黑白的。有说法认为这和他们在成长过程中见过的电视屏幕的画面颜色有关。梦中的颜色也与高涨的情绪有关，但这种颜色是在做梦时就出现的，还是之后才加上去的，我们就不得而知了。

4．做梦是一种有意识的状态吗？

1989年，斯图尔特·萨瑟兰在《麦克米伦心理学词典》（*Macmillan Dictionary of Psychology*）中对意识的问题做了精彩的表述：“意识是一种令人着迷但又难以捉摸的现象，我们对其说不清又道不明，也不知道人为什么会进化出意识。人们写过的所有关于意识的理论都不值一提。”

但我们都有一种强烈的感觉，认为自己知道意识为何物，认为它与感知外部世界有关，而在入睡时意识就会消失。但我们又该置梦境于何地呢？在做梦的时候，我们的大脑会利用记忆和对世界的认识产生思想，尽管有时用的是相当反常的方式。在梦里我们是无法意识到这些想法的，但在清醒之后我们往往可以将其重构出来。

还有一些其他问题，比如清醒梦，即我们会在有意识的时候做梦；还有催眠，在催眠时我们会对外界做出无意识的反应。我们需要对意识的本质有更深刻的了解，才能给出这些谜题的答案。

幽　默

5．幽默的进化起源是什么？

通常有以下三个主要的理论来解释幽默的存在。

- 放松：幽默建立在缓解紧张的基础上。一个笑话或幽默的场景先在两种观点之间设定一个无法解决的冲突，再以一种无害的方式将其解决，这可以使人觉得放松。
- 优越感：幽默是主张或者强调自己优于其他人的方式，因此，幽默具有一种社会功能，它可以使他人（幽默的对象）显得滑稽，从而团结和加强集体内的关系。
- 不协调：几乎所有形式的幽默中都会存在不协调的方面，即出乎意料的结果和违背常理的行为。在日常生活中，对不协调的感知可能有助于发现危险，而我们可以认为幽默能培养这种能力。

但上述分类似乎更倾向于分析幽默的内容，而不是解释它的演变。我们可以说，就算不制造冲突来取乐，生活的压力也足够沉重了；而显示优越感，在增强团结的同时也有潜在的危害；把不协调当作笑点，可能会使人们对潜在威胁信号不够重视。

简而言之，目前还没有令人信服的理由能证明幽默对进化的益处。

6．动物有幽默感吗？

许多关于幽默和笑的研究都将这两个课题视为同一现象的两个方面：幽默是对某种情况的认知反应；而笑则是对该情况的生理反应，或者是我们交流这种反应的方式。对动物幽默的研究也存在类似的混淆。

根据人们的观察，各种幼年动物在玩耍打闹时，会发出类似尖声大笑的声音。老鼠被挠痒痒时会发出咯咯的声音，与它们开心时发出的声音也很相似。有记录显示，猩猩会捉弄饲养员和其他猩猩，而且显然会为此发笑。

但在这些例子中，我们都不清楚是否存在使它们发笑的幽默认知反应，甚至都不知道这是否可以称作“笑”。一些研究人员得出结论，很多动物确实有幽默感，而更谨慎的研究人员则会说，动物对某种情况的反应是一种表示愉快的积极行为。

发　明

7．机械钟是在哪里发明的？

从公元前1600年左右的古埃及到公元13世纪，计时依靠的都是漏壶（又名“水钟”）。水以恒定的速度滴入容器中，时间可以精确到每天误差不到 15 分钟。在近 3000 年的时间里，这种计时设备已经能够满足大多数用途。

与其说是突然的创新，机械钟代替漏壶更像一个循序渐进的过程。这就是为什么第一个机械钟发明的时间可以从公元 723 年（发明者被定为中国的高僧兼数学家一行）延伸到 1344 年，当时意大利的医生、天文学家兼钟表匠雅各布·德唐迪（又名雅各布·戴尔·奥罗洛吉欧）在意大利帕多瓦的卡皮塔诺宫塔楼上安装了一块时钟。法国建筑师维拉尔·德奥内库尔有时也被认为是机械钟的发明者，而其他资料则称机械钟最早是 1275 年在英国发明的。

之所以会有这种混乱的情况，部分原因要归结于擒纵装置的发展。擒纵装置是一种用点压重量或弹簧驱动的轮子或钟摆，它逐渐取代了水钟，成为主要的计时装置。从 8 世纪的中国到 13 世纪的欧洲，曾出现过几种混合型时钟，它们依旧受水驱动，但使用了滴水的擒纵装置来计时。欧洲首个完全由擒纵装置驱动的计时设备是维拉尔·德奥内库尔的天文装置，它可以追踪太阳在天空中的运动。

但是真正的时钟既需要擒纵装置，又需要表盘和指针。这样的组合最早出现在 14 世纪初欧洲的多个地区，彼此在时间上挨得很近，我们很难弄清哪个是机械钟最初诞生的诞生地。

8．门把手是谁发明的？

1878 年 12 月 10 日，美国黑人发明家奥斯本·多尔西的“拉门装置”获得了美国第 210762 号专利。很多人因此将多尔西当作门把手的发明者，但在多尔西发明该装置前的 40 年里，就已经颁发了大约 100 个门把手专利，更早之前甚至还流行过玻璃门把手。而在铸金属门把手和陶土门把手出现之前，法国人和英国人就已经用过陶瓷门把手了。

虽然《牛津英语词典》将“门把手”一词最早的使用记录追溯到

1847年的一项美国专利上，但多尔西的发明可能真的是首个不仅能用于装饰，还能通过转动来开关门的把手。

吻

9. 第一个用X作为接吻符号的人是谁?

根据《牛津英语词典》的记载，最早用X表示亲吻是在1763年。当时，自然学家兼牧师吉尔伯特·怀特在一封信的结尾写道：“无尽XXXXXX，愿与圣父圣母同在。吉尔·怀特。”

但是，我们还不清楚吉尔伯特·怀特用的“X”究竟是表示一连串的亲吻，还是表示基督教的祝福。长久以来，X象征着耶稣受难，也是希腊语“基督”中的首字母。所以这位牧师将一连串X和圣父圣母连用时，可能压根就没想到过亲吻。

不管怎样，也有些人认为用X象征亲吻有更古老的渊源，不认字的人在文件上签字时会写X，然后亲吻这个X以表诚意。也有人觉得X这个字母形状很像两个噘着的嘴碰在一起。这其中最浪漫的说法可能是写信的人会亲吻信件的末尾处，然后在亲吻的位置标上X，这样收信人就可以知道这个吻的位置，那么他们就可以把嘴唇放在此处并接收到吻了。但这种做法究竟是从什么时候开始的，我们也不得而知。

婚姻

10. 第一场结婚典礼于何时何地举行?

最早记载的男女之间正式的结婚典礼大约发生在公元前2350年的美索不达米亚。在美索不达米亚南部的苏美尔人的语言中，“爱”这个词甚至是一个与土地划分有关的复合动词，暗示着爱情和婚姻的概念主要在于法律层面。的确，在大约公元前1750年颁布的《汉穆拉比法典》中，收录了法律以及违反这些法律的惩罚共283条，其中超过50条与婚姻、一夫多妻制、嫁妆以及通奸的法律是非有关。

围绕婚姻这个概念的规定如此多而详细，我们似乎有理由认为，在美索不达米亚人正式对婚姻的概念作出明确规定前，这一概念就已经存在了很长一段时间。人们认为，非常早期的人类社会是由群居群体组成的，在这些群体中，妇女是共享的，抚养孩子的责任也是共同承担的，所以婚姻对于当时的社会来说没有什么用。这些社会是如何从滥交发展到一夫一妻制的，我们还无从知晓，但这一定发生在美索不达米亚人足够先进，能够起草大量相关法律并编制相关程序之前。

登　山

11. 安德鲁·欧文的尸体在哪里？他的相机能告诉我们什么？

1924年，安德鲁·欧文和乔治·马洛里在试图成为登上珠穆朗玛峰第一人的过程中逝世。他们最后一次出现是在离山顶只有几百米的地方，目前还不清楚他们是征服了这座山之后在下山的途中死去，还是从来没有到达过山顶。人们于1999年找到了马洛里的尸体，而欧文的尸体至今还未发现。

据悉，当时他俩携带了两台袖珍式口袋柯达相机，这意味着欧文可能是其中一台的主人。摄影专家表示，如果能找到这台相机，那么就很有可能把胶卷冲洗出来，因为在找到之前，它一直处于冻结状态。相机也许不能告诉我们他们是怎么死的，但至少是最后的希望，可以让我们知道他们是否到达了山顶。

谋　杀

12. 是谁杀死了布列塔尼公爵亚瑟一世？

布列塔尼的亚瑟的一生短暂而又坎坷。他出生于1187年，父亲是乔弗雷二世——英国金雀花王朝的建立者亨利二世的第四子。亚瑟于乔弗雷死后出生，当他两岁时，理查一世成为英格兰的国王。1190 年，亚瑟 3 岁时，理查在东征之前任命他为继承人。然而 1199 年，理查在临死前改变主意，任命了自己的亲兄弟约翰为继承人。这导致亚瑟和他的叔叔约翰之间产生了一些摩擦，而支持亚瑟的法国男爵和接受约翰的英国男爵之间的矛盾更大。

1202 年，在普瓦捷北部，英格兰国王约翰和法兰西国王腓力二世所率领的部队开战，亚瑟被俘并囚禁在法莱斯，后来发生了什么尚不清楚。莎士比亚在他的戏剧《约翰王》中引用了这样一个故事：英王约翰命令法莱斯的管理者休伯特·德伯格弄瞎亚瑟的双眼，并将其阉割，使他不能再与之抗衡，但遭到了德伯格的拒绝。

亚瑟后被转移到鲁昂，由威廉·德布劳斯负责，正是他抓住了亚瑟并在第一时间交给了约翰。亚瑟于 1203 年 3 月底失踪。有人说他是被德布劳斯杀死的；有人说是约翰酒后暴怒杀死了他。然而，在莎士比亚的戏剧版本中，亚瑟为了逃离他邪恶的叔叔，从城堡的城垛上跳下来时摔死了。

13. 1957 年在费城遭到谋杀的“箱中男孩”是谁？

1957 年 2 月，在美国费城的福克斯蔡斯街区，人们在一个纸板箱里发现了一具 4 岁到 6 岁男孩的尸体，他赤身裸体，伤痕累累。尸体裹在一条格子图案的毯子里，箱子来自杰西潘尼连锁百货公司，曾用来装婴儿摇篮。

警察提取了男孩的指纹，希望能尽快确定他的身份。然而，即使将这个男孩的照片送到了费城的每家每户，也没有收到任何消息。这个案子至今还未了结。

14. 是谁杀死了“黑色大丽花”？

1947 年 1 月，有人在美国洛杉矶的一个停车场里发现了伊丽莎白·肖特的尸体，于是警方开始了对这起谋杀案的调查，此案也是美国历史上最可怕的谋杀案之一。尸体被拦腰斩成两段，排干了血也进行了清洗；她的嘴自两边嘴角被割开直至耳根；两部分尸体中间相隔约30厘米，肠子整齐地塞在臀部下方。尸体的其他部位有多处割伤，脖子、手腕和脚踝上有捆绑痕迹。这个案子自然吸引了媒体的极大兴趣，他们开始将受害者称为“黑色大丽花”，以1946年的黑色电影《蓝色大丽花》命名。

这起案件极其恶劣，有至少50人承认对这起谋杀案负责，但没有一个人是可信的。2014年，有报道称，退休警探史蒂夫·霍德尔发现了证据，证明他于1991年去世的父亲乔治·霍德尔是一名连环杀手，受害者可能包括伊丽莎白·肖特。然而，很显然，他并不是唯一一个认为自己的亲戚是凶手的人。

此案仍未结案，也还没有提起任何具体的指控。

15．枪支获取难度如何影响枪杀率？

据估计，全世界每年发生的杀人案约为50万起，其中42%是枪杀案。美国枪支游说团体表示，携带武器的权利对潜在杀手具有威慑作用；他们的反对者则表示，拥有枪支的人越多，遭到枪击的人就越多。那么究竟谁是对的呢？

2011年，《美国刑事司法杂志》（*American Journal of Criminal Justice*）发表了一篇针对枪支获取和杀人行为之间关系的重新评估报告，报告显示，真实情况非常复杂，特别是“枪支获取、枪支杀人和杀人行为之间的关系在各国都不稳定”。他们发现，枪支获取使得西方发达国家和拉丁美洲国家发生枪杀案的可能性更大，而给东欧国家带去的负面影响却很小。他们认为：“或许西方公民将枪支视为一种抵御他人攻击的防御机制，而不是一种为了造成重大伤亡而使用的工具。”然而在拉丁美洲，数据显示情况则刚好相反。

社会历史和文化因素、经济不平等和城市化都对枪杀率有影响，但这些影响在不同的国家可能有很大的差异。作者得出结论，枪支获取难度和枪支杀人案之间的关系在不同国家的表现并不一致。

美国早先的一项研究报道，拥有更多枪支的地区发生的谋杀案更多，但究竟是枪支拥有量的上升导致了谋杀案的发生，还是高谋杀率使人们觉得需要拿枪保护自己，从而提高了枪支拥有量，这个问题还没有答案。

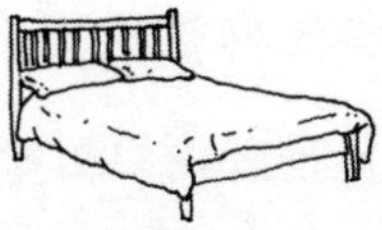

睡　眠

16. 鸟儿能在飞行时睡觉吗？

当我们观察巢中或地面上的鸟时，可以看到它们在睡觉，但有些鸟会在空中飞行数天、数周甚至更长的时间，那么它们能在飞行时睡觉吗？我们在讨论鸵鸟和鸭嘴兽时曾提到，鸟类和哺乳动物一样，会表现出两种睡眠类型：慢波睡眠和快速眼动睡眠。慢波睡眠可能同时发生在大脑的两个半球，也可能只发生在一个半球。哺乳动物的每只眼睛都连接着左右脑，而鸟类的左眼连接着右脑，右眼连接着左脑。因此，从理论上讲，鸟儿可以睁一只眼睛看天空，另一只眼睛睡觉。然而，快速眼动睡眠只能在左右脑同时发生，并且通常伴随着肌张力[①]的下降，所以这种睡眠类型根本不可能与飞行同时进行。

直到最近，人们还认为鸟在飞行时从慢波睡眠中获得了足够的休

① 肌肉静止松弛状态下的紧张度称为肌张力，简单地说就是肌细胞相互牵引产生的力量。——译者注

息，在到达目的地之前，它们的左右脑会交替使用，到达后会在长时间的快速眼动睡眠中恢复过来。然而在2013年，人们追踪了高山雨燕飞往非洲的长途迁徙过程及其后续飞行，结果发现它们在空中飞行了200天都没有降落。由于它们主要以空中的昆虫为食，而非洲的昆虫比它们在北方的夏季营巢地要多得多，因此它们所需的食物都在空中。但它们是如何在没有适当睡眠的情况下存活200天的？人类只有在研发出能够长时间、远距离监测鸟类大脑活动的脑电图记录设备后，才能够了解这个问题。

17. 睡眠是什么时候出现在动物的进化过程中的？

从进化的角度来看，很难理解我们和其他哺乳动物为什么要睡觉。毫无疑问，在睡觉的时候，我们的身体会执行一些必要的恢复功能，比如修复细胞、巩固记忆和恢复能量，但是我们不知道为什么执行这些功能时需要停止意识活动。

在我们睡觉的时候，捕食者和无法知晓的周围环境似乎是巨大的生存威胁。甚至一些简单的有机体也表现出昼夜节律，使活动期和休息期交替进行，而睡眠似乎就是从这些休息期演化而来的。

从脑电图读数显示可见，哺乳动物的睡眠状态要比爬行动物和鱼类的类似睡眠状态复杂得多。但是，对于这段完全失去意识的时间，我们仍然很难理解其进化的优势在哪儿，也很难分辨是早期的哺乳动物就已经表现出了我们的睡眠类型，还是我们的睡眠类型出现得要晚得多。也许正如我们所知，只有当哺乳动物的大脑进化到足以设计出安全的睡眠场所时，睡眠才会出现。

18. 蜈蚣会睡觉吗？

2014年，科学家们首次完成了地蜈蚣的基因组测序。地蜈蚣是一种有毒的食肉螟蚣，首次发现于苏格兰马里湾海岸，是5亿多年前进化的一种螟蚣的代表。它的基因组显示，它没有与视觉相关的基因，在至少2亿年前就已经失去了眼睛。它也没有与调节动物睡眠的生物钟相关的基因。

由于生活在地下，这些螟蚣不需要光受体或者眼睛：这可能就解释了它们缺失生物钟的原因，因为生物钟通常依靠光线输入来区分昼夜。但是，螟蚣是如何睡觉的？如果没有生物钟提醒它什么时候该睡觉，那它还会睡觉吗？这些问题仍然没有答案。

19. 为什么睡眠不足会引起癫痫发作？

2000多年来，人们一直怀疑癫痫和睡眠不足之间存在联系。公元前400年左右，希波克拉底建议癫痫患者："白天保持清醒，晚上睡觉。如果打破这种习惯，就不好了……最糟糕的是，有人白天不睡觉，晚上也不睡。"

在过去的半个世纪里，我们针对这一问题进行了大量的研究，但仍然无法理解这一联系的本质。有些患者的癫痫似乎主要在睡着时、刚入睡或刚醒来的时候发作。有些人只有在睡眠不足时才会癫痫发作。而在另一些人身上，癫痫的发作似乎与他们的睡眠周期没有联系。

由于睡眠不足通常也是由疾病引起的，所以可能是同样的疾病直接导致了癫痫发作，而不是由睡眠不足引起了癫痫的发作。睡眠肯定会导致脑电活动的变化，而变化的脑电活动与癫痫发作密切相关，但睡眠不足与癫痫发作之间的确切联系仍不清楚。

20. 女性比男性需要更多的睡眠吗？

在过去的几年里，学术期刊和流行媒体上出现了许多文章，声称比较了男性和女性的睡眠时间。有些文章说男性睡得更多，另一些说女性睡得更多。《英国2000年时间利用调查》（*The United Kingdom 2000*

Time Use Survey）报告称，女性的睡眠时间更长，尤其是30岁到60岁的女性。然而，2005年美国的一项调查显示，女性的睡眠时间的确比男性更长，但她们对自己睡眠质量的抱怨也更多。其他报告称，虽然女性躺在床上的时间更长，但她们也需要更长的时间才能入睡，而且她们入睡后也更容易受到干扰，这些都导致了女性实际上睡得比男性少。最近，有一种说法认为女性比男性需要更多的睡眠，不管她们得到与否。

这些说法中绝大多数都是传闻，或者最多是推测，但2013年的一项关于生理应激的研究清楚地表明，男性和女性的睡眠质量可能存在差异。这是美国加利福尼亚大学的一项研究，测量了血液中C-反应蛋白的含量，据了解，当人体内有炎症时，其含量就会上升。研究显示，对于女性来说，与C-反应蛋白含量升高最紧密相关的单一因素是晚上需要超过半个小时的时间才能入睡。结论是，女性不仅比男性更容易失眠，而且更容易遭受与之相关的生理压力的影响。

21. 快速眼动睡眠的功能是什么？

我们已经在鸭嘴兽和鸟类的背景下简要地讨论了快速眼动睡眠，但是它的真正功能仍然是个谜。在1953年首次发现快速眼动睡眠后不久，人们就认为其与做梦紧密相关。在实验对象的眼球开始快速摆动时将他们叫醒，他们倾向于报告自己做过的且记忆深刻的梦。后来，人们发现做梦和快速眼动的联系较弱，因为非快速眼动做梦也同样存在。然而，快速眼动睡眠似乎伴随着更生动、更逼真的梦境。

成年人20%到25%的睡眠时间属于快速眼动睡眠；这一数字在婴儿中更高。我们每晚有4到5个睡眠周期，每个周期都有几分钟的快速眼动睡眠。抑郁症患者的快速眼动睡眠时间比其他人更短；我们在快速眼动睡眠时更容易打鼾；大脑神经元的活动更加强烈，但身体停止释放负责刺激运动神经元的神经递质，于是我们的肌肉就会出现瘫软。

然而，即使确定了这些生理效应，我们也无法真正理解快速眼动睡眠的功能。有一种看法认为，快速眼动睡眠是大脑巩固记忆的阶段。另一种观点认为，在快速眼动睡眠中，我们的大脑进行自我修复，并建立起对概念思维和创造力至关重要的神经连接。这可能有助于解释为什么婴儿有更长的快速眼动睡眠期，因为他们的大脑在成长发育。

因为我们的大脑在快速眼动睡眠期间非常活跃，所以有时也称其为“矛盾睡眠”，但在解决这些矛盾之前，我们还需要了解更多细节。

22．为什么有些动物的睡眠时间比其他动物更长？

巨型犰狳每天大约要睡 18 个小时，有些种类的蝙蝠要睡近 20 个小时，狮子的睡眠时间接近 14 个小时，人类和兔子的睡眠时间都在 8 个小时左右，但是奶牛只睡 4 个小时，马只睡不到 3 个小时。那么是什么造成了这些巨大的睡眠时长差异呢？

人们认为，动物体型的大小、花在进食上的时间、大脑占身体的比例、代谢率以及受到捕食者威胁的风险都是决定其睡眠时间长短的因素。打盹儿的时间可能也有一定的影响。一些研究表明，动物的进化史可能在其中起着非常重要的作用，但我们对灭绝已久的动物的睡眠模式掌握的证据太少，所以无法确定这一点。

自 杀

23．耶利米·克拉克自杀前抛硬币了吗？

杰里迈亚·克拉克是英国皇家礼拜堂的风琴演奏者，也是英国主要的作曲家之一。他最著名的作品是《丹麦王子进行曲》，通常被称为《小号即兴前奏曲》。他还因一个被反复传播的故事而闻名，这个故事是关于他在1707年的自杀事件。

18世纪音乐史学家约翰·霍金斯爵士和理查德·伯尼博士讲述了这个故事，故事中的克拉克“无可救药地对一位地位显赫的女士陷入了激情”，而这位女士“远远高于他自己的社会地位，是他永远无法企及的”。结果，他变得郁郁寡欢，决定自杀。据说，他骑马来到一片田野，看到那里有一个池塘之后，一直无法决定是上吊还是溺水，于是就抛了一枚硬币。硬币侧面着地落在了泥里，于是他回家开枪自杀了。

克拉克确实是在家中开枪自杀的，但他的犹豫不决和抛硬币可能是故事的演绎。根据当时的记载，他显然是在家里度过了非常“高兴和愉快”的一天，他的父亲和朋友来看望他，他还“演奏了很长时间自己的曲子”。然而，在他父亲离开之后，他回到了自己的房间，随后传出了一声致命的枪响。

大千世界篇

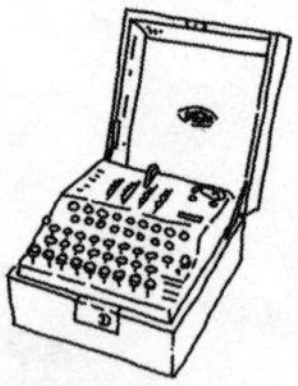

密 码

1. 沙格伯勒铭文是什么意思?

在英国斯塔福德郡的沙格伯勒府的院子里，有一座石拱围起来的牧羊人纪念碑。纪念碑上的浮雕是普桑的画作《阿卡迪亚的牧羊人》的反向复制品，浮雕的下方有10个字母：两端的字母是D和M，位置较低，中间的字母依次为O、U、O、S、V、A、V、V，位置较高。

查尔斯·狄更斯和查尔斯·达尔文都曾被这个铭文所吸引，并试图弄清楚它的含义。但无论是他们还是其他人，都未能给出合理的解释。人们提出了很多理论，包括各种圣经短语新译本的首字母集合，写给府邸主人已故妻子的纪念碑赠言、情话、密码藏宝图，以及石匠加密的字谜式署名。

2014年，沙格伯勒府的发言人表示："我们这里每周都会有五六个人觉得自己解开了这个密码，所以我们现在不得不对他们说的话抱怀疑态度了。"

2. 费斯托斯圆盘上的符号是什么?

费斯托斯圆盘是1908年在克里特岛的费斯托斯宫遗址发现的一块黏土盘，其历史可追溯到公元前1700年左右。圆盘直径约15厘米，两面都带有螺旋形的符号。这些象形符号似乎是用印章压在软黏土中制成的，共有242个，包括45种不同的符号。

圆盘上符号的数量和排列可以说十分有诱惑力：它的数量足以给

试图破解它的人带来希望，但因缺乏足够的背景信息，所以无法保证真的能破解成功。由于有相同的符号出现在不同的位置，这个圆盘也被称为已知最早的活字印刷实例之一。不过，也有学者认为整件事就是一场骗局。

3．比尔密码的秘密是什么？

1885 年，一本载有三段密码文字的小册子出版了，据说这些密码是关于一位名叫托马斯·J. 比尔的人在 1820 年左右埋下的宝藏。据称，这些密码是在比尔送给当地旅店老板的一个盒子里发现的，而老板在 23 年后才打开这个盒子；接着又过了很多年，老板在去世前将盒子赠予了自己的朋友。与此同时，比尔本人也销声匿迹，只剩下这位不知名的朋友和三段加密过的消息。据说第一段消息详细说明了宝藏埋藏的地点；第二段消息描述了宝藏本身；第三段消息列出了宝藏主人及其亲属的姓名。

据说那位朋友在接下来的 20 年里都努力试图破译这些文字，但最终也只解码了第二段消息。据其描述，宝藏包含超过 35000 盎司[①]的黄金，总价值约 6500 万美元。除此之外，宝藏里还有价值约 100 万美元的白银和各种珠宝。然而，用于第二段信息的加密代码并不能解密第一段和第三段信息。

根据 20 世纪 60 年代末一份对加密信息的计算机分析，一位专家确信它可能是某种可理解文本的合法编码版本，尽管后来的密码学家认为它不属于任何英文编码。第二段解码信息中的一些语言也被认为无法追溯到 19 世纪 20 年代，甚至试图证实托马斯·J. 比尔存在的努力也没有成功。

① 1 盎司 =28.350 克。——译者注

但是，有一个夏延族①的传说确实可以追溯到1820年左右，它讲述了一批来自西方的金银被埋藏在山脉的东部。这也许可以解释为什么有如此多的寻宝者会因为非法进入美国弗吉尼亚州的贝尔福德县而被捕，有人说比尔的宝藏也许就埋在那里。

《圣经》

4．《圣经》中的索多玛城和蛾摩拉城真的存在吗？

《创世纪》描述了索多玛和蛾摩拉被愤怒的上帝用火和硫黄摧毁的景象，但这两座城市是否真的存在则众说纷纭。

希腊地理学家和历史学家斯特拉波死于公元24年左右，根据他的记载："该地区有13座人居住的城，索多玛是其中一个大都市。"但尚无考古学证据支持这一说法。死海周围的一些发掘工作中也发现过古城存在的迹象，甚至有人声称那里有火灾和硫黄的迹象，但这些同样不足以令人信服。

关于火和硫黄的记载与死海在公元前2100年到公元前1900年之间曾被地震摧毁过有关，这是有可能的，因为东非大裂谷断层线就穿过该地区。而另一种说法则基于对大英博物馆楔形文字板的分析，该文字板被认为是由公元前700年左右的亚述书吏制作的，其上描绘了一个天体朝着地球飞去的场景。这是否能当作索多玛和蛾摩拉被小行星撞击毁灭的证据呢？虽然可能性不大，但我们也无法将其排除在外。

① 夏延族是北美大平原印第安人。——译者注

5．《圣经》中的大卫王真的存在吗？

大卫王是《旧约》中的主要人物，也是以色列的第二位国王，但很少有真实历史证据表明他的存在。不过这也并非意料之外：《旧约》故事的大部分年表都把大卫王放在公元前10世纪左右，即青铜时代[①]末期的某个阶段，而该时期并没有留存很多的文献记载。

直到20世纪90年代，人们还可以说除了《圣经》之外，没有任何证据能表明大卫王的存在。然而在1993年，在据称是丹古城旧址的地方出土了一块胜利石，上面刻有“dwd”的字样，据推测指的就是大卫家族。这块石头的年代可以追溯到公元前850年至公元前835年，而同时期的另一块胜利石上似乎也标有与大卫王相关的名字。

1995年，人们在耶路撒冷发现了一座石制建筑。据说这可能是大卫王的宫殿，也可能是大卫王夺取的锡安要塞，但该建筑的具体建成年代存在着很大的疑点。不过在2014年12月，美国密西西比州立大学的一个团队在《近东考古学》（*Near Eastern Archaeology*）杂志上公布了他们的初步发掘结果，其中提到一些迹象表明在公元前10世纪时，加沙以东地区已经有国家形成。如果这一发现得到证实，就说明《圣经》对大卫王的记载可能是有事实依据的，不过，它对大卫王本人的描述有多准确，目前我们还不得而知。

6．《以斯帖记》是谁创作的？

从《旧约》到《新约》，人们对《圣经》的各个部分由谁创作都存有很多疑问，其中最大的困惑集中在《以斯帖记》一书上。这本书并未透露作者的身份，而是讲述了一个犹太女子成为波斯女王，并拯救其子

① 青铜时代处于铜石并用时代之后，铁器时代之前，在世界范围内的编年范围大约从公元前4000年至公元初年。——译者注

民免于灭族之灾的故事。除《雅歌》之外，它是《圣经》中唯一没有明确提到上帝的书，也没有描述任何敬拜的行动。另外还有一个古老的传统，即《以斯帖记》是被展示在只有一个左手滚筒的卷轴上的，而不像一般的卷轴那样可以从两边展开，这增加了《以斯帖记》的神秘感。

《巴比伦塔木德》把《以斯帖记》的书写归功于犹太教会堂的人，而无论作者是谁，他（或她）一定是对波斯风俗文化有详细了解的犹太人。罗马历史学家约瑟夫则认为作者是末底改，在书中，末底改是以斯帖的表亲和养父。然而，末底改是否会像书中所写的那样对自己大加赞扬，这还是很值得怀疑的。另一个主要的作家候选人则是以斯拉。

还有一个问题是，为什么这本极不寻常的书会被选为《旧约》的官方正典呢？也许等我们知道了它的作者是谁，就能更好地理解这个选择了。

7. 为什么尼布甲尼撒二世疯了7年?

尼布甲尼撒二世是巴比伦的迦勒底王，在位40多年，于公元前562年去世，巴比伦空中花园相传是他下令修建的。但对其形象最出名的描写是在《但以理书》中，他因为过度吹嘘自己而被上帝惩罚，陷入疯癫，被驱逐到野外过了7年牲畜一样的生活。

圣杰罗姆认为，当时的尼布甲尼撒二世是患上了疑病妄想，这是焦虑症的一种极端表现形式。而现代学者又做出了不同的诊断，其中包括狼狂症，该病会使人相信自己能变成狼；还有紫质症（即卟啉症），后来英国国王乔治三世也曾患过这种疯病；也有人提出这是与梅毒晚期有关的痴呆症，但这个病症与《但以理书》中7年后尼布甲尼撒二世恢复神智的描述不相符。

也有人认为，圣经故事是混合了两位巴比伦王，即尼布甲尼撒二世和那波尼德斯的生平。根据《死海古卷》的描述，那波尼德斯也曾受上帝惩罚，患了7年高烧；也有关于那波尼德斯在沙漠中生活了很久的记载。不过跟尼布甲尼撒的狼狂症相比，关于其热病的细节描写就显得很匮乏了。

8. 《丢格那妥书》的作者是谁？

在基督教会成立早期，曾涌现出一批作家，他们利用信息和逻辑论证来为教会辩护，反对批评和迫害教会的人。这些人被称作“护教士”，而《丢格那妥书》（全名《马太提斯致丢格那妥书》）的匿名作者则被认为是第一位基督教护教士。

我们能掌握的作者信息之一就是他并不叫“马太提斯”，这个名字本身是“门徒”的意思。而这封书信是写给谁的，我们也并不清楚。罗马皇帝马可·奥勒留有一位导师叫丢格那妥，但一般认为他不大可能是书信所指的那个人。

这封书信的原件是在一个13世纪的手稿收藏中被发现的，但在1870年的一场大火中被烧毁。幸运的是，它早在1592年就有了印刷版本，所以，除了原稿中有几行字可能难以辨认外，其余的内容都被保存了下来。这本书用希腊文撰写，论述了基督时代世界的概况，其中一章的内容是关于“为什么子被差派来这么晚”，表明了祂[①]降临的重要性。然而，书信中从来没有使用“耶稣”和“基督”的称谓，作者更愿意简单地称其为“子”。

根据其语言和书写风格，一般认为《丢格那妥书》创作于公元2世纪左右，最早可以追溯到公元130年，这意味着书信作者可能与一个或多个福音书的作者处于同一时代。但无论他是谁，他都只把自己称为“使徒的弟子”，除此之外再无更多线索。

① 祂，拼音tā，用作神明的第三人称代词。——译者注

9．马太认为有多少智者拜访了婴儿耶稣？

当希律王的时候，耶稣生在犹太的伯利恒，有几个博士从东方来到耶路撒冷。

——《马太福音》

请注意，马太在这里没有指明来访的智者的人数，也没有提到他们是王。“三智者”的传统说法是后来才出现的，这完全源自马太列出的三种礼物：黄金、乳香和没药[①]。3位智者是印度国王卡斯帕、阿拉伯国王巴萨泽和波斯国王梅尔基奥的说法则出现在公元500年左右。认为这三人是王的观点可能源自第72篇诗篇的描述：“万王都要叩拜他。”

先不管他们是不是王，马太觉得当时究竟有多少智者来拜访呢？根据常识，如果只有3个智者，马太应该会给出这个具体数字。但他只说了“来自东方的智者”，给人的印象就是来者人数要更多。东方基督教会的一些早期资料曾提到12位，更让人感觉三博士和马太的描述不太相符。

在波提切利1475年的画作《三博士来朝》中，来访者的原型是他的3个儿子，所以“3”这个数字在当时就已经是传统了。但是直到1857年，三博士才成为圣诞故事里不可改变的一部分，因为当时的佛蒙特圣公会主教约翰·亨利·霍普金斯创作了名为《我们三王》（*We Three Kings*）的颂歌。这就是为什么从那时起，不管来访的智者是不是王，也不管来访者有多少人，各类作品描述他们时都不会超过3个人。

① 没药，中药名。——译者注

π=3.1415
92653589793
238462643383
279502884197169

数 字

10. 圆周率（π）是正规数吗？

正规数的概念是数学中最让人恼火的概念之一：我们知道几乎所有的数字都是正规的，但却不知道哪些数一定是正规数。正规数的正式定义有点令人不快，但其思想相当简单。

让我们从任意一个能够以无限小数展开的数开始。例如，1/7 是 0.142857142857142857……

它所包含的数字只有 1、2、4、5、7 和 8，随着我们进一步展开计数，每一个数字的总数都接近已计数数字总数的 1/6。如果一个数是正规数，那么其中每个数字的总数对于所有可能的数字来说必须是相同的。在上面的例子中，1、2、4、5、7 和 8 的个数是相同的，但是 0、3、6 和 9 根本没有出现，所以这个数字不是正规数。

选用 0.012345678901234567890123456789……这个数会更好一些，在这种情况下，从 0 到 9 的所有数字出现的频率都是相同的，但即使这样也不能满足正规数的严格要求，因为在它的完整定义中，不仅要求每个一位数的总数都相等，而且要求所有两位数和三位数的总数也相等。上面的数字显然不符合要求，因为每一个 1 后面都是 2，所以数字 11、13、14、15 等等从未出现过。

那么 0.01234567891011121314151 6……这个数怎么样？只是按递增顺序列出了所有正整数。现在我们很接近了，因为已经证明，上面的数字可以满足要求。当我们继续将小数展开时，不仅每个一位数的总数接近已计数数字总数的 1/10，而且任何两位数的总数接近所有已计数的两位数数字总数的1/100，任何三位数的总数接近所有已计数的三位数数字总数的1/1000，以此类推。

但我们还是没有得到一个正规数。上面数字的问题是，到目前为止我们所讨论的都是以10为基底的数字。我们上面提到的最后一串数字叫作“以10为基底的正规数”，但是如果我们算出以2为基底的相同的数字，表示为一串1和0呢？它们的数量会相等吗？又或是以3、5、4、7为基底呢？

如果一个数是正规数，那么不管以什么数字为基底，它都必须是正规的。我们知道，如果有可能随机选择一个数，那么它几乎一定是正规的，但还没有一种方法可以检验某个特定的数是否正规。事实上，目前发现的正规数少之又少，它们都是通过奇特而又费力的程序创造出来的数字。

对圆周率（π）的前60亿位数进行检验之后可以得出，它很大可能是以10为基底的正规数，尽管这一点目前还没有得到证实。以及现在还没有什么数学方法可以证明以任何数为基底，圆周率（π）都是正规数。

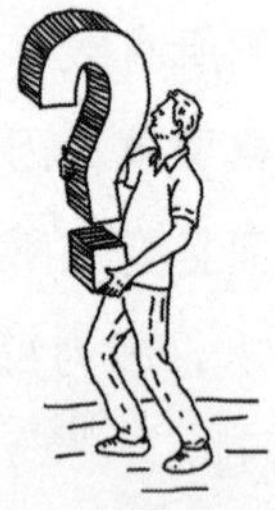

基督教

11．奥利金阉割了自己吗？

奥利金是早期基督教会非常高产的作家和神学家，他的6000部作品对基督教本身的发展产生了巨大影响。作为虔诚的信徒，他被描述为第一位基督教神学家，但他是否真的阉割过自己的问题一直没有得到解答。

生活在奥利金时代之后不久的罗马历史学家尤西比乌斯说，奥利金十分笃信自我否定的教义，以至于将《马太福音》的内容按照字面意思来理解：

有人生来是阉人，也有被人阉割的，并有为天国的缘故自阉的。

尤西比乌斯表示，奥利金是最后这类人中的一个，从中世纪[①]直到19世纪为止，人们都相信这个故事。而更近一些的历史学家则认为，自阉的说法是奥利金的敌人恶意编造的流言，奥利金本人也强烈反对按照字面意思解释上述马太的话。

轮　船

12. “大不列颠”号的格雷船长出了什么事？

1872年，英国商船队最著名的一艘船的船长——约翰·格雷失踪了。约翰·格雷担任“大不列颠”号的船长已有18年之久。他身高1.83米，体重近108千克，高大魁梧，很受乘客的欢迎，他的名声和纪录是任何一个船长都无法企及的。布鲁内尔的这艘船在他的指挥下，将

① 中世纪是指从5世纪后期到15世纪中期，是欧洲历史三大传统划分（古典时代、中世纪、近现代）的一个中间时期。——译者注

大约1.3万人从英国带到澳大利亚开始了新的生活，也将大量的罪犯运送到那里。

1872年11月25日晚，当船从澳大利亚墨尔本返回英国利物浦时，格雷失踪了。当晚他早早地回到了自己的船舱，抱怨肠子疼，但没有人把这当回事，因为大家都知道他整天怀疑自己有病。后来一位乘务员来看他，发现他正在写信，用乘务员的话来说，“和往常一样理智”。第二天早上，大家发现他的船舱空无一人，而且在船上任何地方都找不到格雷。唯一的线索是，船尾下等交谊厅的一扇气窗是敞开的，而头天晚上另一个乘务员把它关上拧紧了。

格雷失踪的方式暗示他是自杀，但从未有人对此给出充分的理由。

13. 克劳德斯利·肖维尔爵士经历了什么？

舰队司令克劳德斯利·肖维尔爵士是英国海军漫长历史中最成功的舰长之一，因多次英勇胜利赢得了安妮女王的喜爱。

1707年，英国舰队对法国土伦的进攻以法国舰队自沉告终，返航途中，肖维尔所在的“联合号”在英格兰锡利群岛附近触礁，仅三四分钟就沉没了。船上800人无一生还。后来肖维尔的尸体在锡利群岛波塞利克湾被人发现，离沉船处约11千米，附近有他两个继子的尸体，这表明他们当时乘救生艇逃离了“联合号”，但是他的死亡方式颇具争议，一直以来众说纷纭。

有一个故事称，他耗尽力气勉强到达岸边后，一个女人觊觎他戴着的绿宝石戒指而将他谋杀。有传言说，1709年，也就是灾难发生的两年后，两个女人首次发现了肖维尔的尸体，他的衬衫被剥了下来，绿宝石戒指也不见了。大约30年后，据说一个女人在临终前向一位牧师承认她曾杀害了舰队司令。据说她还出示了那枚戒指，但没有证据可以证明这一点。还有一个故事说，“联合号”上的一名水手警告肖维尔说他们偏离了航线，舰队司令却以煽动叛乱罪绞死了他，但这个故事也没有证据可以证明。

无论克劳德斯利·肖维尔爵士经历了什么，有一个良好而持久的影响是：英国政府提供了一大笔奖金，鼓励人们找出一种可靠的经度计算方法，这促进了航海技术的改善，同时挽救了海上成千上万人的生命。

14. “玛丽·罗斯”号是因为沟通不畅而沉没的吗？

1545年7月19日，亨利八世的旗舰“玛丽·罗斯”号在索伦特海峡沉没。唯一目击者对沉船事件的描述是，船在急转弯时突然刮起了一阵风，但关于其沉没的原因则众说纷纭。

法国人声称这艘船是被他们的大炮击中的，但舰船最终在1982年被打捞上来时，却没有发现证据可以证明这一点。有人认为是士兵或枪支超载了，但这艘船已经成功横渡了英吉利海峡，为什么却在相对平静的索伦特海峡沉没呢？可能性更大的一种解释是，水是从船舷一侧敞开的炮门冲进来的，这种情况常常会归因于船长的人为失误。然而在2008年，一位加拿大犯罪学家琳内·贝尔提出了一种新的看法。

琳内·贝尔检查了“玛丽·罗斯”号船员的骨骼和牙齿，她惊讶地发现，证据表明，船员中的许多人不是英国人，而是来自西班牙。她说：“‘玛丽·罗斯’号沉没的原因是船员之间沟通不畅，因为其中有很多外国人。”与其说是激烈战斗中，粗心的船员忘记关闭炮门，倒不如说是外国船员理解不了船长所下的关闭炮门的命令。

15. “卡兹二号”上的船员出了什么事？

2007年4月18日，一名直升机飞行员在飞过澳大利亚大堡礁时，发现一艘双体船明显在漂流并且失去了控制。他报告了这件事，于是澳大利亚海事局抵达了这艘名为“卡兹二号”的船，并于4月20日登上了它。他们的发现十分令人困惑：船的一切似乎都很正常，但却不见三位船员的踪影。食物放在桌子上，电脑开着，发动机正在运转，所有的救生衣都已备好且未使用过，所有的应急系统都处于良好的工作状态。唯一的异常就是，有一张帆上有一个大裂口。还发现了一台摄影机，上面有船员们的影像，录像时间接近于他们的消失时间。这些人看起来很放松，摄像机没有记录下来任何异常。

在一场确定这几名男子死因的听证会上，验尸官表示，据推测这几名男子一定已经死亡，但他"并不确定死亡发生时的情况"。在他看来，最有可能的情况是，其中一个人在处理鱼饵问题时不慎掉入海里，另外两人在救他的过程中丧生。

为什么帆会开裂，为什么没有人穿上救生衣或通过无线电求救，为什么在他们要坐下来吃饭的时候发生了这一切，以及为什么发动机处于运行状态，这些问题都还没有得到解释。这三个人都是经验丰富、小心谨慎的船员，对于他们身上发生的事情，从未有人给出过合理的解释。

耶稣基督

16. 耶稣基督的父母，约瑟和玛利亚是怎么去世的?

《新约》对约瑟和玛利亚的生活细节描述得非常少。我们最后一次看到约瑟的故事是在耶稣12岁的时候，当时耶稣在去耶路撒冷的路上失踪了，约瑟和玛利亚在圣殿中找到了他。根据《科普特伪经》(*Coptic Apocrypha*)中《木匠约瑟的故事》记载，约瑟于公元18年或公元19年7月20日去世，享年111岁。圣埃皮法尼乌斯则表示约瑟是在90

岁去世的，而可敬的比德写道，约瑟被葬在了约沙法特山谷，但他们这些说法的来源尚不明确。不过，约瑟死于耶稣受难前这种说法似乎是合理的，否则耶稣就不会把母亲托付给约翰照顾了。

《圣经》中也没有记载玛利亚的死，但天主教和东正教都说她是被带到了天堂，所以根本没有死亡。而根据7（或8）世纪底比斯作家希波吕托斯的说法，她在耶稣受难后又活了11年，于公元41年去世。

17. 被称为*Q*的耶稣语录手稿曾经存在过吗?

《马太福音》和《路加福音》有很多共同点，一般认为它们的作者都参考了《马可福音》，但它们也有很多后者没有的内容。这些内容多是耶稣的语录，据推测，它们可能是从一份被称为*Q*（来自德语Quelle，意为“源”）的虚构文献中摘录的。

*Q*究竟是一份真实的文献，还是仅仅代表了早期基督教会的口头传诵，自1900年以来一直存在争议。反对将*Q*的存在理论化的人表示，从没有直接证据表明它真实存在，而如此重要的文件是绝不允许消失的。支持*Q*理论的人则指出，《马太福音》和《路加福音》中大量的引用都非常相似，如果他们只依赖口头叙述和记忆，那这种情况是不大可能发生的。

18. 耶稣有多少兄弟姐妹?

《马太福音》和《马可福音》都告诉我们耶稣有4个兄弟——雅各、约瑟、西门和犹大。它们也提到耶稣有姐妹，但既没有提到她们的名字，也没告诉我们具体有几个人。《马太福音》提到，耶稣的门徒在会堂里问过：“他的姐妹们，不是都在我们这里吗？”，“都”这字似乎暗示了耶稣的姐妹至少有3个。

但也有人反驳说，“兄弟”和“姐妹”可能指的是约瑟和前妻生的孩子，或者是耶稣的表亲，而不是约瑟和玛丽亚生的孩子。

19．耶稣做过木匠吗？

福音书中，耶稣生活的记载从12岁到30岁间存在18年的空白，我们只知道这段时间里他“智慧和身量都有长进，也得神和人的喜爱”（《路加福音》）。有一种说法是，他在那个时候继承了家业，跟着约瑟学习了木匠活。

《马可福音》中曾有人问过“这不是玛丽的木匠儿子吗”，说明耶稣已经被人们当成木匠了。而在《马太福音》中也提到了同样的问题：“这不是那个木匠的儿子吗？”这说明耶稣至多被认作他父亲的学徒，甚至可能只是“我们见过的在木匠那里玩的孩子”。

另外“木匠”这个词也存在问题，它是从希腊文翻译过来的，和我们现在所指的“木匠”相比，它代表的是一种更普通的工匠类型。

20．有多少跟耶稣同时代的人是大卫王的直系后代？

《马太福音》和《路加福音》都特别指出，耶稣是大卫王的直系后裔，而大卫王的家谱可以追溯到亚当。这两部福音书给出的亚当到大卫的谱系都十分相似，但将大卫的家谱追溯到耶稣时用的方法却十分不同。在《马太福音》中，这两人之间隔了27代，而《路加福音》中则是42代。但如果你计算一下，这可能就不足为奇了，因为想要将耶稣和祖先大卫王联系起来，方式可能有很多。

想要追溯一个人的祖先，首先要从双亲开始，然后是4个祖父母，大多数情况下会有8个曾祖父母，如果有近亲生育情况，那曾亲的数量可能会减少。随着我们不断往前回溯，直系亲属的数量会继续增加，一直增加到几乎每个人都是自己祖先的阶段。唯一的例外是那些一直在封闭的社群里、从未与外界通婚的人，以及从未有过孩子或者后代已经灭绝的人。

在耶稣那个时代，圣地的人口大约有100万，根据一个较为合理的数学繁衍模型来计算，大卫王的后代在发展到20代到35代左右时，就会覆盖整个圣地的人口，大卫王也就成为圣地人的共同祖先。所以在耶稣时代，几乎所有生活在圣地的人都可以称大卫王为祖先。

技　术

21．古埃及人是如何竖立方尖碑的?

埃及方尖碑是古代主要技术壮举之一。从公元前2300年到公元前1300年，古埃及人竖立了大约100座这样的大型纪念碑。它们由一整块岩石制成，底座为正方形，自下而上逐渐变细，顶端通常呈小金字塔形状。有些高达30多米，重量将近500吨。此外，还发现有重达1000多吨的未完成或已倒塌的方尖碑。直立的方尖碑并没有嵌入地面，而是简单地矗立在它们的底座上，其中一些在4000年后仍然矗立着。

关于这些建筑物是如何竖立起来的，人们提出了各种各样的看法。有些人认为可能利用了大象，但这并不可能，因为当时的埃及人还不知道大象的存在，也有人认为是借用了奶牛的力量，但通常的看法是人类做了大部分的推拉工作。

20世纪90年代，一部美国电视剧的制作组尝试模仿古埃及人，仅使用古代可用的技术来竖起一座25吨重的方尖碑。于1994年和1999年的头两次尝试都以失败告终。第三次尝试是将方尖碑拖上一个碎石斜坡，斜坡的中间挖了一个深坑，坑中填满干砂。通过拉动系在方尖碑上的绳子，将其拖入坑中并竖立起来，再将坑里的砂子慢慢移走。

虽然过程中也有现代技术的参与，但这一系列试验让这些20世纪后期的方尖碑竖立者相信，这项工作仅凭人力就可以完成。然而，那只是一座25吨重的方尖碑。但是，最初矗立在卡纳克神庙，现位于罗马的拉特兰方尖碑重达455吨，即使埃及法老拥有近乎无限的劳动力资源，要将其竖起来也绝非易事。

宗　教

22. 约柜后来怎么了？

根据《出埃及记》，上帝让摩西制作约柜，用来放置两块刻有“十诫”的石板。后来约柜及其赋予的力量就经常在《旧约》中被提及，直到犹大王约西亚（《历代志下》第35章）命令约柜的看守者将其送回耶路撒冷的圣殿。

在那之后，情况就混乱了起来。在《新约》中，保罗在给希伯来人的信中提到，除了“十诫”之外，约柜里还装有亚伦的手杖、一罐吗哪以及摩西撰写的《摩西五经》的第一卷。《启示录》中也提到约柜在天堂里，但因为摩西的约柜本来就是仿照天堂的约柜制作的，所以《启示录》中提到的可能是原版约柜，而不是摩西制作的复制品。

根据一部非典籍的次经《马加比书》，先知耶利米在受到上帝的巴比伦入侵警告后，将约柜埋在了靠近约旦河东岸的尼泊山上的一个洞穴中，在上帝再次将他的子民聚集在一起之前，约柜会一直在那里。更近一些的记载称，约柜放在法国、美国、罗马、埃及（有一个版本称其在图坦卡蒙陵墓里）、英国或爱尔兰。

最为详细的说法出自生活在南非和津巴布韦的兰巴人之口，他们说他们的祖先将约柜带到了南方。阿拉伯的资料坚持认为，约柜首先被带到也门，后来兰巴人发现了它，就把它带去了非洲。根据兰巴人的口头相传，约柜一到他们的家乡就自毁了，于是他们的祭司就用原约柜的一块材料制作了一个新的约柜。

有趣的是，一位德国传教士在20世纪40年代发现了这个所谓的仿制品。它被送至津巴布韦首都哈拉雷的一个博物馆，在那里经过放射性碳测年法，得出其年份为1350年左右，大约是大津巴布韦文明灭亡的时候。

23．克里特岛的持蛇女神是谁?

1903年，英国考古学家阿瑟·埃文斯发现了克里特岛的米诺斯文明，并出土了第一批持蛇女神陶像。后来又发掘出几尊，都是一名袒胸女子，双手持蛇，通常头戴一顶王冠，头上还有一只猫头鹰。

这些陶像的历史可以追溯到公元前1600年左右，在一个似乎没有什么艺术品或雕塑产出的文化中，它们十分显眼。没有其他证据可以证明米诺斯文化信仰持蛇女神，虽然另外一些文化里有持蛇女神的形象，但却和米诺斯文化没有什么关联。因为蛇有蜕皮的习惯，所以通常象征着新生。有人认为这些陶像代表了某种大地女神，但却没有证据表明米诺斯人崇拜过这样的女神。

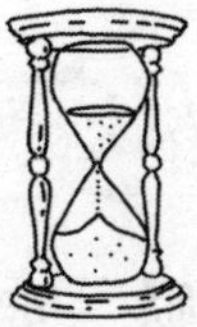

时　间

24．发生可怕的事情时，时间会变慢吗?

2007年的一项实验试图研究“当你害怕时，时间会变慢”这一看法是否具有科学依据。为了制造可怕事件，实验对象从游乐园中一个可以安全接住空中自由落体的人或事物的装置上坠落，下落30米后，他们会掉入网中并安全着陆。

研究人员对可能出现的时间膨胀进行了两次测量。较为简单的一次是直接询问实验对象认为自己下落了多长时间，然后让他们观看其他实验对象的下落视频并估计持续时间，再与自己的下落时间进行比较。第二次测量是根据他们在下落过程中绑在手腕上的装置。上面显示的点阵图像在数字4和它的反图像（组成4的点不亮，其他的点亮）之间交替。交替的速度会逐渐加快，直到这两幅图像变成了一个常亮的屏幕，使得观察者无法区分。研究人员将实验对象下落时截止的图像交替速度与其体验自由落体装置之前截止的图像交替速度进行了比较。

结果并无定论。一方面，实验对象认为自己的下落时间要比其他人平均长36%，这就支持了时间变慢的假设。而在另一方面，他们下落时屏幕上交替闪烁显示的图像以与之前完全相同的速度合并在了一起。

研究人员得出结论："主观时间不是会加速或减速的单一实体，而是由可分离的子成分组成。"换句话说，从某些方面来说，时间似乎变慢了，但从其他方面来说却没有变化。

财　宝

25. 橡树岛上有"钱坑"吗？

橡树岛距离加拿大新斯科舍省的海岸仅几百米，这座小岛的神秘之处可以追溯到200多年前。故事开始于1795年，当时18岁的丹尼尔·麦金尼斯看到了来自岛上的灯光，他前去调查时，在一片已被清除走树木的区域，发现了一个圆形的坑洞，还有一组滑轮系在一根树枝上，悬在坑洞上方。在朋友的帮助下，他将该区域挖到9米深，并报告说每隔3米就有一层木板。据说他们还发现了一块巨大而平整的石头，上面刻有铭文，有人说铭文提到石头下面埋藏着200万英镑。

坑洞后来被淹。在接下来的150年里，人们尝试挖掘到了50多米的深度，但找到的线索只够推动各种谣言的传播。其中有迹象表明，这个坑可能曾被“基德船长”或“黑胡子”等海盗用来埋藏他们掠夺的宝藏，也有人说里面埋着的是法国的黄金，或是玛丽·安托瓦内特的珠宝，甚至可能是圣杯。甚至有传闻说，证据表明，在很深的地方埋有一些箱子和人类遗骸，但是这个坑最初是用来做什么的，以及它是否还在那里，仍是一个未解之谜。

女服务员

26. 为什么欧美的金发女服务员会得到更多的小费?

许多研究表明，在欧美等国，金发女服务员得到的小费要比深褐色头发的女服务员多，这似乎是毫无疑问的。不管是染发还是戴假发，金发女服务员的小费平均要高出8%左右。一项研究表明，即使金发女服务员露出深色的发根，她们也会得到更高的小费。

然而，尽管他们都赞同这个结果，却给出了许多不同的解释。最显著的说法是，这与另一项研究的结果有所联系，即欧美男性更容易被金发女性吸引。一些关于小费的研究也表明，金发女服务员得到的较高小费主要来自男性顾客。

然而，另一种可能性是与一项发现有关，即欧美人认为金发女性不如深褐色头发的女性聪明。觉得她们不聪明可能就会导致顾客对优质服务的期望降低，所以金发女服务员只要表现正常，就会超出顾客的预期，进而获得更高的小费。

最后，也有可能是因为金发会改变女服务员的行为，可能会增加她们的自信，也可能会增加她们为顾客服务的次数。

女 巫

27. 塞勒姆的女巫们被处决后埋在了哪里？

1692年在美国马萨诸塞州塞勒姆镇，200多人因涉嫌使用巫术被捕，其中大部分是女性。同年晚些时候的审判以绞刑处决了其中的19人而告终。但是，执行绞刑的地点和受害者的埋葬地尚不清楚。根据法院记录，绞刑在“绞架山”执行。现在的塞勒姆镇确实有这样的一个地方，但是也有充分的理由怀疑它是否是正确的地点。首先，那座山太陡了，运尸体的马车无法到达绞刑地；另一方面，据说其中一名受害者的儿子在其母被埋葬后划船到山脚下挖出了他母亲的遗体，并为她举行了一个正统的基督教葬礼，然而，这里没有也从未有过一条水道通向现在的绞架山。有人认为该地区的其他小山丘是原绞架山的位置，但没有任何令人信服的证据。

法庭记录显示，由于与魔鬼有关联，尸体都埋在了一个没有标记的浅坟里。直到今天，他们依然成功保守着关于这个坟墓确切位置的秘密。

28. 为什么塞勒姆的女人表现得像女巫？

塞勒姆镇的逮捕、审判和绞刑是巫术癔症的终结，此癔症刚开始发生在阿比盖尔·威廉姆斯、贝蒂·帕里斯和小安·普特南这三个女孩身上，她们表现出了一些明显十分古怪的行为，包括出现幻觉、在教堂里大喊大叫、癫痫发作、发出奇怪的声音，并且感觉自己好像被刺了、戳了一样。医生找不到任何原因，便把这归咎于撒旦，并鼓励女孩们说出是谁在控制她们。

其中一名被告是名叫提图芭的女奴。她承认自己看到了魔鬼，魔鬼在她看来“有时像头猪，有时像条大狗”。她还坦白塞勒姆镇存在着一个女巫的阴谋，于是逮捕行动开始了。但最初是什么让三个女孩有那样的举止呢？有以下几种观点：

- 引起癔症和错觉的精神疾病——但这不可能同时影响3个女孩。
- 清教主义：这可能都是对严格的清教徒生活方式的一种反应。强加在这些女孩身上的限制可能导致了她们古怪的行为举止，然后再将其归咎于被魔鬼附身。
- 麦角中毒：黑麦麦角病是一种植物病害，它会产生一种有毒真菌，可引起摄入者抽搐、肌肉痉挛、恶心、呕吐和幻觉。
- 这一切可能都是女孩父母的阴谋，目的是要把他们的敌人斥为女巫。

单 词

29. “吊剖分尸刑”（hanged，drawn and quartered）中的“drawn”是指什么？

根据英国法律，叛国罪可被处以吊剖分尸刑。这一刑罚自1351年开始实施，至1870年最终从法典中废除。具体来说，整句话是：“将您拖至行刑地，在那里，会绞紧您的脖子并被活着切割分身，您的生殖器会被切除，肠子会被抽出来并在您面前烧掉，然后您的头会被砍下来，身体会被分成四块，由国王处置。”

这就导致了一场旷日持久的争论，争论的焦点是短语“hanged，drawn and quartered”中“drawn”一词所代表的刑罚。在上面的描述中，“drawn”的意思是“被拖在马后面”，但是那样的话惩罚肯定就是“drawn，hanged and quartered”。

因为通常所见的此类短语中，单词是按序排列的，所以有人认为“drawn”是指抽出肠子或剖腹。《牛津英语词典》很好地表达了这种困惑：“在许多执行死刑的情况中，尚不确定其含义是‘摘除内脏’，还是含义4‘将……拖到执行地点’。推测为在绞刑后提到drawn时，其含义是‘摘除内脏’。”

30. “Huh？”是一个单词吗？

一个单词和一声咕哝之间的区别是什么？研究语言学的人试图通过将“单词”定义为“一种约定俗成并且必须进行学习的词汇结构”来区分两者。例如，一个人不可能在没有学过的情况下就知道“word”是

“单词”的意思；它的含义只是英语使用者之间的约定俗成。另一方面，“噢！”（Ow!）只是一种对疼痛不由自主的表达，其含义在没有学习的情况下就很清楚了。那么，“嗯？”（Huh？）属于哪一种呢？

2013年，荷兰的研究人员对10种不相关的语言中的“Huh？”的“补救”用法（表示没听清或不能理解，要求说话者重复或解释）进行了研究，这10种语言中的“Huh？”都有类似的含义。他们说，它的用法“很普遍，实际上是通用的，但已针对特定的语言系统进行了校正，因此可以视为单词”。

这样就有两种可能：“Huh？”在不同的语言中都是相似的，因为它天生是一种咕哝声；或者这种相似性是趋同进化的结果。换句话说，我们在世界各地都可以说“Huh？”，是因为随着交流的发展，我们都会在相似的状况中遇到相同的问题，即需要别人的解释说明。然而，一些人在看到后一种论点时，可能会发出一声强烈的“Huh？”。

致 谢

如果没有我身边所有人的帮助和包容，要想再找到501个无人知道答案的问题是根本不可能的。对于其中有些人，我一直打扰你们告知我超出你们专业领域的知识，还有一些人将我引向意想不到的未知领域。我无法列出你们所有人的名字，一方面是由于篇幅限制，还有一方面是因为我忘记了你们中许多人的名字，但遗忘并没有减少我对你们的感激之情。

在能记得名字的人中，我尤其要感谢查尔斯·斯彭斯教授，是他告诉我用手吃东西的乐趣，还要感谢我的实习生卡兹奥·巴科夫斯基，他对罗马尼亚的黄金有着出人意料的了解。

由于互联网上参阅科学期刊的途径越来越多，我的工作也轻松了不少。在这里要特别提到PLoS ONE（www.plosone.org）和《动物行为》（在线阅读：http://www.sciencedirect.com/science/journal/00033472），它们源源不断地提供着最新发现以及需要进一步研究的最新领域。

不过最重要的是，我要感谢大西洋图书公司的所有人，他们都相信我一定可以写出这本书，尤其要感谢詹姆斯·奈廷格尔，在我照例没能按时交稿的时候，他非常善解人意。同样也很感谢我的编辑本·杜普雷，他细致地纠正了我文中的错误，并提出需要改进的地方。若文中仍有其他错误，我愿承担所有的责骂，因为这都是我的疏漏造成的。

参考资料

这只是我在写作期间参考的一部分资料，你可以将其用作深入学习的信息来源。当然，这些资料对你来说可能是有用和有趣的，也可能是无趣和枯燥的，请自行选择。

Blackburn, K., Schirillo, J. (2012), 'Emotive hemispheric differences measured in real-life portraits using pupil diameter and subjective aesthetic preferences', Experimental Brain Research

Mora, C. et al. (2011), 'How many species are there on Earth and in the ocean？ ', PLoS Biology

Bagemihl, Bruce (1999), Biological Exuberance: Animal Homosexuality and Natural Diversity, St Martin's Press

Hölldobler, B. and Wilson, E. (1994), Journey to the Ants: A Story of Scientific Exploration, Harvard University Press

Lison, M. et al. (1980), 'A polymorphism of the ability to smell urinary metabolites of asparagus', British Medical Journal

Acedo, L. (2014), 'The flyby anomaly: a case for strong gravitomagnetism？ ', Advances in Space Research

Crockford, C., Wittig, R. M., Seyfarth, R. M. and Cheney, D. L. (2007), 'Baboons eavesdrop to deduce mating opportunities', Animal Behaviour

Clapham, M., Nevin, O. T., Ramsey, A. D. and Rosell, F. (2013), 'The function of strategic tree selectivity in the chemical signalling of brown bears', Animal Behaviour

Clapham, M., Nevin, O. T., Ramsey, A. D. and Rosell, F., 'Food availability affects the scent marking frequencies of wild brown bears', in preparation for submission to Animal Ecology

Gross, H. J. et al. (2009), 'Number-based visual generalisation in the honeybee', PLoS ONE

Preece, K. and Beekman, M. (2014), 'Honeybee waggle dance error: adaption or constraint ? Unravelling the c omplex dance language of honeybees', Animal Behaviour

Ruhul Amin, Kyi Kyi Than, Yong Jung Kwon (2009), 'Copulation duration of bumblebee Bombus terrestris (Hymenoptera: Apidae): impacts on polyandry and colony parameters', Journal of Asian-Pacific Entomology

Kiera, L. M. and Drummond, H. (2014), 'Extrapair behaviour reveals flexible female choosiness and mixed support for classic good genes in blue-footed boobies', Animal Behaviour

Heinig, A. et al. (2014), 'Male mate preferences in mutual mate choice: finches modulate their songs across and within male–female interactions', Animal Behaviour

Gilbert, S. F., 'Congenital human baculum deficiency: the generative bone of Genesis 2:21–23', American Journal of Medical Genetics

Rogers, L. J. (2000), 'Evolution of hemispheric specialization: advantages and disadvantages', Brain and Language

Parkin, M. et al. (2011), 'The fraction of cancer attributable to lifestyle and environmental factors in the UK in 2010', British Journal of Cancer

Ropars, J. K. et al. (2012), 'Sex in cheese: evidence for sexuality in the fungus Penicillium roqueforti', PloS ONE

Wilson, M. L. et al. (2014), 'Lethal aggression in Pan is better explained by adaptive strategies than human impacts', Nature104. Messerli, F. H. (2012),

‘Chocolate consumption, cognitive function, and Nobel Laureates’, New England Journal of Medicine

Maurage, P., Heeren, A. and Pesenti, M. (2013), ‘Does chocolate consumption really boost Nobel award chances？ The peril of over-interpreting correlations in health studies’, Journal of Nutrition

Wilson, P. S., (2014), ‘Coffee roasting acoustics’, Journal of the Acoustical Society of America

Costello, R. A. and Symes, L. B. (2014), ‘Effects of anthropogenic noise on male signalling behaviour and female phonotaxis in Oecanthus tree crickets’, Animal Behaviour

Platt, S. G. et al. (2013), ‘Frugivory and seed dispersal by crocodilians: an overlooked form of saurochory？ ’, Journal of Zoology

Bos, K. I. et al. (2014), ‘Pre-Columbian mycobacterial genomes reveal seals as a source of New World human tuberculosis, Nature

Anglin, R. E., Samaan, Z. et al. (2013), ‘Vitamin D deficiency and depression in adults: systematic review and meta-analysis’, British Journal of Psychiatry

Tiira, K. et al. (2012), ‘Environmental effects on compulsive tail chasing in dogs’, PLoS ONE

Takaoka, A. et al. (2014), ‘Do dogs follow behavioral cues from an unreliable human？ ’, Animal Cognition

Marshall-Pescinia, S. et al. (2011), ‘Social eavesdropping in the domestic dog’, Animal Behaviour

Nitzschnera, M. et al. (2014), ‘Side matters: potential mechanisms underlying dogs’ performance in a social eavesdropping paradigm’, Animal Behaviour

Ratcliffe, V. F. et al. (2014), ‘Cross-modal discrimination of human gender by domestic dogs’, Animal Behaviour

Shaffer, D. et al. (2004), ‘How dogs navigate to catch frisbees’, Psychological

Science

Foerder, P. (2011), 'Insightful problem solving in an Asian elephant', PLoS ONE

Nissani, M. (2006), 'Do Asian elephants (Elephas maximus) apply causal reasoning to tool-use tasks？ ', Journal of Experimental Psychology

Sander, P. M. et al. (2011), 'Biology of the sauropod dinosaurs: the evolution of gigantism', Biological Reviews

Stokkan, K.-A. et al. (2013), 'Shifting mirrors: adaptive changes in retinal reflections to winter darkness in Arctic reindeer', Proceedings of the Royal Society B

Muntz, W. R. A. and Cronly-Dillon, J. R. (1966), 'Colour discrimination in goldfish, Animal Behaviour

Long, J. A. et al. (2015), 'Copulation in antiarch placoderms and the origin of gnathostome internal fertilization', Nature

Spence, C. and Piqueras-Fiszman, B. (2014), The Perfect Meal, Wiley

Kranjec, A. et al. (2010), 'A sinister bias for calling fouls in soccer', PLoS ONE

Glass, B. D., Maddox, W. T. and Love, B. C. (2013), 'Real-time strategy game training: emergence of a cognitive flexibility trait', PLoS ONE

Dias, B. G. and Ressler, K. J. (2013), 'Parental olfactory experience influences behaviour and neural structure in subsequent generations', Nature

Gierman, H. J. et al. (2014), 'Whole-genome sequencing of the world's oldest people', PLoS ONE

Deutsch, C. et al. (2014), 'Centennial changes in North Pacific anoxia linked to tropical trade winds', Science

Zipser, B. et al. (2013), 'Dimensions of animal personalities in guinea pigs', Ethology

Raspopovic, J. et al. (2014), 'Digit patterning is controlled by a Bmp-Sox9-Wnt Turing network modulated by morphogen gradients', Science

Gómez-Robles, A. et al. (2013), 'No known hominin species matches the expected dental morphology of the last common ancestor of Neanderthals and modern humans', Proceedings of the National Academy of Sciences

Kastak, C. R. et al. (2001), 'Equivalence classification by California sea lions using class-specific reinforcers', Journal of the Experimental Analysis of Behavior

Janis, C. M. et al. (2014), 'Locomotion in extinct giant kangaroos: were sthenurines hop-less monsters？', PLoS ONE

Balme, G. A. and Hunter, L. T. B. (2013), 'Why leopards commit infanticide', Animal Behaviour

Sansone, R. A. and Sansone, L. A. (2008), 'Pain, pain, go away: antidepressants and pain management', Psychiatry

Madden, J. R. et al. (2009), 'Why do meerkat pups stop begging？', Animal Behaviour

Francis, J. A. and Vavrus, S. J. (2012), 'Evidence linking Arctic amplification to extreme weather in mid-latitudes', Geophysical Research Letters

Screen, J. A. and Simmonds, I. (2014), 'Amplified midlatitude planetary waves favour particular regional weather extremes', Nature Climate Change

Gabriel, S. I. et al. (2011), 'Of Mice and "Convicts": origin of the Australian house mouse, Mus musculus', PloS ONE

Walsh, P. T. et al. (2013), 'Faecal avoidance and selective foraging: do wild mice have the luxury to avoid faeces？', Animal Behaviour

Wheeler, B. C. (2009), 'Monkeys crying wolf？ Tufted capuchin monkeys use anti-predator calls to usurp resources from conspecifics', Proceedings of the Royal Society B

Balababova, S. et al. (1992), 'First identification of drugs in Egyptian mummies', Naturwissenschaften

Lai, K.-M. et al. (2011), 'Propagation of respiratory aerosols by the vuvuzela', PLoS ONE

Andrade, C. and Srihari, B. S. (2001), 'A preliminary survey of rhinotillexomania in an adolescent sample', Journal of Clinical Psychiatry

Tricarico, E. et al. (2011), 'I know my neighbour: individual recognition in Octopus vulgaris', PLoS ONE

Mumm, C. A. S and Knörnschild, M. (2014), 'The vocal repertoire of adult and neonate giant otters', PLoS ONE

Furlan, E. et al. (2012), 'Is body size variation in the platypus (Ornithorhynchus anatinus) associated with environmental variables ？ ', Australian Journal of Zoology

Lesku, J. A. et al. (2011), 'Ostriches sleep like platypuses', PloS ONE

Schlicht, E. J. et al. (2010), 'Human wagering behavior depends on opponents' faces', PLoS ONE

Owen, M. A. et al. (2015), 'An experimental investigation of chemical communication in the polar bear', Journal of Zoology

Sonne, C. et al. (2015), 'Penile density and globally used chemicals in Canadian and Greenland polar bears', Environmental Research

Sakai, M. et al. (2011), 'Do porpoises choose their associates ？ A new method for analyzing social relationships among cetaceans', PLoS ONE

Symmonds, M. et al. (2010), 'Metabolic state alters economic decision making under risk in humans', PLoS ONE

de Ridder, D. et al. (2014), 'Always gamble on an empty stomach: hunger is associated with advantageous decision making', PLoS ONE

Rygula, R. et al. (2012), 'Laughing rats are optimistic', PLoS ONE

Sanders, A. R. et al. (2014), 'Genome-wide scan demonstrates significant linkage for male sexual orientation', Psychological Medicine

Swami, V. and Tovee, M. J. (2013), 'Resource security impacts men's female breast size preferences', PLoS ONE

Stoet, G. (2013), 'Are women better than men at multitasking ？ ', BMC Psychology

Hollander Jr, L. E. (2001), 'Unexpected weight gain transients at the moment of death', Journal of Scientific Exploration

Fossat, P. et al. (2014), 'Anxiety-like behavior in crayfish is controlled by serotonin', Science

Rattenborg, N. C. (2006), 'Do birds sleep in flight ？ ', Naturwissenschaften

Pauli, J. N. (2014), 'A syndrome of mutualism reinforces the lifestyle of a sloth', Proceedings of the Royal Society B

Hoso, M. et al. (2010), 'A speciation gene for left–right reversal in snails results in anti-predator adaptation', Nature Communications

Fruson, L. et al. (2012), 'A flavonol present in cocoa enhances snail memory', Journal of Experimental Biology

Shine, R. et al. (1999), 'Are snakes right-handed ？ Asymmetry in hemipenis size and usage in gartersnakes', Behavioral Ecology

Bloch, E. (2001), 'Hemlock poisoning and the death of Socrates: did Plato tell the truth ？ ', Journal of the International Plato Society

Nørgaard, T. et al. (2012), 'Nocturnal homing: learning walks in a wandering spider ？ ', PLoS ONE

McLeod, P. and Dienes, Z. (1996), 'Do fielders know where to go to catch the ball, or only how to get there ？ ', Journal of Experimental Psychology

Stetson, C. et al. (2007), 'Does time really slow down during a frightening event ？ ', PLoS ONE

Dorland, A. et al. (2014), 'Do roads reduce painted turtle (Chrysemys picta)

populations？ ', PLoS ONE

Jiang, C. and Galm, M. (2014), 'The economic benefit of being blonde: a study of waitress tip earnings based on their hair color', Journal of Behavioral Studies in Business

Suselbeek, L. et al. (2014), 'Scatter hoarding and cache pilferage by superior competitors: an experiment with wild boar, Sus scrofa', Animal Behaviour

Dingemanse, M. et al. (2013), 'Is "Huh ？ " a universal word ？ Conversational infrastructure and the convergent evolution of linguistic items', PLoS ONE

Ziegler, R. A. (1963), 'Is knowledge edible ？ A study of conditioned responses in Planaria', Worm Runner's Digest

Shomrat, T. and Levin, M. (2013), 'An automated training paradigm reveals long-term memory in planaria and its persistence through head regeneration', Journal of Experimental Biology

Caro, T. et al. (2014), 'The function of zebra stripes', Nature Communications

Larison, B. et al. (2015), 'How the zebra got its stripes: a problem with too many solutions', Royal Society Open Science

索引

引言

人类篇

学科篇

物质篇

历史地理篇

文娱篇

生物篇

太空篇

生理篇

行为篇

大千世界篇